O OUTRO LADO DO PONTO DA VIRADA

O OUTRO LADO DO PONTO DA VIRADA

As forças que impulsionam epidemias sociais negativas

MALCOLM GLADWELL

Traduzido por Carolina Simmer

SEXTANTE

Título original: *Revenge of the Tipping Point: Overstories, Superspreaders, and the Rise of Social Engineering*

Copyright © 2024 por Malcolm Gladwell
Copyright da tradução © 2025 por GMT Editores Ltda.

Todos os direitos reservados. Nenhuma parte deste livro pode ser utilizada ou reproduzida sob quaisquer meios existentes sem autorização por escrito dos editores.

coordenação editorial: Alice Dias
produção editorial: Livia Cabrini
preparo de originais: Ângelo Lessa
revisão: Juliana Souza e Priscila Cerqueira
diagramação: Ana Paula Daudt Brandão
capa: Gregg Kulick
adaptação de capa: Gustavo Cardozo
imagem de capa: TatjanaRittner / iStock
impressão e acabamento: Bartira Gráfica

CIP-BRASIL. CATALOGAÇÃO NA PUBLICAÇÃO
SINDICATO NACIONAL DOS EDITORES DE LIVROS, RJ

G452o

Gladwell, Malcolm
    O outro lado do ponto da virada / Malcolm Gladwell ; tradução Carolina Simmer. - 1. ed. - Rio de Janeiro : Sextante, 2025.
    288 p. ; 23 cm.

    Tradução de: Revenge of the tipping point
    ISBN 978-85-431-1033-2

    1. Psicologia Aplicada. 2. Ameaça (Psicologia). 3. Conduta de vida. 4. Relações humanas. I. Simmer, Carolina. II. Título.

25-95802   CDD: 158.1
                CDU: 159.923

Gabriela Faray Ferreira Lopes - Bibliotecária - CRB-7/6643

Todos os direitos reservados, no Brasil, por
GMT Editores Ltda.
Rua Voluntários da Pátria, 45 – 14º andar – Botafogo
22270-000 – Rio de Janeiro – RJ
Tel.: (21) 2538-4100
E-mail: atendimento@sextante.com.br
www.sextante.com.br

Para Edie, Daisy e Kate

SUMÁRIO

Nota do autor — 9

INTRODUÇÃO
A voz passiva — 13

PARTE UM
TRÊS ENIGMAS — 19

CAPÍTULO UM
Casper e C-Dog — 21

CAPÍTULO DOIS
O problema de Miami — 40

CAPÍTULO TRÊS
Poplar Grove — 69

PARTE DOIS
OS ENGENHEIROS SOCIAIS — 95

CAPÍTULO QUATRO
O Terço Mágico — 97

CAPÍTULO CINCO
O misterioso caso do time feminino de rúgbi de Harvard — 122

CAPÍTULO SEIS
O Sr. Zero e a epidemia no Marriott — 150

PARTE TRÊS
A HISTÓRIA LATENTE — 173

CAPÍTULO SETE
O clube dos sobreviventes de Los Angeles — 175

CAPÍTULO OITO
Casos de família — 200

PARTE QUATRO
CONCLUSÃO — 219

CAPÍTULO NOVE
Histórias latentes, superdisseminadores e proporções de grupo — 221

Agradecimentos — 257
Notas — 259

Nota do autor

Vinte e cinco anos atrás, publiquei meu primeiro livro. Ele se chama *O ponto da virada: como pequenas coisas podem fazer uma grande diferença*.

Na época, eu morava em um apartamento pequeno em Chelsea, bairro de Manhattan, e escrevia pelas manhãs, sentado à minha escrivaninha com vista para o rio Hudson ao longe, antes de ir para o trabalho. Como eu nunca havia escrito um livro, não tinha a menor ideia de como fazer isso. Escrevi com aquele misto de insegurança e euforia comum a todos os autores de primeira viagem.

"*O ponto da virada* é a biografia de uma ideia, que é muito simples", comecei.

> A melhor maneira de compreender o surgimento das tendências da moda, o fluxo e refluxo das ondas de crimes, assim como a transformação de livros desconhecidos em best-sellers, o aumento do consumo de cigarros por adolescentes, os fenômenos da propaganda boca a boca ou qualquer outra mudança misteriosa que marque o dia a dia, é pensar em todas elas como epidemias. Ideias, produtos, mensagens e comportamentos se espalham como vírus.

O livro foi publicado originalmente no segundo semestre de 2000, e o primeiro evento da minha turnê de lançamento foi a leitura de um capítulo em uma pequena livraria independente em Los Angeles. Duas pessoas apareceram, um desconhecido e a mãe de uma amiga – mas não a minha amiga. (Ainda não a perdoei por essa.) Pensei: *Bom, acho que vai ser só isso mesmo*. Mas não foi! *O ponto da virada* cresceu como a epidemia que ele descrevia – no começo aos poucos, depois em disparada. Quando a edição em brochura foi lançada, ele já estava por todo canto. O livro passou anos nas listas de mais vendidos do *The New York Times*. Bill Clinton o descreveu como "o livro do qual todos estão falando". A expressão *ponto da virada* entrou para o vernáculo. Eu brincava dizendo que essas palavras seriam gravadas na minha lápide.

Eu entendo por que *O ponto da virada* causou tanto impacto? Não. Mas, se tivesse que dar um palpite, diria que foi por ele ser um livro esperançoso, que combinava com o clima de uma época esperançosa. O novo milênio tinha chegado. Crimes e problemas sociais estavam em queda livre nos Estados Unidos. A Guerra Fria tinha acabado. No meu livro, eu oferecia uma receita para promover mudanças positivas – para encontrar, como o subtítulo sugeria, uma forma de fazer uma grande diferença a partir de coisas pequenas.

Vinte e cinco anos é muito tempo. Pense em como hoje você é diferente do que era há um quarto de século. Opiniões mudam. Gostos mudam. Passamos a nos importar mais com algumas coisas e menos com outras. Ao longo dos anos, às vezes eu parava para refletir sobre as coisas que tinha escrito em *O ponto da virada* e me perguntava como havia colocado aquilo no papel. Um capítulo inteiro sobre os programas infantis *Vila Sésamo* e *As pistas de Blue*? De onde tirei isso? Eu nem tinha filhos na época.

Nesse meio-tempo, escrevi *Blink, Fora de série, Davi e Golias, Falando com estranhos* e *A máfia dos bombardeiros*. Comecei o podcast *Revisionist History*. Casei-me com a mulher que amo. Tive dois filhos, perdi meu pai, voltei a correr e cortei o cabelo. Vendi o apartamento em Chelsea. Saí de Nova York. Com um amigo, fundei uma produtora de podcasts e audiolivros chamada Pushkin Industries. Adotei um gato e o batizei de Biggie Smalls.

Sabe a sensação de olhar para uma foto muito antiga de si mesmo? Quando faço isso, tenho dificuldade em reconhecer a pessoa na imagem. Então achei que poderia ser interessante revisitar *O ponto da virada*, por conta de seu 25º aniversário, para reavaliar o que escrevi há tanto tempo com um olhar muito diferente: em *O ponto da virada 2.0,* um escritor retornaria à cena de seu primeiro sucesso da juventude.

O problema foi que, quando mergulhei de novo no mundo das epidemias sociais, percebi que não queria voltar para o tema que tratei em *O ponto da virada*. Esse mundo me pareceu diferente demais. Em meu livro de estreia, apresentei uma série de princípios para nos ajudar a entender as mudanças repentinas de comportamentos e crenças que formam nosso mundo. Na minha opinião, essas ideias continuam úteis. Porém hoje minhas dúvidas são outras. E vejo que muitas coisas sobre epidemias sociais ainda são um mistério para mim.

Ao reler *O ponto da virada* durante a preparação para este projeto, eu parava o tempo todo para questionar: *E tal coisa? Como pude deixar isso de fora?* Descobri que, em algum cantinho no fundo da minha mente, eu jamais parei de discutir comigo mesmo sobre a melhor maneira de explicar e entender pontos de virada e seus muitos mistérios.

Sendo assim, agora recomeço em uma nova folha de papel, e *O outro lado do ponto da virada* é o resultado: um novo conjunto de teorias, histórias e argumentos sobre os caminhos estranhos que ideias e comportamentos seguem pelo mundo.

INTRODUÇÃO

A voz passiva

"Também foi associado..."

1.

Presidente da comissão: Eu gostaria de fazer uma última pergunta e quero começar pela senhora, Dra. ____. A senhora pedirá desculpas ao povo americano...?

Um grupo de políticos convocou uma audiência para debater uma epidemia. Três testemunhas foram intimadas. A reunião é virtual. A sessão começou há uma hora. Deixarei de fora os detalhes que identificam a situação e os personagens por enquanto, pois quero me concentrar apenas no que foi *dito*: nas palavras usadas e nas intenções por trás delas.

Testemunha nº 1: Faço questão de pedir desculpas ao povo americano por todas as dores que viveram e por todas as tragédias que aconteceram em suas famílias, e... e achei que tinha feito isso em meus comentários de abertura. Essa era minha intenção.

A Testemunha nº 1 é uma mulher de 70 e poucos anos. Cabelo branco, curto. Veste preto. No começo, demonstrou ter dificuldade para usar o botão de desligar o microfone. Ainda parece nervosa. Não está acostumada com essas coisas. Ela vem de um mundo privilegiado. Fica nítido que não é uma pessoa que costuma ter que dar satisfação sobre o próprio comportamento. Seus óculos estilosos parecem prestes a deslizar do nariz.

Testemunha nº 1: Também estou com muita raiva. Estou com raiva por saber que alguns funcionários da ___ infringiram a lei. Estou com raiva disso desde 2007 e estou com raiva disso agora, em 2020. É… é… acho que…

Presidente da comissão: Sei que a senhora está com raiva, mas lamento, esse não é o pedido de desculpas que queremos ouvir. A senhora se desculpou pela dor que as pessoas sentiram, mas não pelo seu papel na crise dos ___.

Então, volto a perguntar: a senhora pedirá desculpas pelo papel que teve na crise dos ___?

Testemunha nº 1: Pensei muito nessa questão. Me questionei sobre isso ao longo dos anos. Tentei entender se… havia algo que eu pudesse ter feito diferente, sabendo o que sabia na época, não o que sei agora. E devo dizer que não. Não consigo pensar em nada que teria feito de outra forma, com base no que acreditava e entendia na época, nas informações que recebi nos relatórios dos gerentes para a diretoria e nas informações que recebi dos meus colegas de diretoria. E é extremamente doloroso. E é…

A presidente da comissão se vira para a Testemunha nº 2. Ele é primo da mulher de preto: um rapaz de unhas bem-feitas, usando terno e gravata.

Presidente da comissão: Sr. ___, pretende pedir desculpas pelo seu papel…?

Testemunha nº 2: Faço minhas as palavras da minha prima.

Alguém de fato espera que as testemunhas admitam que começaram uma epidemia? Provavelmente não. Um esquadrão de advogados claramente as orientou na arte da autopreservação. Mas eles negam a própria responsabilidade com tanta retidão que surge outra possibilidade: a de que eles ainda não aceitaram a própria culpa ou iniciaram algo que saiu de controle de um jeito que não são capazes de entender.

Uma hora depois, chega o momento crucial. Outro membro da comissão – vamos chamá-lo de Político nº 1 – pergunta à Testemunha nº 3:

Político nº 1: Dr. ___, algum executivo da empresa ___ passou um dia sequer na cadeia pelos atos da corporação?
Testemunha nº 3: Creio que não.

Nenhuma das testemunhas se considera responsável. Nem ninguém mais, pelo visto.

Político nº 1: Senhora presidente da comissão, é fácil sentir indignação pelas transgressões da empresa, mas e quanto ao nosso governo, que estimula esse tipo de irresponsabilidade, criminalidade e impunidade corporativa?

O Político nº 1 então se vira para a Testemunha nº 2, o rapaz. A empresa da família dele acabou de fechar acordo com o governo para se livrar de uma série de acusações criminais. Ele já fez parte da diretoria e é considerado o herdeiro do império.

Político nº 1: Sr. ___, como parte do acordo com a promotoria, foi necessário que a empresa admitisse alguma transgressão ou responsabilidade por causar a crise americana dos ___?
Testemunha nº 2: Não, não foi.
Político nº 1: Como parte desta investigação, o senhor foi interrogado pelo Departamento de Justiça sobre seu papel nesses eventos?
Testemunha nº 2: Não.
Político nº 1: O senhor assume qualquer responsabilidade por causar o pesadelo que os Estados Unidos estão vivendo com a crise dos ___?
Testemunha nº 2: Veja bem, embora eu acredite que o relatório completo, que ainda não foi divulgado ao público, mostra que a família e a diretoria agiram dentro da lei e com ética, assumo uma profunda responsabilidade moral por tudo, porque, apesar de termos as melhores intenções e nos esforçarmos ao máximo, acredito que nosso produto, ___, foi associado a abuso e vício, e...

Foi associado.

Político nº 2: O senhor usa a voz passiva quando diz que "foi associado a abuso", o que dá a entender que, de alguma forma, o senhor e sua família não estavam cientes do que exatamente estava acontecendo...

Se você ouvir todas as três horas e 39 minutos da audiência, essa expressão vai permanecer na sua mente: "A voz passiva."

2.

Vinte e cinco anos atrás, em *O ponto da virada*, eu estava fascinado pela ideia de que pequenas coisas podiam fazer uma grande diferença em epidemias sociais. Bolei regras para descrever o funcionamento interno de contágios sociais: a Regra dos Eleitos, o Poder do Contexto e o Fator de Fixação. Argumentei que as leis das epidemias poderiam ser usadas para promover mudanças positivas: diminuir índices de criminalidade, ensinar crianças a ler, acabar com o tabagismo.

"Veja o mundo à sua volta", escrevi. "Pode parecer um lugar impossível de mover, fixo, implacável. Mas com um leve empurrãozinho – no lugar certo – ele dá uma virada."

Em *O outro lado do ponto da virada*, quero analisar o outro lado das possibilidades que explorei tanto tempo atrás. Se o mundo pode dar uma virada com um leve empurrãozinho, então a pessoa que sabe onde e quando empurrar tem muito poder. E quem são essas pessoas? Quais são suas intenções? Que técnicas usam? No mundo policial, a palavra *forense* se refere a investigações sobre as origens e o escopo de um ato criminoso: "Motivos, culpados e consequências." Este livro é uma tentativa de fazer uma investigação forense das epidemias sociais.

Nas próximas páginas, vou guiá-lo por um misterioso prédio comercial em Miami com um grupo muito esquisito de inquilinos, um hotel Marriott em Boston durante um retiro para executivos que deu muito errado, uma cidade aparentemente perfeita chamada Poplar Grove, uma rua sem saída em Palo Alto e outros lugares conhecidos ou desconhecidos. Vamos investigar as esquisitices das escolas que seguem a metodologia Waldorf, conhecer um nebuloso guerreiro no combate às drogas chamado Paul E. Madden, aprender sobre uma minissérie televisiva dos anos 1970 que mudou o mundo e nos surpreender com o time feminino de rúgbi da Universidade Harvard. Todos esses casos envolvem pessoas que – de propósito ou sem querer, com malícia ou boas intenções – tomaram decisões que mudaram a rota e o formato de algum fenômeno contagiante. E, em todos esses casos, as intervenções geraram perguntas que devemos responder e problemas que devemos solucionar. Este é o *outro lado* do Ponto da Virada: as mesmas ferramentas que usamos para construir um mundo melhor também podem ser usadas contra nós.

E, no fim do livro, quero usar as lições aprendidas com todos esses exemplos para contar a história *verdadeira* das Testemunhas nº 1, nº 2 e nº 3.

> **Político nº 1:** Recebemos a carta de uma mãe na Carolina do Norte (...) que perdeu o filho de 20 anos e ainda não se recuperou. Ela escreve: "A dor é imensa. É insuportável. Não consigo encontrar forças para viver e seguir em frente (...)".
>
> Sr. ___, eu gostaria de apresentar aqui as histórias que estamos recebendo e de ouvir sua resposta pessoal a elas.

A Testemunha nº 2 começa a falar, mas o som é inaudível.

> **Político nº 1:** Não consigo ouvir. O microfone está desligado.

A testemunha mexe no computador.

> **Testemunha nº 2:** Desculpe...

Seu primeiro pedido de desculpas do dia é por não ligar o microfone. Ele continua:

> Sinto bastante empatia, tristeza e remorso ao ver que um produto como ___ – que foi criado para ajudar pessoas e que, creio eu, ajudou milhões – também foi associado a histórias como es-

sas. Sinto muito por isso. E sei que nossa família inteira também sente muito.

Também foi associado.
Está na hora de termos uma conversa difícil sobre epidemias. Precisamos reconhecer nosso próprio papel na criação delas. Precisamos ser sinceros sobre todas as nossas tentativas sutis, e às vezes ocultas, de manipulá-las. Precisamos de um guia para aprender a lidar com as febres e os contágios que nos cercam.

PARTE UM
TRÊS ENIGMAS

CAPÍTULO UM

Casper e C-Dog

"O negócio virou uma febre. Todo mundo
queria entrar na brincadeira."

1.

No começo da tarde de 29 de novembro de 1983, o escritório local do FBI em Los Angeles recebeu uma ligação de uma agência do Bank of America em Melrose. O telefonema foi atendido pela agente Linda Webster. Ela era a responsável por atender a chamados de *2-11*: relatos de assaltos a banco. Era um crime à mão armada, informaram a ela. O suspeito era um rapaz branco que usava boné do New York Yankees. Magro. Educado. Sotaque sulista. Bem-vestido. Dizia *por favor* e *obrigado*.

Webster se virou para William Rehder, chefe do escritório local do FBI no combate a assaltos a banco.

– Bill, é o Ianque.

O Bandido Ianque tinha começado a atuar em Los Angeles em julho daquele ano. Havia atacado um banco atrás do outro, sempre escapando com milhares de dólares em uma pasta de couro. Rehder estava ficando frustrado. Quem era aquele homem? A única pista do FBI era o boné dos Yankees, sua marca registrada. Daí o apelido: o Bandido Ianque.

Meia hora depois, Webster atendeu a outro chamado de 2-11. Dessa vez, vinha de um City National Bank que ficava a 16 quarteirões de distância do outro banco, a oeste, em Fairfax. Foram levados 2.349 dólares. A pessoa na linha explicou os detalhes para Webster. Ela olhou para Rehder.

– Bill, é o Ianque de novo.

Quarenta e cinco minutos depois, o Ianque atacou um Security Pacific National Bank em Century City, então imediatamente atravessou um quarteirão e roubou 2.505 dólares de um First Interstate Bank.

– Bill, é o Ianque. Mais duas vezes. Uma atrás da outra.

Menos de uma hora depois, o telefone voltou a tocar. O Ianque tinha acabado de roubar um Imperial Bank no Wilshire Boulevard. O trajeto de carro de Century City até o Imperial Bank na Wilshire passava bem na frente do escritório do FBI.

– Ele deve ter até dado tchauzinho pra gente – disse Rehder a Webster.

O departamento entrou em alerta. Aquele dia entraria para a história. Eles ficaram esperando. Será que o Ianque voltaria a atacar? Às 17h30, o telefone tocou. Um homem branco não identificado – magro, sotaque sulista, boné dos Yankees – tinha acabado de roubar o First Interstate Bank em Encino, que ficava 15 minutos ao norte pela autoestrada 405, levando 2.413 dólares.

– Bill, é o Ianque.

Um homem. Quatro horas. Seis bancos.

"Foi um recorde mundial que ninguém bateu até hoje", escreveria Rehder tempos depois, em sua biografia.

2.

Nenhum tipo de criminoso jamais ocupou uma posição tão admirada na cultura americana quanto o ladrão de bancos. Nos anos após a Guerra Civil, o país foi tomado por gangues como a James-Younger, que aterrorizou o Velho Oeste com assaltos a banco e roubos de trem. Durante a Grande Depressão, ladrões de banco se tornaram celebridades: Bonnie e Clyde, John Dillinger, "Pretty Boy" Floyd. Entretanto, após a Segunda Guerra Mundial, o crime pareceu sair de moda.

Em 1965, 847 bancos foram roubados por todo o país – um número modesto, levando em consideração o tamanho dos Estados Unidos. Surgiram boatos de que os assaltos a banco estavam entrando em extinção. Poucos crimes graves tinham índices tão altos de prisão e condenação. Parecia que os bancos tinham aprendido a se proteger. Um estudo abrangente sobre assaltos a banco publicado em 1968 recebeu o título de "Nada a perder", indicando que o ato parecia tão irracional que os criminosos não deviam ter outras opções. Parecia a versão do século XX do roubo de gado. Quem ainda faz esse tipo de coisa?

Mas então surgiu uma epidemia. Em um único ano, de 1969 a 1970, o número de assaltos a banco praticamente dobrou, então voltou a crescer em 1971, e novamente em 1972. Em 1974, houve um total de 3.517 crimes. Em 1976, o número foi 4.565. No começo dos anos 1980, a quantidade de assaltos a banco era cinco vezes maior do que no fim da década de 1960. Foi uma onda de crimes sem precedente. E esse era apenas o começo. Em 1991, o FBI recebeu 9.388 chamados de assaltos a banco por todo o país.

E o centro dessa explosão impressionante era a cidade de Los Angeles.

Nessa época, *um quarto* dos assaltos a banco nos Estados Unidos aconteceu em Los Angeles. Houve anos em que o escritório local do FBI precisou lidar com até 2.600 roubos – eram tantos ladrões assaltando tantos bancos que Rehder e a agência se viram obrigados a apelidá-los para saber com quem estavam lidando: o homem que escondia a identidade usando gaze se tornou o Bandido Múmia. O homem que usava uma única luva se tornou (obviamente) o Bandido Michael Jackson. A dupla que usava bigodes falsos virou os Irmãos Marx. Uma ladra baixinha e obesa era chamada de Miss Piggy. Uma ladra linda era a Bandida Miss América. Um cara que brandia uma faca no ar era o Bandido Benihana, e por aí vai: havia até ladrões apelidados em homenagem a Johnny Cash e Robert De Niro. Um grupo era formado por três pessoas: um vestido de motoqueiro, outro de policial e o terceiro de pedreiro. Adivinha como eles eram conhecidos, já que estamos falando dos anos 1980. Village People, é claro.

"O negócio virou uma febre", recorda-se Peter Houlahan, um dos historiadores não oficiais da onda de assaltos a banco em Los Angeles. "Todo mundo queria entrar na brincadeira."

Dez anos após o começo dessa onda, surpreendentemente, a situação piorou bastante. O gatilho foi a aparição de uma dupla chamada Bandidos de West Hills. A primeira geração de assaltantes de Los Angeles seguia a linha do Bandido Ianque: eles iam até o caixa, avisavam que estavam armados, pegavam toda a grana que estivesse à mão e davam no pé. As pessoas os chamavam, com certo desdém, de *bilheteiros*, por irem ao caixa e passarem bilhetes anunciando o assalto. Mas a gangue de West Hills reviveu a grandiosa tradição de Jesse James e Bonnie e Clyde. Chegava com *tudo*, paramentada com perucas e máscaras, exibindo armas de fogo. Os dois entravam no cofre e faziam a limpa no banco inteiro – levavam cada centavo, se pudessem – antes de executarem uma fuga meticulosamente planejada. Os bandidos tinham um bunker no Vale de São Fernando com armas de uso restrito a militares e 27 mil cartuchos de munição, preparando-se para o que seu líder acreditava ser um Apocalipse iminente. Mesmo para os padrões de Los Angeles nos anos 1990, a gangue de West Hills era meio insana.

No seu quinto roubo, a dupla arrombou o cofre de um Wells Fargo Bank em Tarzana e fugiu com 437 mil dólares – o equivalente a mais de 1 milhão nos dias de hoje. E então o Wells Fargo cometeu um erro crucial: divulgou à imprensa o valor exato que a gangue de West Hills tinha roubado. Foi como botar lenha na fogueira. *Quatrocentos e trinta e sete mil dólares? É sério?*

Um dos primeiros a se interessar pela ideia foi um ousado rapaz de 23 anos chamado Robert Sheldon Brown, conhecido como Casper. Ele fez as contas. "Eu furtava, roubava, fazia um pouco de tudo", explicaria ele depois. "Mas não arrumava nada que chegasse aos pés do que se conseguia nos bancos. Em dois minutos você podia entrar e sair de um banco com uma grana que levaria seis ou sete semanas para conseguir nas ruas."

John Wiley, um dos promotores que levariam Casper à justiça, o considera "notável". "Casper era muito forte e muito inteligente." Wiley disse:

> Ele entendeu que o problema de roubar bancos era entrar no banco. Então arrumava outras pessoas para fazer isso. Aí você pensa: *Como se convence alguém a roubar um banco por você?* Só que esse era o talento dele (...), recrutar pessoas para roubar bancos no seu lugar. E ele recrutou uma quantidade inacreditável de gente (...). Ele era meio que um produtor, usando os termos de Hollywood.

Casper tinha um sócio, Donzell Thompson, também conhecido como C-Dog. Os dois escolhiam bancos que pareciam alvos fáceis. Arrumavam um carro para a fuga – chamado de *cavalo*, na linguagem das gangues. No começo dos anos 1990, Los Angeles passou por um aumento impressionante na quantidade de roubos de automóveis à mão armada – que a imprensa apontava como outro sinal do caos aleatório que tomava conta das ruas. Só que boa parte dos casos era obra de Casper e C-Dog. Os dois pagavam um contato para conseguir seus cavalos. Uma pessoa que organizava tantos assaltos a banco quanto Casper precisava de muitos carros. Então ele montava uma equipe. Segundo o promotor Wiley:

> Muitos dos assaltantes dele eram garotos. Acho que ele não pagava nada a alguns, simplesmente os obrigava a roubar. Ele é um cara grande, ameaçador. E, sabe como é, também era membro da Rolling Sixties, uma gangue bem famosa da Crips.

Wiley se recordou de um recruta em específico que era "muito jovem" – tinha uns 13 ou 14 anos:

> Lembro que ele tirou o garoto da escola e disse: "Quando você pode roubar tal banco para mim?" E o garoto respondeu: "No recreio." Então, no recreio, foram lá buscá-lo, e Brown e C-Dog explicaram o que fazer. Você entra, apavora todo mundo, pega a grana e vai embora.

Casper ensinava a seus recrutas uma técnica que chamava de "virar camicase". Os garotos entravam no banco brandindo metralhadoras e fuzis, atirando para o teto e berrando palavrões: "Pro chão, filhos da puta!" Enfiavam todo o dinheiro que encontravam em fronhas, pegavam carteiras e arrancavam anéis dos dedos de mulheres se quisessem ganhar um dinheirinho extra.

Em pelo menos dois trabalhos, Casper pegou "emprestado" um ônibus escolar para levar seus jovens pupilos para um lugar seguro; em outra ocasião, usou uma van dos correios. Casper era *criativo*. Supervisionava suas operações em segurança, em um carro estacionado no quarteirão, então seguia a equipe que selecionara durante a fuga.

"Os garotos sabiam que, se tentassem fugir com o dinheiro, teriam dois caras da Crips atrás deles", explicou Wiley, "e isso não facilitaria sua vida".

O cavalo era abandonado. A equipe inteira batia em retirada para o esconderijo de Casper, geralmente um hotel barato, onde eles recebiam uma miséria por seus serviços e eram dispensados. Estamos falando de garotos – era bem provável que fossem pegos pela polícia. Mas Casper não estava nem aí. A postura dele, segundo Wiley, era:

> Tudo bem, essa parte é meio chata. A polícia encontrava os garotos. Aí tínhamos que arrumar uma galera nova. Mas fazemos isso o tempo todo.

Em apenas quatro anos, Casper "produziu" *175 assaltos*, número que até hoje é recorde mundial de assaltos a banco, estraçalhando o recorde anterior de 72, do Bandido Ianque. Casper e C-Dog até se aproximaram daquele recorde de seis assaltos em um só dia do Bandido Ianque; em um único dia de agosto de 1991 cometeram cinco roubos: em um First Interstate Bank no La Cienega Boulevard, depois em agências em Eagle Rock, Pasadena, Monterey Park e Montebello. E lembre-se: o Bandido Ianque agia sozinho. Casper fazia algo infinitamente mais difícil: organizar e supervisionar equipes de assaltantes.

Após Casper mostrar ao mundo como era fácil invadir e controlar um banco, outras gangues entraram em cena. A Eight Trey Gangster Crips começou a organizar bandos. Uma dupla chamada Garotos Asquerosos roubou quase 30 agências em menos de um ano – só os dois. Os Garotos Asquerosos eram… *asquerosos*: gostavam de colocar todo mundo no cofre do banco, berravam que iam matar e disparavam suas armas ao lado da orelha das pessoas só por diversão.

"Olhando para trás, 1992 foi o auge dos assaltos a banco. Em um ano, foram 2.641 roubos", contou Wiley.

> Isso totaliza uma média de um assalto a banco a cada 45 minutos por dia útil. E o pior dia teve 28 assaltos. O FBI estava enlouquecido. Os agentes estavam exaustos.

Roubar um banco leva minutos. Investigar um assalto a banco leva horas. À medida que os crimes foram se acumulando, o FBI foi ficando cada vez mais sobrecarregado.

Com 27 assaltos por dia, com uma equipe cometendo cinco em um dia… quer dizer, não dá nem para imaginar como investigar fisicamente isso tudo. Esses caras estão correndo o mais rápido possível pela cidade, roubando. Já é complicado sequer acompanhá-los no trânsito de Los Angeles. Você chega ao banco, e quantas pessoas testemunharam o crime? Bem, quantas pessoas estavam no banco? Sei lá, 20 pessoas. Então você precisa colher o depoimento de 20 testemunhas. É um projeto e tanto.

E, quando você começa, o que acontece?

Cinco ou dez minutos após você chegar à cena do crime, ocorre outro assalto a banco do lado oposto da cidade. O FBI estava sendo feito de gato e sapato.

A cidade de Los Angeles era a capital mundial de assaltos a banco. "Não havia motivos para acreditar que os números diminuiriam", continuou Wiley, que exibiu um gráfico dos assaltos a banco em Los Angeles entre os anos 1970 e 1990. "Se olharmos para a linha de tendência da quantidade dos casos, ela parece pretender chegar à Lua."

O FBI colocou 50 agentes no caso. Ao longo de muitos meses, eles descobriram o que puderam com os recrutas apavorados de Casper e C-Dog, destrincharam os meios ilícitos que os dois usavam para esconder seus bens e os rastrearam pelo sul de Los Angeles. Levou uma eternidade para conseguir que um tribunal indiciasse Casper e C-Dog, porque, na prática, o que eles tinham feito? Nada. Não roubaram nenhum banco. Só ficaram sentados dentro de um carro. Tudo que o FBI tinha era o depoimento de adolescentes assustados que mataram aula entre o recreio e a hora da saída.

Mesmo assim, depois de um tempo os promotores conseguiram juntar provas suficientes. Encontraram C-Dog na casa da avó, em Carson, e prenderam Casper saindo de um táxi. Com os dois atrás das grades, a febre de assaltos a banco que havia tomado Los Angeles perdeu força: dentro de um ano, a quantidade de assaltos na cidade teve queda de 30%, depois seguiu caindo. O gráfico de assaltos a banco não chegou à Lua. A febre passou.

Quando Casper e C-Dog saíram da prisão federal, em meados de 2023, começaram a tentar vender sua história para Hollywood e marcaram reuniões com produtores de cinema. Os executivos que conversaram com eles ficaram incrédulos: isso aconteceu *aqui*?

Sim, aconteceu.

3.

Quero começar *O outro lado do ponto da virada* com uma série de enigmas – três histórias interconectadas que não parecem ter explicação à primeira vista. A terceira envolve uma cidadezinha chamada Poplar Grove. A segunda, um homem chamado Philip Esformes. E este primeiro capítulo trata das aventuras do Bandido Ianque e de Casper e C-Dog.

A crise dos assaltos a banco de Los Angeles no começo dos anos 1990 foi uma epidemia. Cumpre todos os requisitos. Não foi um surto que veio do interior de cada ladrão, como uma dor de dente. Foi algo contagioso. Uma febre baixa que atravessou os Estados Unidos no fim da década de 1960. Nos anos 1980, o Bandido Ianque foi contagiado em Los Angeles. Mais tarde, os Bandidos de West Hills contraíram o vírus, que, neles, sofreu uma mutação e se tornou algo mais sombrio e violento. Eles transmitiram a nova cepa para Casper e C-Dog, que reinventaram o processo, terceirizando a mão de obra e se expandindo rapidamente, como capitalistas do fim do século XX que eram. A partir dali a infecção tomou conta da cidade – da Eight Trey Gangster Crips até os Garotos Asquerosos e assim por diante, contagiando centenas de jovens, até o auge dos assaltos a banco com reféns em Los Angeles fazer a era dos bilhetinhos passados para o caixa pelo Bandido Ianque parecer uma memória distante.

Epidemias sociais são impulsionadas pelos esforços de alguns poucos indivíduos excepcionais – pessoas que não seguem as regras gerais da sociedade –, e foi exatamente assim que o surto em Los Angeles se desdobrou. Não se tratava de um megaevento com dezenas de milhares de participantes, como essas maratonas em que as pessoas se inscrevem. Foi um reinado do caos, motivado por um grupo pequeno que fazia um roubo atrás do outro.

O Bandido Ianque assaltou 64 bancos em nove meses antes de finalmente ser capturado pelo FBI. Passou 10 anos na prisão, foi solto, *então roubou mais oito bancos*. Os Garotos Asquerosos atacaram 27 bancos. Casper e C-Dog comandaram 175 roubos. Se pensarmos apenas no Bandido Ianque, em Casper e nos Garotos Asquerosos, teremos uma noção bem exata do que acontecia em Los Angeles nos anos 1980 e no começo dos 1990: um fenômeno contagioso que se intensificou e depois perdeu a força, estimulado pelos atos extraordinários de algumas pessoas. "Casper é o superdisseminador, se quisermos usar termos de epidemia", disse Wiley.

O contexto dos anos 1980 e início dos 1990 era fértil para uma explosão na quantidade de assaltos a banco? Sim, era. Entre a década de 1970 e o fim dos anos 1990, a quantidade de agências bancárias nos Estados Unidos triplicou. Para Casper e C-Dog, foi mamão com açúcar.

A febre que arrebatou Los Angeles nessa época faz todo o sentido – exceto por um detalhe.

Há um enigma.

4.

No começo da manhã de 9 de março de 1950, Willie Sutton acordou e aplicou uma camada pesada de maquiagem no rosto. Na noite anterior, havia pintado o cabelo, clareando bastante os fios, de forma que estava quase louro, e agora queria escurecer a pele. Passou rímel nas sobrancelhas para engrossá-las. Enfiou pedaços de rolhas nas narinas para alargar o nariz. Então vestiu um terno cinza, ajustado e estofado de forma a alterar sua silhueta. Satisfeito por não se parecer mais consigo mesmo, Willie Sutton saiu de sua casa em Staten Island e seguiu para Sunnyside, no Queens, rumo à agência do Manufacturers Trust Company na 44th Street com o Queens Boulevard, em Nova York.

Sutton havia passado a manhã das últimas três semanas parado do outro lado da rua, aprendendo a rotina dos funcionários do banco. Gostava do que via. Na frente da agência, havia uma parada do metrô de superfície, um ponto de ônibus e outro de táxi. A rua era movimentada, e Sutton gostava de multidões. O guarda do banco, um homem lento chamado Weston, morava nas redondezas e chegava todo dia às 8h30, distraído com seu jornal. Entre 8h30 e 9h, abria a porta para os funcionários, culminando com a chegada sempre pontual do gerente, o Sr. Hoffman, às 9h01. O Manufacturers Trust abria ao público às 10h – bem mais tarde que a maioria das agências. Isso também agradava a Sutton: no seu planejamento, o momento entre a chegada do primeiro funcionário e a chegada do primeiro cliente era o "tempo dele", e o "tempo dele" nesse caso era de uma hora e meia.

Às 8h20, Sutton se misturou à multidão que esperava no ponto de ônibus. Minutos depois, o guarda Weston virou a esquina, distraído na leitura de seu jornal. Enquanto ele pegava as chaves para abrir a porta, Sutton se aproximou por trás. Surpreso, Weston se virou. Sutton o encarou e murmurou:

– Entre. Quero conversar com você.

Sutton não gostava de armas de fogo. Para ele, não passavam de um objeto cenográfico. Sua arma real era a autoridade tranquila que dominava a atenção de todos. Ele explicou ao guarda o que aconteceria. Primeiro, eles deixariam que um de seus cúmplices entrasse. Em seguida, os funcionários restantes seriam recebidos, como de costume. Conforme cada um deles chegasse, o cúmplice de Sutton os pegaria pelo cotovelo e os colocaria sentados numa fileira de cadeiras já arrumadas para o evento.

Sutton ficou tão famoso que viria a escrever não apenas um, mas dois livros de memórias, como um estadista que sente a necessidade de opinar sobre os rumos da história. Em um deles, explicou:

> Depois que você assume o controle do banco, não interessa quem vai aparecer na porta. Três pintores chegaram de surpresa enquanto eu roubava uma agência na Pensilvânia, e simplesmente falei para eles cobrirem o chão e começarem o trabalho. "Com a fortuna que vocês cobram, não vai ser legal para o banco se vocês ficarem parados aí sem fazer nada. Existe seguro contra ladrões de banco, mas não contra o roubo que vocês praticam." Durante todo o assalto, fiquei tagarelando sobre como já estaria aposentado se ladrões de banco tivessem um sindicato tão forte quanto o deles. Todo mundo se divertiu, e, quando fui embora com o dinheiro, eles já tinham terminado de pintar uma parede inteira.

Sutton era assustadoramente charmoso. Os funcionários do Manufacturers Trust sabiam que estavam sendo roubados pelo famoso Willie Sutton naquela manhã? Sem dúvida. Eles foram levados até a sala de reuniões, um por um.

– Não se preocupem, pessoal – disse ele. – É só dinheiro. E o dinheiro não é de vocês.

Às 9h05, com quatro minutos de atraso, o gerente, Sr. Hoffman, chegou. Sutton o levou até uma cadeira.

– Quero que saiba que, se o senhor arrumar confusão, alguns dos seus funcionários serão baleados. Não quero que tenha falsas ilusões quanto a isso. Veja bem, talvez o senhor não se importe com sua própria segurança, mas a saúde dos seus funcionários é de sua responsabilidade. Se alguma coisa acontecer com eles, a culpa será sua, não minha.

Era um blefe, claro, mas sempre dava certo. Ele pegou o dinheiro do cofre, saiu a passos lentos pela porta da frente, entrou num carro que o esperava do lado de fora e desapareceu no trânsito de Nova York.

Willie Sutton era a versão nova-iorquina de Casper – embora a comparação seja injusta com Sutton. Ninguém sabia muito sobre Casper na época em que ele orquestrava sua maratona de assaltos a banco. Mesmo seu julgamento pouco chamou atenção da imprensa. Com Willie Sutton, foi outra história. Sutton era famoso. Namorava jovens atrizes em ascensão. Era um mestre do disfarce. Executou não apenas uma, mas duas fugas ousadas da prisão. Certa vez lhe perguntaram:

– Por que você rouba bancos?

– Porque é lá que o dinheiro está – respondeu.

Tempos depois ele negaria ter dito isso, mas não importava. Até hoje, essa máxima é chamada de "Lei de Sutton" e é usada para instruir estudantes de medicina sobre a importância de considerar primeiro o diagnóstico mais provável. Hollywood produziu um filme sobre a vida dele. Um escritor transformou sua história em livro biográfico. Convertendo para valores atuais, ele alegava ter roubado mais de 20 milhões de dólares ao longo da carreira. Casper não estava nem na mesma faixa de imposto de renda que Willie Sutton (isto é, se eles pagassem impostos, algo que nenhum dos dois fazia).

A questão é que, se havia alguém capaz de começar uma epidemia de assaltos a banco, era Willie Sutton. Seria de esperar que a impressionável classe criminosa de Nova York veria o astuto Willie invadindo agências bancárias com toda a facilidade do mundo, sem disparar um único tiro, e indo embora com uma fortuna digna de um rei, e pensaria: *Também consigo fazer isso*. Na epidemiologia, existe um termo chamado "paciente zero" (ou caso índice), que se refere à pessoa que inicia a epidemia. (Ainda vamos falar sobre um dos pacientes zero mais fascinantes da história recente.) Willie Sutton devia ter sido um paciente zero, certo? Ele transformou o trabalho sujo de render um banco em uma forma de arte.

Só que Willie Sutton não iniciou uma epidemia de assaltos a banco em Nova York – nem nos anos 1940 e 1950, seu auge, nem nos anos seguintes, ao escrever seus livros de memórias. Após usar a lábia para sair da prisão em 1969 alegando problemas de saúde (ele viveria por mais 11 anos), Sutton se reinventou como especialista em reforma carcerária, dando palestras por todo o país. Ofereceu consultorias a bancos para prevenir assaltos. Fez até um comercial de televisão para uma empresa de cartões de crédito, apresentando um cartão estampado com uma foto: "Ele se chama *cartão de rosto*. Agora, quando digo *Eu sou Willie Sutton*, as pessoas acreditam." Isso fez o mundo querer ser Willie Sutton? Pelo visto, não. Na época de Casper, Nova York sofreu apenas uma pequena fração da quantidade de assaltos a banco que aconteciam em Los Angeles.

Por definição, epidemias são fenômenos contagiosos que não respeitam fronteiras. Quando a covid-19 surgiu na China no final de 2019, epidemiologistas temeram que a doença se espalhasse pelo mundo. E estavam completamente certos. Porém, no caso dos bancos, a febre tomou conta de Los Angeles, mas ignorou outras cidades. Por quê?

Esse é o primeiro dos três enigmas. E a resposta envolve uma famosa observação feita por um médico chamado John Wennberg.

5.

Em 1967, o recém-formado Wennberg conseguiu um emprego em Vermont como parte do Programa Médico Regional. Na época, o governo federal americano buscava expandir a rede de segurança social da população, e esse programa era um esforço para melhorar os cuidados de saúde pelo país. O trabalho de Wennberg era mapear a qualidade dos serviços no estado para garantir que todos tivessem acesso aos mesmos padrões de atendimento médico.

Wennberg era jovem e idealista. Tinha sido aluno de algumas das mentes mais brilhantes da medicina na Universidade Johns Hopkins. Mais tarde, diria que chegou a Vermont ainda acreditando "no paradigma geral de que a ciência estava avançando e sendo racionalmente traduzida em cuidados eficazes".

O estado de Vermont tinha 251 cidades. Wennberg começou dividindo as comunidades de acordo com o local onde os moradores recebiam atendimento médico. Assim, criou 13 "distritos hospitalares" no estado, então calculou o valor que deveria ser dedicado a cuidados médicos em cada distrito.

Wennberg achou que descobriria menos gastos nas áreas mais pobres de Vermont. E, seguindo a mesma lógica, que, em comunidades mais ricas, como Burlington – a maior cidade do estado, lar de universidades conceituadas e de hospitais novos e sofisticados, com mais médicos formados em instituições renomadas –, os gastos seriam mais elevados.

Só que ele estava completamente errado. Sim, havia diferenças nos gastos dos distritos hospitalares. Mas não eram pequenas. Eram enormes. E não seguiam qualquer lógica aparente. Segundo o próprio Wennberg explicou, elas "não tinham pé nem cabeça". A cirurgia para a remoção de hemorroidas, por exemplo, era cinco vezes mais comum em certos distritos do que em outros. As chances de você remover cirurgicamente uma próstata aumentada, fazer uma histerectomia ou tirar o apêndice após uma crise de apendicite eram três vezes maiores em certos distritos.

"No fim das contas, tudo variava", disse Wennberg. "Por exemplo, nós morávamos entre Stowe e Waterbury. Meus filhos estudavam em Waterbury, a 15 quilômetros de casa. Mas, se morássemos 90 metros para o norte, eles teriam que estudar em Stowe. Lá, 70% dos jovens retiravam as amídalas antes dos 15 anos, contra apenas 20% em Waterbury."

Não fazia sentido. Stowe e Waterbury eram duas cidadezinhas tranquilas, cheias de construções antigas do século XIX. Ninguém achava que uma era mais urbana que a outra ou que elas seguiam ideologias médicas opostas. Não era uma questão de Stowe atrair um tipo de pessoa, e Waterbury, outro muito diferente. A população era basicamente idêntica – isto é, exceto pelo fato de que os jovens de Waterbury costumavam manter suas amídalas, enquanto os de Stowe, não.

Wennberg ficou confuso. Será que, sem querer, havia descoberto uma peculiaridade estranha das cidadezinhas de Vermont? Decidiu expandir sua análise para outras partes da região da Nova Inglaterra. Eis uma comparação que ele fez entre Middlebury, em Vermont, e Randolph, em New Hampshire. Quando olhamos para as primeiras 10 linhas de dados, as cidades são gêmeas. Mas analisando as últimas três... Caramba. Em Randolph, os médicos pareciam viver um frenesi: tendo gastos exorbitantes, internando e operando todo mundo que aparecesse pela frente. Em Middlebury era o contrário.

	Middlebury, Vermont	*Randolph, New Hampshire*
Características socioeconômicas		
Brancos	98%	97%
Nascidos em Vermont ou New Hampshire	59	61
Moram na região há 20 anos ou mais	47	47
Têm renda abaixo do nível da pobreza	20	23
Têm plano de saúde	84	84
Costumam se consultar com os mesmos médicos	97	99
Nível de doenças crônicas		
Prevalência	23%	23%
Atividade restrita nas últimas duas semanas	5	4
Mais de duas semanas de cama no último ano	4	5
Acesso a médico		
Contato com médico no último ano	73%	73%
Utilização de serviços de saúde após acesso		
Altas hospitalares a cada 1.000 habitantes	132	220
Altas cirúrgicas a cada 1.000 habitantes	49	80
Gastos federais com serviços médicos, cuidados ambulatoriais, equipamentos médicos e serviços preventivos por paciente	92	142

Wennberg chamou sua descoberta de "variação de pequena área" e encontrou evidências do fenômeno pelo país inteiro. E o que começou como uma observação específica das cidadezinhas de Vermont se transformou em uma regra que – meio século após a surpreendente descoberta de Wennberg – ainda não mostra qualquer sinal de desaparecimento: a maneira como o médico atende pacientes, em muitos casos, tem menos a ver com a instituição onde ele estudou, seu desempenho na faculdade ou sua personalidade, e mais com *onde ele mora*.

Por que o local faz tanta diferença? A explicação mais fácil para a variação de pequena área é que os médicos simplesmente estão seguindo a vontade dos pacientes. Então, por exemplo, vamos usar uma ocorrência médica relativamente simples: quantas visitas médicas um paciente recebe nos últimos dois anos de vida. A média nacional em 2019 foi de cerca de 54 visitas. Em Mineápolis, por outro lado, a média é bem menor: 36. Mas sabe qual é a de Los Angeles? É 105! *Nos seus últimos dias de vida, você recebe três vezes mais visitas médicas em Los Angeles do que em Mineápolis.*

É uma diferença colossal. Isso acontece porque os habitantes do estado de Minnesota se comportam como escandinavos impassíveis, enquanto os idosos de Los Angeles são carentes e exigentes? A resposta parece ser não. Wennberg e outros pesquisadores observaram que a variação de pequena área não é resultado daquilo que os pacientes querem que os médicos façam. Ela é causada por aquilo que *os médicos querem fazer com os pacientes*.

Sendo assim, por que médicos têm comportamentos tão diferentes de acordo com sua localização? É apenas uma questão financeira? Talvez mais pessoas em Los Angeles tenham o tipo de plano de saúde que recompensa médicos por oferecerem tratamentos mais agressivos. Não, esse também não parece ser o caso.*

---

* O termo técnico para isso é *composição de pagadores*. Uma cidade em que 100% dos habitantes têm um plano de saúde em que médicos recebem por cada tratamento terá um padrão de atendimento diferente de uma cidade em que 100% dos habitantes usam "cuidados predeterminados", em que os pagamentos recebidos por hospitais e médicos são fixos. Só que Los Angeles não tem uma composição de pagadores radicalmente diferente da de outras cidades grandes.

E se for apenas aleatório? Afinal, médicos são seres humanos. E seres humanos têm crenças muito variadas. Talvez Los Angeles seja uma cidade em que, por acaso, trabalham muitos médicos que preferem tratamentos agressivos, enquanto, também por acaso, em Mineápolis eles estão em número bem menor.

Não!

Aleatório significaria que médicos que preferem tratamentos agressivos estariam espalhados pelo país, em padrões que variam ao longo dos anos. *Aleatório* significaria que todo hospital teria uma mistura diferente de médicos, representando uma amostra de ideias sobre como praticar a medicina. Haveria um Dr. Smith, que sempre tiraria amídalas, um Dr. Jones, que nunca faria isso, e um Dr. McDonald, que ficaria no meio-termo. Mas não foi isso que Wennberg observou. Na verdade, ele encontrou *grupos* médicos: os profissionais de um distrito hospitalar assumiam uma identidade comum, como se tivessem sido infectados pela mesma ideia contagiosa.

"É um mistério do tipo diga-me-com-quem-andas-e-te-direi-quem-és", explicou Jonathan Skinner, economista da Universidade Dartmouth que é um dos herdeiros do trabalho de Wennberg. "Tudo bem, médicos têm opiniões diferentes. (…) Pessoas desenvolvem opiniões sobre o que dá certo. (…) Mas a questão é: o que em uma região específica faz muitas pessoas seguirem a mesma prática? É alguma coisa na água do lugar?"

6.

A variação de pequena área acabou se tornando uma obsessão dos pesquisadores médicos. O tema é assunto de livros. Acadêmicos dedicam seus dias a esse estudo. Mas a parte fascinante é como os mesmos padrões inexplicáveis de variação ocorrem *fora* do mundo dos cuidados médicos diretos. Darei um exemplo.

O estado da Califórnia mantém um banco de dados público sobre a porcentagem de alunos do sétimo ano em qualquer escola de ensino fundamental que estão com as vacinas recomendadas em dia: catapora, sarampo, caxumba, rubéola, poliomielite e assim por diante. Caso você dê uma olhada na lista – que é longa –, verá que os dados parecem simples. A grande maioria das crianças das escolas públicas da Califórnia recebeu todas as vacinas. E as crianças em escolas particulares? Nos Estados Unidos, escolas particulares tendem a ser menores e mais peculiares. Será que existe uma variação maior nelas? Vamos dar uma olhada.*

Aqui vai a cobertura vacinal, escolhida aleatoriamente, de uma seleção de escolas particulares de ensino fundamental no condado de Contra Costa, a leste de San Francisco.

    St. John the Baptist – 100%
    Escola Cristã El Sobrante – 100%
    Escola Judaica Diurna Contra Costa – 100%

E assim segue a lista. Há muitas escolas particulares de ensino fundamental no condado de Contra Costa, e os pais que moram na região parecem dedicados a proteger os filhos de doenças contagiosas.

    St. Perpetua – 100%
    St. Catherine of Siena – 100%

Mas calma aí: tem uma escola muito diferente.

    East Bay Waldorf – 42%

Quarenta e dois por cento? Seria uma exceção, uma anomalia inesperada em um padrão consistente?

Vejamos as escolas particulares no condado de El Dorado, que vem logo abaixo de Contra Costa na ordem alfabética.

---

* As estatísticas se referem ao ano letivo 2012-2013. Em 2015, a Califórnia aprovou uma lei que proíbe a abstenção vacinal infantil sem justificativas médicas. Em outras palavras, se você quiser entender o que pais que gostam do método Waldorf querem para os filhos – sem a intervenção do governo –, precisará analisar os dados de anos anteriores a 2015.

Academia G. H. S. – 94%
Escola Holy Trinity – 100%

E então, veja só:

Cedar Springs Waldorf – 36%

Vamos tentar Los Angeles. Assim como suas contrapartes pelo estado, a maioria das escolas de ensino fundamental de lá apresenta taxas acima de 90%, chegando a 100%. Entretanto, mais uma vez, existe uma exceção, no extremo oeste da cidade, mais especificamente no exclusivo bairro de Pacific Palisades.

Westside Waldorf – 22%

Caso você nunca tenha escutado falar das escolas Waldorf, elas fazem parte de um movimento iniciado pelo educador austríaco Rudolf Steiner no início do século XX. As escolas Waldorf são pequenas e caras, focadas no aprendizado "holístico" – que busca desenvolver a criatividade e a imaginação dos alunos. Há milhares de escolas Waldorf pelo mundo – geralmente jardins de infância e escolas de ensino fundamental – e cerca de vinte na Califórnia. E, quase sem exceção, as menores coberturas vacinais em qualquer cidade californiana que tenha uma escola Waldorf podem ser encontradas... na escola Waldorf.*

Vejamos o que acontece no condado de Sonoma:

Escola de Ensino Fundamental St. Vincent de Paul – 100%
Rincon Valley Christian – 100%
Escola Diurna Sonoma Country – 94%
Escola Catedral St. Eugene – 97%

---

* Há outras escolas com índices de abstenção vacinal tão baixos quanto os encontrados nas escolas Waldorf. Mas são raras.

St. Rose – 100%
Escola Waldorf Summerfield – 24%*

A Califórnia teve dois surtos de sarampo na década de 2010 – incluindo um que começou na Disneylândia. Os surtos levaram muitos a dizer que a Califórnia sofria um problema de negacionismo contra vacinas. Só que isso não é verdade. Olhe de novo para as escolas de ensino fundamental com cobertura vacinal de 100%. Na verdade, o problema está em pequenos grupos antivacina dentro do estado – como os pais que enviam os filhos para um tipo bem específico de escola de ensino fundamental. John Wennberg reconheceria o padrão num piscar de olhos. A hesitação vacinal é uma variação de pequena área.

Esta é a primeira lição sobre epidemias sociais: quando analisamos um evento de contágio, partimos do princípio de que há algo anormal e desordenado no caminho que ele segue. Mas não há nada anormal e desordenado na epidemia de assaltos a banco de Los Angeles, nos padrões de prática médica em Waterbury em comparação com Stowe ou nas ideias dos pais de alunos matriculados nas escolas Waldorf. A crença contagiosa que une as pessoas nesses exemplos, seja ela qual for, tem a disciplina de se limitar às fronteiras da comunidade. Deve haver um conjunto de regras escondido em algum lugar obscuro.

E isso nos leva ao segundo enigma.

---

* Caso você tenha curiosidade, aqui vão os números de outras escolas Waldorf na Califórnia:
   Escola Waldorf do Condado de Orange – 44%
   Sacramento Waldorf – 46%
   Escola Waldorf de San Diego – 20%
   Escola Waldorf San Francisco – 53%
   Santa Cruz Waldorf – 60%
   Sierra Waldorf – 58%

CAPÍTULO DOIS

O problema de Miami

"Ele acordava de manhã, fumava um baseado
e aí, mais ou menos das oito ao meio-dia,
lavava mais de um milhão de dólares."

1.

Vossa Excelência, hoje sou um homem envergonhado e destruído. (...) Perdi tudo que amava e que importava para mim. (...) Acabei com meu casamento. Traumatizei meus filhos, meus três filhos lindos. Causei uma dor imensurável aos meus pais idosos. A culpa é só minha.

O dia é 12 de setembro de 2019. Tribunal federal. O júri determinou que Philip Esformes é culpado de um dos casos mais graves de fraude contra subsídios federais para o sistema de saúde da história americana. E, agora, o réu implora ao juiz por clemência.

Perdi mais de 20 quilos desde que fui preso, em 22 de julho de 2016. Meu corpo é só uma casca vazia em comparação com o que era. Meus pés perderam a circulação. Meus joelhos estão inchados. Desenvolvi um problema dermatológico. Faz mais de 37 meses que não sinto o sol na minha pele.

A investigação federal sobre a rede de casas de repouso de Esformes demorou anos. O julgamento levou quase oito semanas. Os jurados foram informados sobre subornos, notas fiscais falsas, propinas, lavagem de dinheiro, 256 contas bancárias e médicos corruptos. Os sócios mais próximos de Philip Esformes usaram escutas e juntaram horas de gravações dele comandando seu enorme império.

> As gravações passam a imagem de que eu era um homem disposto a fazer as coisas do jeito fácil, sem medo das consequências, sem dar valor a todas as coisas boas que me cercavam, um homem que agia como se não precisasse se submeter às regras. Assumo a responsabilidade pelo que fiz.

E então ele começou a chorar.

2.

Alguém, algum dia, fará um filme incrível sobre o caso Esformes. A história tem tudo que Hollywood adora. Primeiro, há o próprio Esformes – bronzeado e bonito como um astro de cinema, a cara do Paul Newman. Ele dirigia uma Ferrari Aperta de 1,6 milhão de dólares, usava um relógio suíço de 360 mil e viajava de costa a costa do país em um jatinho particular. Os jurados foram informados sobre as várias mulheres lindas com quem ele se encontrava em suítes luxuosas de hotel, os acessos de fúria, os telefonemas antes do amanhecer, a insistência em chamar dinheiro de "fettuccine". Ele era descrito como "obsessivo" e "provavelmente bipolar", um homem que "passa dia e noite no telefone, que você precisa ciceronear, que enlouquece os outros, que faz as pessoas chegarem ao limite, que reclama de tudo que acontece".

E isso veio de um dos advogados *dele*.

Philip Esformes observava o sabá e então, à meia-noite, quando o dia mudava e a religião não mais proibia o trabalho, ia visitar suas casas de repouso para verificar se as coisas estavam funcionando como queria. Ele tinha três filhos e decidiu que o mais velho, contra todas as expectativas atléticas, seria um astro do basquete universitário. Se você procurar no You-

Tube, encontrará vídeos do garoto baixinho obedientemente arremessando a bola sob o olhar atento de uma série de treinadores profissionais.

"Ele pressionava os filhos de um jeito inacreditável", disse o advogado de Esformes, Roy Black. "Era como se eles vivessem em constante treinamento." Black continuou:

> Ele era obcecado com isso. E viajava com eles. Procurava hotéis perto de sinagogas, para poderem ir andando até elas nos sábados. Gerenciava cada detalhe da vida deles. Ele era…

Black fez uma pausa para buscar a palavra certa: "Dizer que ele era um pai superprotetor é pouco. O cara parecia um sargentão."

Black, que representou toda sorte de acusados de tráfico de drogas, fraudes, lavagem de dinheiro e golpes durante sua longa carreira, não pareceu gostar de sua experiência com Philip Esformes.

"Ele queria determinar as estratégias da defesa, algo que obviamente impedimos. Ele era muito intenso", contou Black.

> Eu passava, sei lá, umas quatro horas por dia conversando com ele, então saía da prisão federal ensopado de suor e tinha que ir para casa para tomar banho. Eu precisava de um diazepam.

No tribunal estava o pai de Philip, o lendário Morris Esformes, um homem brilhante, bonito, sagaz – nas palavras de um antigo colega de classe, o "cara mais legal" da yeshivá. Morris era um rabino judeu ortodoxo que tinha construído um império de casas de repouso em Chicago e doou mais de 100 milhões para caridade. Modificou a buzina do seu carro para tocar a música-tema de *O poderoso chefão*. Certa vez, apareceu para uma entrevista com dois jornalistas usando o uniforme roxo e dourado dos Los Angeles Lakers e um quipá nas mesmas cores. Caso algo ruim acontecesse com os jornalistas como resultado de suas investigações sobre os negócios dele, informou o Esformes pai aos dois, um conselho de rabinos em Israel já tinha concordado em absolvê-lo das "consequências espirituais".

"Acho que a motivação de Philip era querer provar para o pai que, mesmo vivendo à sombra dele, poderia ser bem-sucedido", disse um advogado de Esformes em um momento de sinceridade. Sigmund Freud poderia ter sido convocado para testemunhar sobre a personalidade do réu.

O julgamento apresentou histórias sobre orgias e viagens a Las Vegas. Teve uma breve participação especial de uma aspirante a modelo da Victoria's Secret. Teve uma história paralela estranha segundo a qual Philip subornou o técnico de basquete da Universidade da Pensilvânia com sacos de dinheiro vivo para que seu filho Moe fosse recrutado para o time da faculdade. Teve duas testemunhas que roubaram a cena, os irmãos Delgado. Um deles pesava 240 quilos, teve um bebê com a amante e, por conveniência, resolveu colocá-la para morar num apartamento de propriedade da sua esposa. (Os irmãos Delgado sabiam lidar com situações delicadas.) Caso você queira ler as 9.757 páginas da transcrição do julgamento, há tantos momentos assim que eles começaram a parecer rotineiros:

P: E quando isso começou?

O promotor está perguntando a uma das muitas testemunhas da acusação sobre uma fraude relacionada a cuidados médicos que envolveu uma empresa chamada ATC.

R: Em 2002, quando consegui meu cadastro de fornecedor.
P: E quanto a ATC cobrou ao governo?
R: 205 milhões de dólares.
P: E quanto pagava de propinas por mês aos fornecedores?
R: Variava entre 300 e 400 mil dólares por mês.

Um pouco depois, o advogado volta para as propinas.

P: Pode explicar para os jurados como as diferentes quantias de dinheiro eram pagas por mês?
R: Como mencionei, eu já tinha os valores pelas lavagens de dinheiro que fazia. Então tinha pilhas de notas de 100, 50, 20, 10 e 5. E aí eu usava os envelopes.

Pois é. Para distribuir 400 mil dólares em propina por mês em dinheiro vivo, você precisa de muitos envelopes. Inclusive, se parar para estudar esse caso, talvez chegue à conclusão de que talvez – só talvez – Philip Esformes não fosse tão ruim assim.

> Ele ia às casas de repouso nas noites de sábado. Verificava tudo. Estava lá todo santo dia, perambulando, fazendo rondas.

Quem diz isso é um dos advogados de Philip, Howard Srebnick, numa última defesa de seu cliente que, em alguns momentos, chega a ser poética.

> Ele levou [o astro do basquete] Dwyane Wade à casa de repouso para apresentá-lo aos pacientes (…). O Sr. Esformes ia às casas de repouso e abraçava as pessoas. Ia às casas de repouso e dançava com os pacientes. Ia às casas de repouso e demonstrava amor pelas pessoas que trabalhavam para ele, tanto amor que essas mesmas pessoas se dispuseram a vir ao tribunal e demonstrar o amor delas pelo Sr. Esformes.

O que aconteceu com Philip Esformes? Por que um homem aparentemente tão amoroso jogaria fora sua vida com tamanha imprudência?

Na audiência de sentença, o testemunho mais poderoso veio do rabino Sholom Lipskar, amigo de anos da família. Lipskar fez nada menos que 50 visitas a Esformes na penitenciária, quando esperava julgamento. Conhecia melhor do que ninguém o estado mental de seu cliente.

"A alma dele se abalou. Seu coração foi partido. Sua personalidade mudou", disse Lipskar ao juiz. E então:

> Vossa Excelência declarou no passado que existem pessoas ruins que fazem coisas ruins, e há pessoas boas que cometem erros (…). Philip se enquadra nesse segundo caso. Ele começou como Philip Esformes, de uma família extraordinária, muitíssimo conceituada. Eu conheci seus avós. Eles frequentavam nossa sinagoga. Seu avô ia de cadeira de rodas, de coração aberto, e rezava (…). Então fez su-

cesso em Chicago, virou o Philip de Chicago, que ajudava todas as instituições da cidade. Então veio para Miami, onde é fácil se tornar o Philip de Miami, uma pessoa arruinada, metida num ambiente em que o dinheiro não era a única coisa que ele queria ganhar.

Miami. Lipskar acreditava que os problemas de Esformes tinham começado após ele trocar sua cidade natal pelo sul da Flórida.

Vale lembrarmos que se tratava de uma audiência de sentença, uma ocasião em que o condenado, por necessidade, pede que seus amigos compareçam para elogiá-lo. *A culpa não foi bem dele* é a defesa padrão de todos nessa situação, um comportamento típico de garotos na sala do diretor da escola.

Entretanto, ao mesmo tempo, o argumento de Lipskar parece bem familiar. A lição que aprendemos com os ladrões de banco e as escolas Waldorf é que padrões de comportamento se entranham em lugares de formas muitas vezes surpreendentes. O rabino estava falando de uma variação de pequena área.

> Ele se perdeu. Pode perguntar à família (…). O próprio Philip vai dizer: "Eu me perdi. Segui por um caminho errado. Caí no fundo do abismo."

Ele era o Philip de Chicago, um empresário honesto, de uma família conceituada. Até que se tornou o Philip de Miami e se perdeu.[*] Era como se ele tivesse se mudado de Waterbury para Stowe.

3.

Vamos voltar um pouquinho para a história das escolas Waldorf. A explicação mais óbvia para essas instituições serem diferentes é que elas sim-

---

[*] Só para deixar claro, os Esformes não eram *completamente* honestos. Eles tiveram alguns problemas menores com as leis do estado de Illinois. Mas nada na escala do que aconteceu em Miami.

plesmente atraem pais que já são antivacina. Só que, quando a antropóloga Elisa Sobo estudou a cultura Waldorf, ela descobriu que isso não era verdade. "As pessoas não necessariamente procuram a escola porque desejam um oásis livre de vacinas", explica. *Algumas* pessoas de fato faziam isso. Mas o padrão seguia a direção contrária. "Esse parece ser um comportamento ou uma postura, uma crença que as pessoas adotaram quando foram para lá." Ela notou um detalhe interessante sobre famílias com vários filhos em uma escola Waldorf. "Se você coloca seu filho de 3 anos na pré-escola quando está formando a família e decide que ele vai continuar lá, seu próximo filho tomará menos vacinas, e o próximo tomará ainda menos." A escola Waldorf enfeitiça seus membros, e quanto mais tempo você permanece nela, mais forte é o feitiço.

Como funciona esse feitiço? Vejamos a seguir os relatos de ex-alunos da metodologia Waldorf, tirados de um vídeo promocional feito para uma escola em Chicago. (Foi uma escolha aleatória; há inúmeros vídeos promocionais semelhantes no YouTube.) O vídeo consiste em vários profissionais jovens e bonitos falando sobre o que aprenderam nos anos em que estudaram nas instituições. Sarah, por exemplo, diz:

> O que a Waldorf faz por você é instigar uma curiosidade total sobre o mundo. É como se existisse um efeito Waldorf no qual você se torna ávido por aprender e curioso sobre tudo, em vez de se reprimir e se deixar limitar por rótulos.

Depois é Aurora quem fala:

> A questão é que, na Waldorf, você aprende a aprender. E não apenas aprende a aprender, mas aprende a querer aprender, desenvolvendo o desejo e a capacidade de encontrar respostas que precisam ser encontradas e buscar as informações de que precisa.

O fato de a metodologia Waldorf instigar em seus alunos um senso de curiosidade sobre o mundo é maravilhoso, mas dá para entender como essa premissa pode levar as pessoas a se aventurarem por rumos estranhos.

Pais que vacinam os filhos são pessoas que acreditam no conhecimento da comunidade médica. Eu sou capaz de explicar exatamente como funciona uma vacina e o que acontece com o sistema imunológico dos meus filhos quando eles tomam uma vacina? Não. Mas entendo que há muitas pessoas que sabem mais do assunto do que eu e confio no julgamento delas. Em contrapartida, algum elemento de fazer parte da comunidade Waldorf incentiva as pessoas a não seguir a opinião de especialistas: elas desenvolvem a confiança para pensar sobre temas difíceis por conta própria. No vídeo, um cinegrafista chamado Erik diz:

> Onde quer que esteja, sei que posso me virar sozinho, (...) A Waldorf me deu essa confiança.

Quem encerra o vídeo é Sarah. Segundo ela, a metodologia Waldorf "gera meio que um complexo de super-herói". Ela dá uma piscadela. "Esse é o único risco que você corre ao matricular seu filho lá."

Tenha em mente que pais de alunos da Waldorf não socializam apenas com outros pais de alunos da Waldorf. Eles habitam um mundo cheio de colegas de trabalho, amigos, parentes e vizinhos convictos de que vacinar crianças é uma ótima ideia. Sem dúvida, os pais de alunos da Waldorf escutam opiniões pró-vacina o tempo todo. Sempre que levam o filho ao médico, o pediatra deve achar que são loucos. Porém, para a maioria deles, essa pressão externa não faz diferença.

"Eles ficam doentes? Sim", escreve uma blogueira que se intitula A Mãe Waldorf, falando sobre o que aconteceu após decidir abandonar o calendário vacinal recomendado para seus filhos.

> Em um Natal, precisamos fazer uma quarentena por causa de catapora. (Foi uma delícia poder faltar a todos os eventos sociais de fim de ano!) O mais novo ficou péssimo e ainda tem algumas cicatrizes.
>
> No caso do mais velho, os sintomas foram tão leves que foi quase como se ele não tivesse nada. Anos depois, ele pegou herpes-zóster de outras crianças na escola. Na verdade, é até me-

lhor passar pela versão totalmente expressa da doença. Você fica mal, se recupera, e bola pra frente.

Obviamente, existe um jeito fácil de proteger seu filho de herpes-zóster – que, numa escala de dor de 1 a 10, geralmente é considerada 9 ou 10 –, que é vaciná-lo contra catapora.

A Mãe Waldorf continua. Ela também decidiu não vacinar os filhos contra coqueluche. E adivinha? Os filhos pegaram coqueluche.

> A pior doença que já tivemos foi coqueluche. As crianças pegaram de um coleguinha com quem passamos uma tarde na praia. Nós estávamos na Califórnia na época, e essa continua sendo uma das experiências mais difíceis e sofridas da minha vida. Meu filho nunca ficou tão mal. O mais velho já tinha recebido duas doses da DTP e não ficou tão mal, mas mesmo assim ficou doente. Eu teria vacinado os dois se soubesse como seria? Talvez. Só que, agora que isso ficou para trás, tenho mais confiança de que meus filhos receberam a melhor proteção contra essa doença.

Durante essas rodadas cansativas de crateras na pele, surtos de herpes--zóster e coqueluche debilitante, uma coisa a manteve firme.

> Meus filhos também tinham o apoio da Educação Waldorf, então todos os dias havia muita arte e criatividade, brincadeiras dentro e fora de casa, e uma educação sem estresse, animada, que os ajudou em seu desenvolvimento. Eu decidi não vaciná-los, mas ao mesmo tempo me certifiquei de que eles tivessem o maior apoio possível.

O feitiço da Waldorf, seja lá qual for, é muito poderoso.

Darei outro exemplo, agora diretamente da pesquisa sobre a variação de pequena área. Um dos recursos disponíveis para pessoas com problemas cardíacos é o cateter. O cateter é um tubo de plástico com pouco mais de 90 centímetros de comprimento e cerca de 2 milímetros de largura. O cardiologista insere o tubo por uma artéria ou veia e o conecta cuidadosamente ao coração, onde é usado para diagnosticar problemas cardíacos ou nos vasos sanguíneos. Porém, como acontece com todos os recursos médicos úteis, há uma grande diferença na frequência com que são utilizados, dependendo da cidade. Nos Estados Unidos, por exemplo, durante o período de 1998 a 2012, o líder de cateterismos cardíacos era Boulder, no Colorado. Um total de 75,3% das pessoas que sofriam infarto em Boulder ganhava um cateter. No fim da lista estava Buffalo, em Nova York, com apenas 23,6%. Suspeito de que, a esta altura, os exemplos de variação de pequena área já não surpreendam. Porém vale mencionar que essa diferença é *imensa*. Nesse período, o tratamento que uma pessoa recebia após ter um infarto em Boulder era bem diferente do que receberia em Buffalo.*

Existe uma explicação óbvia para isso. "Da minha janela, consigo ver Fort Erie, no Canadá, que fica do outro lado do lago", diz Vijay Iyer, chefe do departamento de cardiologia na Universidade de Buffalo. Segundo Iyer, Buffalo é inevitavelmente influenciada por sua vizinha muito maior ao norte. Na época citada, explicou ele, os índices de cateterismos cardíacos em Buffalo eram mais parecidos com os de Toronto do que com os de Nova York. Outro exemplo disso era uma técnica chamada "inserção radial". Por muito tempo, os cardiologistas escolheram a artéria femoral – que percorre a coxa – como ponto de entrada para o cateter. Mas então, no fim dos anos 1980, um cardiologista canadense chamado Lucien Campeau passou a usar um ponto de entrada diferente: a artéria "radial", que passa pelo pulso. É mais difícil aprender a usar a entrada radial, mas esse procedimento causa menos efeitos colaterais, é bem mais simples para o paciente e reduz as taxas de mortalidade e o tempo de internação. Buffalo adotou a inovação muito antes de outras cidades americanas. "Dois médicos vieram de To-

---

* Vale mencionar também que isso não necessariamente significa que seria melhor ter um infarto em Boulder do que em Buffalo. Pelo contrário: o cateterismo cardíaco é um procedimento muito caro e tem seus riscos. Há poucas evidências de que as pessoas corriam mais chance de morrer de infarto em Buffalo do que em Boulder. Se muito, seria possível argumentar que o sistema de saúde americano notoriamente ineficiente e caro seria muito melhor se todo mundo que infartasse fosse tratado em Buffalo, e se gastássemos o dinheiro economizado incentivando pessoas hipertensas a se alimentar melhor e praticar mais atividades físicas.

ronto e trouxeram a técnica. Outro foi para Montreal aprendê-la, porque achou que ela seria valiosa", disse Iyer. "Eu estudei em Buffalo em 2004 e 2005, quando o número de inserções radiais feitas nos Estados Unidos era de cerca de 10%", continua Iyer. "Enquanto o restante do país usava a artéria radial em 10% dos casos, nós usávamos em 70%."

A medicina canadense é, de muitas formas, bem diferente da americana. O Canadá tem um sistema público de saúde, não uma rede confusa de planos de saúde particulares. Em 2022, os Estados Unidos gastaram 17,3% do seu Produto Interno Bruto com saúde. No Canadá, o valor foi equivalente a 12,2% – cerca de *um terço* a menos. No Canadá, questiona-se muito mais se intervenções caras são de fato necessárias. (Esse é outro motivo pelo qual os médicos canadenses adotaram a inserção radial com tanta rapidez: o procedimento é mais *barato* do que inserir o tubo pela coxa.) Em outras palavras, Buffalo é Buffalo porque parte dessa postura canadense acaba atravessando o rio Niágara e chegando aos hospitais da região. Quando o assunto é serviços de saúde, Buffalo é a décima primeira província canadense. Boulder, por outro lado, fica a centenas de quilômetros da fronteira com o Canadá. Boulder será diferente.

É aqui que as coisas ficam interessantes. Anos atrás, o economista David Molitor se perguntou: o que aconteceria se um cardiologista se mudasse de um lugar como Boulder para um lugar como Buffalo?

A resposta de Molitor é que o cardiologista de Boulder se transformaria em um cardiologista de Buffalo. A transformação não acontece em 100% dos casos (isso seria assustador), mas, basicamente, o cardiologista que muda de lugar percorre dois terços do caminho na direção dos padrões comportamentais de seu novo lar.

"Essa mudança acontece de imediato, o que diz algo sobre o que está ocorrendo. Acontece muito, muito rápido, em até um ano", explica Molitor. "Se fosse apenas um tipo de aprendizado – como se você recebesse novas informações dos novos colegas de trabalho e atualizasse seus conhecimentos –, o ritmo de aprendizado seria mais gradual", continuou ele. "Talvez houvesse um impacto imediato, mas então, com o tempo, você continuaria evoluindo para se tornar mais semelhante à nova região."

Só que não é isso que acontece. Você pisa em Buffalo e *bum*! Pense em como isso é esquisito. Você é cardiologista. Faz 15 anos que trata infartos no hospital universitário de Boulder. Você é tão bom no seu trabalho que recebe uma oferta de emprego tentadora em Buffalo. Eles não obrigam você a passar por um treinamento especial na cidade. Seus novos colegas não puxam você para um canto logo após sua chegada para lerem um manifesto e avisarem que *É assim que fazemos as coisas por aqui*. Nada disso: você foi contratado porque gostam de você do jeito que é. Você chega, sua sala nova é parecida com a antiga, e a tecnologia e os medicamentos disponíveis são idênticos aos de Boulder. Os pacientes de Buffalo têm os mesmíssimos problemas e sintomas que os pacientes de Boulder. Tudo é basicamente idêntico! Só que agora, quando você olha pela janela, não vê as Montanhas Rochosas, e sim o Canadá. *Et voilà!* Da noite para o dia, você se transforma em algo muito parecido com o cardiologista padrão de Buffalo. "Não se trata de entender o que dá certo", diz Molitor. "É mais uma questão das influências do ambiente."

Quando o rabino explicou que algo aconteceu com Philip Esformes após a mudança para Miami, era disso que estava falando. Na prática, ele disse que seu amigo era o equivalente ao cardiologista que foi trabalhar em Buffalo ou o pai que matriculou o filho em uma escola Waldorf. Comunidades têm suas próprias histórias, e essas histórias contagiam.

Na verdade, *história* não é a melhor palavra nesses casos. Um termo melhor seria *história latente*. A história latente é como a camada superior de folhagem em uma floresta. O tamanho, a densidade e a altura dessa camada afetam o comportamento e o desenvolvimento de todas as espécies lá embaixo, no solo da floresta. Acredito que a variação de pequena área – como aquilo que diferencia as escolas Waldorf de outras escolas ou Boulder de Buffalo – tem mais a ver com uma história latente do que puramente com uma história. Não é algo explícito, ensinado exaustivamente a cada habitante. A história latente é composta por coisas que pairam no ar, muitas vezes fora de nossa percepção. Nós costumamos ignorar a história latente porque nos concentramos demais na vida que acontece diante de nós e ao nosso redor. Só que as histórias latentes podem ser muito, *muito* poderosas.

Então, o segundo enigma é: o que havia na história latente de Miami que enfeitiçou Philip Esformes? E de onde veio isso?

4.

O Medicare – plano de saúde que o governo americano oferece a seus idosos – cobre 67 milhões de pessoas e gasta mais de 900 bilhões de dólares por ano. Foi criado em 1965, e não demorou muito para pessoas com intenções criminosas perceberem que um programa tão grande, com tanto dinheiro disponível, representava uma oportunidade de ouro.

Para começo de conversa, é muito fácil se tornar fornecedor do Medicare. Você se inscreve pela internet para receber uma Identidade de Fornecedor Nacional (NPI, na sigla em inglês) – um código de 10 números usado para emitir faturas de cobrança para o governo por serviços prestados e se inscrever como fornecedor.

"É um sistema baseado na confiança", diz Allan Medina.

Medina foi o promotor encarregado do caso Esformes. Passou mais de uma década no Departamento de Justiça, investigando casos de fraude envolvendo o Medicare, e provavelmente sabe mais do que ninguém como o sistema pode ser burlado.

"Você preenche uns formulários e no verso confirma que 'Eu cumprirei as regras do Medicare'", disse ele. "Você faz uma promessa. É aí que começa a confiança."

Alguém precisa ser identificado como o "proprietário nominal" da nova empresa. Mas quem é essa pessoa? Num programa que cobre 67 milhões de pessoas, é difícil verificar a identidade de todas. A empresa precisa ter endereço – um estabelecimento físico – para que possa ser inspecionado, mas há um limite para as informações que podem ser obtidas numa inspeção. "Se a pessoa sabe que os agentes aparecerão num dia específico, pode dar um jeito e deixar as coisas de determinada forma, e depois fica livre para fazer o que quiser", explicou Medina. "Há três elementos necessários para alguém conseguir fraudar o sistema de saúde", continuou ele. "Você precisa de pacientes, certo? Depois dos pacientes, você precisa de profissionais da saúde. Precisa de enfermeiros. Precisa de médicos dispostos a assinar pedidos que o Medicare aceite e verifique. Mas não basta ter médicos e pacientes. É necessário contar com o terceiro elemento – documentos. Você precisa de registros falsificados."

O mundo das fraudes contra o Medicare é basicamente uma série de variações infinitamente criativas de combinações de pacientes/médicos/arquivos falsos. Às vezes, os médicos participam do esquema. Às vezes, você simplesmente rouba o número do registro profissional do médico pela internet. Às vezes, oferece um serviço real, mas cobra por algo bem mais complexo. Às vezes, nem se dá a esse trabalho todo. Por exemplo, você abre uma clínica de fisioterapia, recruta pacientes que concordem em mentir alegando que estão lesionados, envia-os para um médico que concorda em escrever um pedido falso de fisioterapia em troca de propina, e falsifica registros médicos que afirmam que o paciente passou por um tratamento rigoroso, quando na verdade nada aconteceu.

Mas e se alguém na sede do Medicare começar a desconfiar do seu esquema? O seu nome e endereço não estão no formulário do NPI? Não se você colocar o nome de outra pessoa na inscrição e essa pessoa estiver convenientemente fora do país. O Medicare paga sua empresa de fachada e você imediatamente saca o dinheiro e o lava com cuidado para que os bancos não suspeitem de nada. Um bom sócio para essa empreitada seria um traficante de drogas. Traficantes têm muito dinheiro e querem tirá-lo do país. Você, por outro lado, *precisa* de dinheiro para as propinas que paga a médicos ou hospitais, então talvez possa dar ao traficante uma parte da sua empresa "legalizada" em troca do fornecimento de dinheiro vivo para os subornos.

E agora existe o novo campo da telemedicina, em que você nem precisa se encontrar com um paciente para tratá-lo. *Tá de brincadeira, né?* Durante a covid-19, quando as regulações em torno da telemedicina começaram a ser afrouxadas, o mundo das fraudes contra o Medicare ficou em polvorosa. Os esquemas ficaram cada vez mais intricados e criativos, chegando ao ponto de o valor total de fraudes contra o Medicare por ano ser estimado em cerca de 100 bilhões de dólares. E o marco zero dessa epidemia extraordinária de criminalidade é – e sempre foi – Miami.

Medina cresceu em Miami Beach. Crescer em Miami quando você trabalha com investigações de fraudes contra o Medicare é como crescer nos Alpes quando você quer ser esquiador profissional. Você tem uma vantagem em comparação com as pessoas que nasceram em planícies. "Só fui ligar os pontos muito depois, mas você via farmácias abrindo aos montes", disse ele. "É uma coisa descarada. Minha avó – que faleceu recentemente – era abordada em pontos de ônibus por recrutadores de pacientes."

Quando o governo federal começou a levar a sério o combate às fraudes contra o Medicare, criou uma "força de combate" regional especial que unia o FBI, a procuradoria e agentes do Gabinete do Inspetor-Geral no Departamento de Saúde e Serviços Humanos. Onde a primeira força de combate se estabeleceu? Em Miami. E talvez a maneira mais simples de explicar por que escolheram Miami seja usando os dados a seguir, que mostram quanto o Medicare gastava por inscrito em equipamentos médicos duráveis em 2003. *Equipamentos médicos duráveis* são coisas como muletas, aparelhos, próteses, cadeiras de rodas e andadores. De lá para cá, o mundo da fraude se expandiu para esquemas mais lucrativos e excêntricos, mas tudo começou com cadeiras de rodas e andadores.

Vamos dar uma olhada nos números do estado da Flórida (gastos por ano por paciente).

211,07 dólares – Bradenton	241,93 dólares – Orlando
233,56 dólares – Clearwater	190,36 dólares – Ormond Beach
198,24 dólares – Fort Lauderdale	321,42 dólares – Panama City
190,90 dólares – Fort Myers	260,36 dólares – Pensacola
283,25 dólares – Gainesville	189,87 dólares – Sarasota
228,26 dólares – Hudson	228,42 dólares – St. Petersburg
249,44 dólares – Jacksonville	294,91 dólares – Tallahassee
287,20 dólares – Lakeland	222,25 dólares – Tampa
238,54 dólares – Ocala	

Dessa lista, Panama City é a cidade que mais gasta, com 321,42 dólares por paciente do Medicare. Sarasota é a que gasta menos, com 189,87 dólares. É uma grande diferença, e, se você fosse um investigador de fraudes, talvez se perguntasse: *Por que o Medicare está pagando 70% a mais em coisas como cadeiras de rodas em Panama City do que em Sarasota?* Mas, fora isso, todos os outros lugares parecem ter gastos normais: Fort Lauderdale, Jacksonville, Clearwater, Orlando e a maioria das outras cidades têm gastos em torno de 200 dólares por ano.

Mas espere um pouco. Não contei o número de Miami. Você está pronto? O valor era 1.234,73 dólares.

5.

De onde vem a história latente de Miami? Se você conversar com 100 moradores de lá, receberá 100 respostas diferentes. Porém a explicação mais persuasiva é a que podemos chamar de "Teoria de 1980". Ela vem de um livro fascinante intitulado *The Year of Dangerous Days* (O ano dos dias perigosos), de Nicholas Griffin.

O argumento de Griffin é o seguinte: até os anos 1970, Miami era uma cidade sulista pequena, sonolenta, empobrecida. Havia começado como um paraíso para férias de inverno, mas as viagens de avião levaram embora muitos dos turistas. Orlando se tornou a maior atração do estado. Miami era perigosa. Miami Beach era uma avenida cheia de hotéis caindo aos pedaços. Quando os líderes comerciais de Miami pensavam em restaurar a comunidade, se inspiravam no modelo de outras cidades americanas bem-sucedidas em termos convencionais. Eles queriam ser um centro regional de negócios como Atlanta, ter a indústria bancária de Charlotte, ter um porto fluvial como Jacksonville.

Mas, como explica Griffin, três coisas aconteceram em 1980 e transformaram Miami em algo *muito* diferente. A primeira foi o dinheiro do tráfico de drogas, que no sul da Flórida costumava ser um negócio simples, com peixes pequenos levando maconha de barco do Caribe até Florida Keys. Porém o mercado mudou de forma drástica e repentina, e o estado passou a receber cocaína proveniente da América Latina. No fim dos anos 1970, estimava-se que a economia clandestina do condado de Dade – onde fica Miami – movimentava 11 bilhões de dólares. Vinte por cento das vendas de imóveis eram feitas em dinheiro vivo, o que significava que o comprador aparecia para fechar negócio com bolsas cheias de notas. Em um período de três anos da década de 1980, o total gasto na compra de carros foi quase 10 vezes maior do que o registrado em Jacksonville e Tampa, as outras duas maiores cidades do estado. Só em 1980, um agente da Receita Federal estimou que 12 pessoas depositaram, *cada uma*, entre 250 e 500 milhões em bancos de Miami.

"Acho que o principal fator desse ano específico é a rapidez com que as instituições americanas foram minadas pelo capital estrangeiro – ou melhor, de drogas –, porque foi basicamente isso", disse Griffin. O mercado da cocaína transformou o sistema bancário da cidade em cúmplice de cartéis de drogas internacionais.

A corrupção começou a se infiltrar no sistema de justiça criminal. "O departamento de homicídios foi totalmente corrompido pela cocaína", disse Griffin. Um banco que tinha clientes contrabandistas colocou um antigo administrador municipal em sua folha de pagamentos. Policiais ligados ao narcotráfico começaram a atacar traficantes e roubar suas drogas. Tudo isso aconteceu, segundo Griffin, "ao mesmo tempo que os índices de homicídio subiam 300%". A cidade virou um caos. No fim de 1979, um rapaz negro foi surrado pela polícia após ser perseguido por viaturas, morrendo dias depois no hospital. Um grupo de policiais foi indiciado. Quando eles foram absolvidos, a comunidade negra de Miami ficou indignada, iniciando uma das piores revoltas raciais da história dos Estados Unidos. A população branca de Miami migrou aos montes para fora da cidade, atravessando a fronteira do condado para Fort Lauderdale, Boca Raton e outros pontos ao norte.

Em abril de 1980, Fidel Castro decidiu abrir as fronteiras do seu país. Griffin afirma que essa foi a coisa "mais louca" que aconteceu naquele ano. "A demografia de Miami muda quase do dia para a noite. Acho que, nos Estados Unidos, nunca havia acontecido de outra cidade começar um ano composta basicamente por anglofalantes e, no fim do ano, ser formada por uma maioria latina que surgiu do nada. Isso foi por causa do Êxodo de Mariel: Castro mandou 125 mil pessoas para uma cidade que mal tinha uma população de 300 mil habitantes na época. Essa foi a causa única dessa mudança extraordinária, mas ela aconteceu numa cidade que, ainda por cima, tinha acabado de perder o controle de um monte de instituições importantes."

Qualquer um desses eventos seria suficiente para desestruturar uma cidade por si só. Miami passou por *vários* eventos traumáticos, e todos tiveram o mesmo efeito: abalar as estruturas das instituições e práticas que eram a base da cidade havia gerações.

"Há um ponto em que tudo se encontra", explicou Griffin. "E ele aconteceu no primeiro semestre de 1980. Num período de seis semanas, dá para ver todas essas coisas assolando a cidade como furacões."

No primeiro semestre de 1980, um colunista do jornal da cidade, o *Miami Herald*, perguntou ao prefeito qual seria a estratégia para lidar com os problemas.

> Há um ponto de saturação? Como uma comunidade é capaz de lidar com tanta coisa? Foi o que perguntei ao prefeito de Miami, Maurice Ferre.
> "Da mesma forma que Boston lidou com a chegada de muitos imigrantes irlandeses nos anos 1870", respondeu ele.
> E como fizeram isso?
> "Não fizeram."

Não fizeram. Miami não absorveu os três eventos sísmicos e seguiu em frente. Miami se tornou um lugar diferente.

Então, o que acontece quando você se muda para Miami? Se isso acontecesse antes de 1980, quase nada. Você simplesmente se mudaria para uma cidade sulista qualquer, como Jacksonville ou Tampa, ou algum lugar no sul da Geórgia. Mas, se a mudança acontecesse depois de 1980, você estaria indo morar num lugar em que autoridades institucionais – a influência fortificante de padrões e práticas construídas ao longo do tempo – tinham sido destruídas.

O ano de 1980 foi o auge de um infame criminoso especializado em lavagem de dinheiro, Isaac Kattan Kassin. Ele costumava parar na frente de um banco no Biscayne Boulevard, no centro de Miami, chamar o segurança e pedir ao homem que levasse duas malas imensas cheias de centenas de milhares de dólares em dinheiro vivo para dentro do banco. Kassin fazia isso todos os dias.

"Acho que o recorde foram 328 milhões de dólares no ano, toda essa quantia carregada para dentro do banco. O banco precisou contratar cinco pessoas para trabalhar no expediente noturno, só contando cédulas", disse Griffin. "E, é claro, fingindo que não havia nada de errado acontecendo ali. Era impressionante."

Caso costumasse passar de manhã pelo Biscayne Boulevard em qualquer dia útil de 1980, você via: um golpista em um Chevy Citation vermelho, parado em fila dupla na frente de um banco, descarregando os milhões que lavava, *com a ajuda do banco*. Será que isso não mudaria a maneira como você encara o mundo?

"Isso influencia diretamente as fraudes contra o Medicare 30 anos depois? Não sei, mas me parece que ter instituições frágeis faz parte do jogo", disse Griffin. "Sabe, tudo é assim aqui. Se você recebe uma multa, o próprio policial lhe sugere não pagar. Ele diz: 'Ah, tem um jeito bem mais barato. Liga para a empresa de contestação de multas do meu primo e paga 60 pratas. Eles dão um pulo aqui. Você já estourou o limite de pontos na carteira…' É assim que as coisas funcionam aqui."

6.

Em um dia ensolarado na Flórida, fui à sede da Força de Combate a Fraudes contra o Medicare na região norte de Miami e entrei numa sala de reuniões com Omar Pérez Aybar, que comanda o escritório, e um de seus colegas, Fernando Porras. Os dois são jovens e falam espanhol e inglês, alternando os idiomas sem esforço. Eles pareciam encarar os criminosos com quem interagem com um misto de diversão e incredulidade moral. Expliquei que queria ouvir histórias de Miami.

– Alfredo Ruiz é um cara que lava dinheiro – começou Omar.

A lavagem de dinheiro é importante no mundo das fraudes, por motivos óbvios. Depois que o Medicare faz o pagamento, é preciso tirar o dinheiro da conta bancária o mais rápido possível, antes de a Força de Combate perceber e confiscá-lo.

– Aqui vou citar as palavras do próprio Ruiz para nós – continuou Omar. – Ele acordava de manhã, fumava um baseado e aí, mais ou menos das oito ao meio-dia, lavava mais de um milhão de dólares. Depois disso, estava livre pelo restante do dia. – Omar apontou para o teto. – Uma das empresas de fachada que ele supostamente usava para lavar dinheiro ficava bem aqui em cima, no quarto andar.

Ruiz havia alugado uma sala para uma de suas empresas-fantasma no mesmo prédio da Força de Combate cujo trabalho era fechar essas empresas. Omar e Fernando pareciam ter uma admiração relutante por tamanha audácia. Ruiz dirigia uma Lamborghini Urus de 250 mil dólares e vivia mudando a cor do carro, dificultando encontrá-lo. (O Urus parece um carro de filme da Marvel. É o tipo de automóvel que só vemos nas ruas de Miami.)

– Nós o encontramos no Biltmore Hotel, na suíte de Al Capone – contou Omar.

Só podia ser.

Omar explicou que havia outras partes do país – no geral, Los Angeles – que vez ou outra venciam Miami em alguma categoria de atividades suspeitas contra o Medicare. Mas havia uma certa cara de pau característica, um tipo específico de ousadia e exibicionismo que diferenciava Miami. Certa vez, Omar encontrou um "proprietário nominal" numa salinha minúscula de 3 por 4 metros com um portão de ferro trancado por fora. Seu trabalho era assinar cheques. Aparentemente, ele já tinha assinado o suficiente, então fora deixado lá para morrer. Em outra ocasião, quando houve um boom nas fraudes de tratamentos por infusão para HIV, os criminosos procuravam pessoas em situação de rua, levavam-nas para clínicas e as injetavam com vitamina B_{12}, dizendo ao Medicare que era um medicamento antiviral caro. Ao que parece, grande parte da história latente de Miami era *Use sua imaginação.*

Fernando e Omar então se ofereceram para me mostrar seus points favoritos. Entramos num automóvel do governo e seguimos pela Palmetto Expressway até um bairro de aparência tranquila chamado Sweetwater, perto do aeroporto.

Paramos no estacionamento de um pequeno prédio comercial de dois andares chamado Fontainebleau Park Office Plaza. Por fora, parecia completamente normal: construído nos anos 1970, mas bem-conservado, com muitas janelas, recém-pintado, gramado bonito e bem-cuidado. O saguão era como o saguão de um prédio comercial qualquer – isto é, até você analisar a planta do andar na parede. Você já os viu antes: pôsteres em preto e branco mostrando cada sala, corredor, elevador e saída de emergência. O mapa do Fontainebleau parece um *labirinto*, um ninho de ratos tomado de espaços minúsculos, entalhados em espaços ainda menores e sublocados. Na prática o lugar tem tantas salas que o sistema de numeração do prédio parece saído de um megacomplexo de apartamentos chinês: número, letra e número, em ordem aparentemente aleatória, como 1R2, 2F3, etc.

Tenha em mente que essa é a planta de um prédio de tamanho bem modesto.

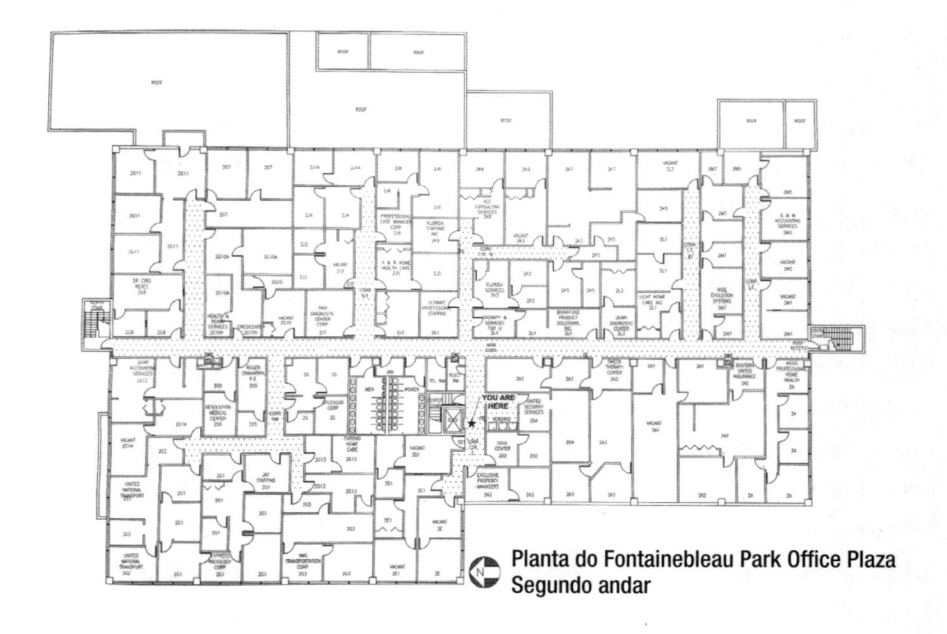

Planta do Fontainebleau Park Office Plaza
Segundo andar

– Descobri este lugar em 2007 e devo ter voltado umas 30 vezes – disse Omar enquanto entrávamos.

Cada porta no longo corredor central exibia um símbolo pequeno, padronizado. Fernando apontou para uma.

– Esta é uma agência de serviços domiciliares de saúde – falou, revirando os olhos de leve.

Aquilo não era uma agência de serviços domiciliares de saúde. Como poderia ser? Tinha o tamanho de um quarto de criança. Um pouco adiante no corredor havia um "centro médico" do tamanho de um closet, depois um consultório médico, uma clínica de reabilitação, e assim por diante.

Num prédio com dezenas de empresas do ramo da saúde, seria de se esperar que houvesse pacientes. Toda placa anunciava horários de funcionamento, de segunda a sexta-feira, e estávamos lá no final de uma manhã de segunda. Onde estavam as pessoas?

Paramos na frente de uma porta.

– Está aberta. Aqui deveria ser uma empresa – disse Omar. – Enfie a cabeça aí dentro para ver o que encontra.

Abri uma fresta. Um homem idoso sentado a uma escrivaninha ergueu o olhar, surpreso, como se não conseguisse imaginar por que alguém o incomodava.

– Em cada uma dessas salas só tem uma pessoa – continuou Omar. – E elas não necessariamente estão à espera de pacientes ou clientes.

Nas paredes do prédio, a administração pendurou pôsteres com fotos lindas e frases motivacionais, como "Acredite e tenha sucesso. A coragem nem sempre grita. Às vezes, ela é o sussurro no fim do dia que diz 'Tentarei de novo amanhã'".

Os agentes caíram na gargalhada.

– E eles vão tentar mesmo! – berrou Omar.

– Quando seu pedido de pagamento for aprovado! – completou Fernando.

O prédio era lotado de empresas de fachada. O Medicare exige que todos os fornecedores tenham endereço físico, e o Fontainebleau não parecia se esforçar muito para manter as aparências.

Voltamos para o carro e seguimos por cinco minutos até um "mercado de equipamentos" ao lado de um hotel. Era uma galeria de dois andares, com corredores compridos ladeados por pequenas vitrines. O primeiro andar, voltado para a indústria têxtil, vendia botões, zíperes e amostras de tecido. Mas o segundo tinha sido adaptado para ser um shopping de produtos de saúde. Paramos diante de uma sala vazia com uma vitrine grande. Pôsteres enormes colados no vidro anunciavam serviços de reabilitação médica. A porta estava aberta. Lá dentro, havia uma escrivaninha, uma mesa, uma impressora e um telefone fora do gancho. Nas paredes, uma série de reproduções baratas de pinturas do século XIX. Em um quadro de cortiça estava a papelada da empresa: a declaração dos direitos do paciente, a autorização da empresa no Medicare e um organograma listando a diretoria, o administrador, o responsável por compliance e o gerente. Tudo *parecia* legítimo. Até eu prestar mais atenção no organograma e ver que em cada balão *havia o mesmo nome*. No mercado de equipamentos eles eram tão descarados quanto no Fontainebleau.

– Sabemos que existem algumas operações pré-prontas – explicou Omar. – Você me conta em que tipo de mercado quer entrar ou que tipo de fornecedor quer ser, e eu tomo todas as providências. – Era exatamente como o mercado imobiliário americano consertava e mobiliava casas para serem vendidas. – Nós já fomos a salas que tinham um monitor, uma torre de computador, um mouse e um teclado, mas nada estava conectado. Ou os cabos estavam todos pendurados, ou não havia nenhum.*

Aquela sala parecia *muito* falsa, até com a pilha de cartões de visita organizada sobre a mesa. Omar foi até a sala vizinha conversar com uma mulher que ocupava a recepção de um espaço que se anunciava como uma empresa de serviços de saúde. *Ela não vai saber responder o que está fazendo ali*, previu ele. E não deu outra: quando ele perguntou o que ela fazia, a mulher respondeu que não sabia.

Omar tinha feito tantas visitas ao mercado de equipamentos quanto ao Fontainebleau.

– Fico surpreso por não terem pendurado nossas fotos em algum canto com os dizeres: "Esses caras estão proibidos de entrar."

Enquanto isso, Fernando falava ao telefone, pedindo para alguém na Força de Combate pesquisar na base de dados do Medicare o registro da empresa com as pinturas fajutas do século XIX nas paredes.

– Lá vamos nós – disse, lendo as mensagens. – Só para você ter uma noção: ela solicitou o pagamento de 5 milhões de dólares e recebeu 1,2 milhão

---

* Uma vez, eles encontraram uma firma que se passava por farmácia em troca de 5 mil dólares. "Eles arrumavam para você quatro sabonetes, alguns cosméticos e olhe lá. Colocavam o mínimo de coisas necessárias nas prateleiras para mostrar que eram uma farmácia de verdade, em funcionamento."

nos dois primeiros trimestres de 2002. Desde então não houve mais faturas. Foram embora. Levantaram acampamento e seguiram para a próxima.

E não se deram ao trabalho nem de limpar a sala.

– Você sabia que eu cuido do estado inteiro, né? – disse Omar. – Então, tenho escritórios em Tampa, West Palm, Orlando, Jacksonville. Nós sabemos que os esquemas lá são diferentes dos daqui. Os de cá são *muito* mais óbvios. Aqui, no sul da Flórida, é muito descarado.

Enquanto eu passeava por Miami com Omar e Fernando, perguntei sobre um homem chamado Rick Scott. Não esperava que eles me respondessem nada – a questão é sensível demais para funcionários do governo federal. Mas deu para perceber o que eles estavam pensando, porque ninguém trabalha em Miami – sob a história latente da cidade – sem se questionar a respeito do impacto que pessoas como Rick Scott tiveram sobre pessoas como Philip Esformes.

Scott foi CEO da Columbia/HCA, uma grande rede nacional de hospitais. Em 1997, agentes federais invadiram a Columbia/HCA. Na primeira onda de investigações, cinco executivos importantes da empresa foram levados a julgamento. De que divisão da empresa eles eram? É fácil adivinhar: da Flórida. Scott não foi indiciado nem responsabilizado por qualquer crime, mas, humilhado, se viu na obrigação de pedir as contas. Anos depois, a Columbia/HCA se declarou culpada de 14 crimes – entre os quais suborno a médicos, emissão de faturas falsas, acordos ilegais com outros fornecedores, etc. – e acabou sendo condenada a pagar 1,7 bilhão de dólares em acordos civis, uma quantia recorde na época.

Para onde Scott se mudou após sair da HCA? Essa também é fácil de adivinhar: para a Flórida. Anos depois, resolveu se candidatar a governador da... você já sabe: da Flórida. Cumpriu dois mandatos antes de se tornar senador... sim, pela Flórida. Por uma parte dos anos em que Philip Esformes comandou um esquema bilionário de propinas, faturas falsas e acordos ilegais, o governador do estado era o ex-presidente de um sistema hospitalar que comandou um esquema bilionário de propinas, faturas falsas e acordos ilegais.

Quando Philip Esformes voltava para casa à noite e via Rick Scott na televisão, ocupando o cargo mais poderoso do estado, será que isso mudava a maneira como ele julgava o próprio comportamento? Me parece que sim.

A história latente é específica. É inseparável de um lugar. É poderosa. Molda comportamentos. E não surge do nada. Acontece por um motivo.

7.

A Força de Combate a Fraudes contra o Medicare se deparou com Philip Esformes sem querer. "Meu primeiro caso foi um dono de farmácia", lembra o promotor Allan Medina. "Após ser detido, ele coopera." O farmacêutico contou a Medina que pagava propina a dois irmãos, Gaby e Willy Delgado, em troca de indicações de pacientes. "Achei que a coisa parava por aí", conta Medina.

Só que, aos poucos, algo maior foi se desenhando. Os irmãos Delgado prestavam serviços "complementares" – equipamento médico, cuidados oftalmológicos, psicoterapia, essas coisas. Willy, o mais velho, era o líder. Tinha entrado no mercado pouco depois de terminar a faculdade de enfermagem, quando conseguiu um emprego como enfermeiro particular na empresa de uma mulher chamada Aida Salazar.

"Passei um tempo trabalhando lá, e aos poucos ela foi confiando em mim", testemunhou Willy no julgamento de Esformes, "e me disse que eu podia ganhar um dinheiro extra se assinasse algumas visitas que não eram feitas…".

A parte do julgamento de Esformes dedicada ao depoimento de Willy Delgado é um estudo de caso de como a história latente de Miami é passada de geração em geração.

> **P:** Então é certo dizer que o senhor emitia notas falsas?
> **R:** Bem, era ela quem tinha o contato das notas. Eu só assinava.
> **P:** Então o senhor sempre visitava os pacientes das notas que assinava para ela?
> **R:** Eu o quê?

Willy Delgado parece incrédulo ao ouvir o promotor fazer uma pergunta com uma resposta tão óbvia.

P: Sempre visitava os pacientes das notas que assinava para ela?
R: Não, eu nunca visitava esses pacientes.

A partir daí, Willy não se fez de rogado.
"Quando aprendi como funcionava o negócio, quis abrir o meu próprio", continuou. Por um tempo, ele se dedicou ao golpe dos equipamentos médicos duráveis, especializando-se em "concentradores de oxigênio". Conheceu o Dr. M, um médico muito prestativo que era diretor de uma série de estabelecimentos de moradia assistida.

R: Eu levava as prescrições de tratamento, ele as assinava, e, com elas, eu podia emitir a fatura contra o Medicare.
P: Ele saía canetando tudo?
R: Pois é, nem olhava as prescrições. Só assinava. Conheço bem a assinatura dele. Era só um rabisco. Eu chegava lá e ele resolvia o problema.

Willy Delgado foi crescendo. Abriu restaurantes, charutarias. Começou um ótimo negócio paralelo revendendo comprimidos avulsos de oxicodona. Então ele e o irmão reencontraram Aida Salazar, que a essa altura tinha uma empresa chamada Nursing Unlimited com o filho Nelson.
"Eu era um vendedor", disse Nelson no julgamento.
Ele levava médicos a jogos de basquete e boates de striptease, cheirando muita cocaína pelo caminho. Quando chegava em casa às três da manhã, tomava um punhado de soníferos e recomeçava tudo na manhã seguinte.
Os irmãos Delgado foram o contato que Medina descobriu em seu primeiro caso com o farmacêutico corrupto. O farmacêutico contou sobre os Delgado, sobre quem reuniu provas com a ajuda de Salazar. E, quando os irmãos Delgado começaram a falar, mencionaram o nome de um homem com quem trabalhavam desde a década de 2000, pouco depois de se mudar com o pai de Chicago para Miami: esse homem é Philip Esformes.

A essa altura, Philip Esformes tinha construído um império de casas de repouso e moradia assistida no sul da Flórida. De acordo com os Delgado, os três tinham bolado um esquema sagaz para manter os estabelecimentos de Esformes sempre lotados.

De acordo com as regras do Medicare, se um paciente for hospitalizado por pelo menos três dias, passa a ter direito a 100 dias numa casa de repouso habilitada. Sabendo disso, eles fizeram parceria com um hospital: o Larkin Community Hospital, em South Miami.

P: Explique por que o Larkin Hospital era interessante.
Willy Delgado: É fácil de trabalhar com eles. Eles seguem critérios nada rígidos.
P: O que o senhor quer dizer com *fácil de trabalhar*?
R: Quando você quer internar um paciente em uma emergência, vê como é difícil conseguir um leito (…). Se o paciente consegue caminhar, parece estável ou até se tem acesso a certos cuidados em casa, é mandado para casa. Mas a postura no Larkin é…

Acho que já deu para entender qual era "a postura no Larkin": critérios *nada* rígidos.

Os funcionários do Larkin recebiam propina. Em troca, mandavam os pacientes para uma das casas de repouso de Esformes, onde permaneciam até serem enviados para uma moradia assistida também de Esformes. Quando recebiam alta de lá, os irmãos Delgado providenciavam os serviços complementares de que precisariam. E então, se os astros se alinhassem por completo, os pacientes eram enviados *de volta* para o Larkin: uma máquina fraudulenta de movimentação constante que acabaria custando 1 bilhão de dólares ao Medicare, abastecida por milhares de bolos de notas em sacolas de mercado, viagens de fim de semana para Las Vegas e "canetadas" de médicos.

Esformes era obsessivo e exigente. Vivia gritando. Gaby Delgado trabalhava como seu motorista e assistente. Esformes ligava para Gaby às cinco da manhã para lhe dar suas orientações diárias. Andava com no mínimo dois celulares e ligava para o pai do carro para lhe informar o censo diário de todos os estabelecimentos. No fim, conforme a Força de Combate foi fechando o cerco, o Esformes filho ficou paranoico. Mandava Gaby Delgado tirar a roupa toda para conversarem na piscina e começou a lhe dar palestras sobre as vantagens da "estratégia de defesa do réu ausente".

> **Gaby Delgado:** A primeira vez que ouvi falar disso foi por Phil. Ele me disse: "Gaby, você se beneficiaria de um negócio chamado estratégia de defesa do réu ausente." E eu perguntei: "O que é isso, Phil? Nunca ouvi falar." Ele respondeu: "Significa que, se o seu irmão sumir, você pode falar o que quiser e tal. Ele não vai estar lá. Vai estar ausente."
> **P:** O réu fez sugestões sobre algum lugar para onde seu irmão poderia ir?
> **R:** Ele disse que meu irmão podia dar uma recauchutada no rosto, fazer uma plástica e tal. Mas um dos lugares que ele sugeriu foi Israel. Nessa hora meu irmão surtou! Tipo, Israel... Ele ficou achando que o Phil ia mandar alguém apagá-lo quando chegasse. Philip tinha contatos lá.

Como eu disse, daria um filmaço. O vilão bonito, atravessando Miami Beach em sua Ferrari, trocando de namorada como quem troca de roupa, berrando ordens ao telefone cinco da manhã, tentando manter sua máquina em ordem. Por outro lado, talvez não fosse um filme tão bom assim, porque essa história só faz sentido em Miami.

Até o julgamento em si – o momento na história em que o foco deveria estar na ordem e na lógica – logo caiu no "miamismo". A promotoria e a defesa entraram em uma discussão acalorada sobre sigilo profissional entre advogado e cliente, gerando um caso paralelo, que de algum jeito acabou parando na Suprema Corte. Kim Kardashian tuitou sobre a situação. (Óbvio!) E Morris Esformes acabou sendo expulso do tribunal por ficar berrando da galeria pública frases como "Ele é um mentiroso!" enquanto o filho ocupava o banco dos réus, encrencado até o último fio de cabelo.

Durante o julgamento, Philip Esformes insistiu que era inocente. Recusou-se a fazer um acordo que poderia tê-lo livrado da prisão. Não deu um pio para se defender antes da audiência para determinar a sentença. Simplesmente ficou sentado lá, enquanto Willy e Gaby Delgado cavavam sua cova.

R: Philip sempre disse que tinha cartas na manga (...) e um dia me disse que tinha contatos para resolver problemas de uma só vez. E tinha mesmo. Nós vimos coisas sendo resolvidas de uma só vez...

P: Vou lhe interromper. O que ele queria dizer, ou o que o senhor entendeu que ele quis dizer, com *cartas na manga*?

R: Ele disse que tinha contatos no governo. Havia um cara, Jeremy, que tinha contatos no governo. Meu irmão me contou que esse sujeito fez uma doação generosa para uma campanha presidencial. Ele vivia se gabando disso.

Willy Delgado fez essa afirmação sob juramento em um tribunal federal em fevereiro de 2019. Em dezembro de 2020, Philip Esformes teve sua sentença reduzida por Donald Trump.*

E para onde Donald Trump se mudou após sair da Casa Branca? Para o sul da Flórida. Claro.

---

* Em uma última reviravolta, após Esformes receber clemência de Trump, a promotoria tomou a incomum decisão de indiciá-lo *de novo* por uma variação das acusações iniciais. Desta vez, Esformes se declarou culpado para evitar um segundo julgamento. Devido ao acordo, foi poupado de passar tempo na prisão em troca do pagamento de uma multa multimilionária.

CAPÍTULO TRÊS

Poplar Grove

"Os pais estão f*didos da cabeça."

1.

Em um dia ensolarado de outono, um corretor de imóveis chamado Richard me guiou por um passeio em sua cidadezinha.

Richard era um sujeito alto e simpático. Enquanto percorríamos de carro as ruas sinuosas, ele acenava para os pedestres, apontava para casas e me contava quem eram os donos, quantos filhos tinham e o que faziam da vida. Ele havia crescido na região e parecia conhecer todo mundo. O que havia de especial nessa cidade? Tudo que você quisesse, disse ele: "A sensação de segurança e proteção. A sensação de ter vizinhos legais. A sensação de *poder contar com as pessoas ao seu redor.*"

O centro da cidade tinha um clima agradável, meio anos 1950. Havia respeitáveis igrejinhas de tijolos vermelhos por todo canto. Passamos pelo centro comunitário e a biblioteca da cidade, então entramos num dos muitos bairros charmosos da cidade.

"Chegamos à costa." Richard apontou para a bela baía que espreitava entre as árvores. "A região mais cara para morar é a orla, e depois são os bairros com acesso à praia, que vou lhe mostrar."

As ruas eram estreitas e ladeadas por carvalhos altos ao longo de uma sequência de colinas levemente inclinadas. As casas eram próximas umas das outras, dando às ruas um clima intimista.

Aqui, a gente conhece nossos vizinhos. Se alguém me liga e diz "Quero um imóvel na orla com no máximo dois hectares. Quero privacidade. Não quero ver outras pessoas", vou ter que explicar que não é isso que temos a oferecer. É como ligar para uma concessionária da BMW e pedir uma minivan.

A cidade tem um parque imenso, com dezenas de campos de futebol e beisebol e quadras de tênis. Há trilhas para corrida, um zoológico interativo, um clube de golfe para famílias e pequenas praias com deques para barcos e caiaques. Uma geração atrás, Poplar Grove era uma cidade-satélite bem comum que supria as cidades grandes das redondezas. Porém, nos últimos anos, ela se tornou desejável. Os preços dispararam.

"A classe trabalhadora abastada. Essa é a minha clientela", explicou Richard, ignorando o paradoxo. "Pessoas que têm empregos e ganham muito. Médicos, advogados, profissionais que não têm sangue azul."

Poplar Grove, segundo ele, não era habitada por pessoas "da quarta geração de famílias ricas, que vendem uma empresa, ganham 200 milhões e passam o dia sem saber o que fazer. Não somos Palm Beach. (…) Aqui, todo mundo trabalha".

E todo mundo tinha uma família. Entre os clientes de Richard que eram novos na comunidade, "100%" tinham filhos. Aquela era uma cidade *familiar*.

"Ele é TI, trabalha em regime de home office", contou Richard, ao se lembrar de uma casa que havia vendido na semana anterior. "Ela é professora de música no ensino médio. O péssimo sistema de escolas públicas [da cidade grande] fez com que viessem para cá, e eles queriam uma região segura em que pudessem criar a família e matricular os filhos na escola pública. A casa custou 750 mil dólares."

Os vendedores saíram da cidade? Não. Ficaram. Só queriam se mudar para uma casa maior. Por que alguém abandonaria a comunidade perfeita?

Aqui, não existem casas geminadas. Elas são todas separadas. E não sei a quantidade exata, mas acho que mais de 90% dos proprietários moram em terreno próprio. Então não temos prédios. Não temos aluguéis. Não temos habitações de baixa renda que atraem diversidade. O lugar se tornou muito homogêneo, e é provavelmente por isso que há um "sistema de valores compartilhados" de boas notas, bom desempenho esportivo, aprovações nas melhores faculdades. Um clima…

Ele fez uma pausa, pensando na melhor forma de explicar, porque, apesar de seu grande carinho pela cidade, algo nitidamente o deixava um pouco desconfortável. "Um clima *obstinado*."

2.

Não vou contar o nome da cidade de Richard. Você pode tentar adivinhar, mas provavelmente vai errar. Aliás, o nome de Richard não é Richard. Nenhum desses fatos faz diferença. Os dois pesquisadores que investigaram o que anda acontecendo na cidade a chamam de "Poplar Grove", um nome tão adequado quanto qualquer outro. "Eu nunca tinha escutado falar da comunidade", explica um deles, o sociólogo Seth Abrutyn. "O lugar nunca havia chamado minha atenção."

Normal. Poplar Grove não é o tipo de cidade que vira manchete. Se você passasse por ela na estrada, não pararia – e é exatamente isso que o povo de Poplar Grove quer. Mas você quase certamente já ouviu falar de alguma cidade parecida com Poplar Grove. Ela é o exemplo perfeito de uma espécie de comunidade unida, abastada, tipicamente americana.

"Ela me lembrou o mito das cidadezinhas americanas onde tudo gira em torno das escolas e dos eventos esportivos estudantis", explicou Abrutyn. "Muitos dos jovens e dos adultos com quem conversamos diziam que conheciam bem os vizinhos e falavam com todo mundo. Quer dizer, parecia mesmo um sonho. (…) Parecia um ótimo lugar para criar os filhos."

Abrutyn estudou Poplar Grove com sua colega, Anna Mueller. Na primeira visita que fizeram à cidade, ambos eram professores assistentes de sociologia na Universidade de Memphis. Eles ficaram sabendo da cidade por acaso. Mueller tinha se metido em uma discussão no Facebook. "Depois de falar comigo, a menina perguntou *Você pode falar com a minha mãe?*", contou Mueller. "Então conversei com a mãe dela."

A mãe morava na cidade que Mueller e Abrutyn viriam a chamar de Poplar Grove. Mueller ficou tão chocada com a conversa que entrou num avião e foi para lá o mais rápido possível. Então voltou, desta vez com Abrutyn, e os dois acabariam retornando várias vezes, cada vez mais imersos no drama local.

"Quer dizer, é um lugar lindo", comentou Mueller. "É uma comunidade pitoresca, que tem um senso de identidade muito, muito forte. As pessoas têm muito orgulho de ser de Poplar Grove." A escola de ensino médio é uma das melhores do estado. Não há um esporte em que não tenham vencido um campeonato. "As produções teatrais dos alunos eram espetaculares", contou Mueller.

A alguns quilômetros de Poplar Grove fica uma cidade que Mueller e Abrutyn chamam de Annesdale. Annesdale também é linda. Mas há muitos prédios. As casas são mais baratas, e a escola de ensino médio local não é tão conceituada como a de Poplar Grove. "Eu não matricularia meu filho lá", disse um pai a Mueller e Abrutyn. "Não há nada de errado com a escola, mas Poplar Grove é… *Poplar Grove.*" Quando seus filhos cresciam em Poplar Grove, era pouco provável que saíssem do caminho que todo pai de classe média alta deseja: ser atlético, popular, estudar muito e tomar decisões que levam a uma vida melhor – e então, é claro, voltar para Poplar Grove. Mueller e Abrutyn acabariam escrevendo um livro sobre o tempo que passaram na cidade, chamado *Life Under Pressure* (A vida sob pressão), um trabalho instigante e perturbador, no qual escrevem:

> Às vezes chegava a ser inquietante notar a forma clara e consistente como os habitantes de Poplar Grove declamavam seus valores compartilhados. "Nós" era um refrão constante. "Quando nós pensamos em Poplar Grove", compartilhou Elizabeth, mãe de um adolescente, "nós pensamos em conquistas, nós falamos de sucesso acadêmico, nós falamos de conquistas esportivas".

Eis as palavras de uma adolescente chamada Shannon:

> Nosso bairro é muito intimista. (...) Sempre que ando pela rua, cumprimento todo mundo, até os adultos, porque os conheço desde que nasci. É uma grande rede de apoio (...).

Sempre tinha sido assim. Uma jovem chamada Isabel contou a Mueller e Abrutyn:

> Eu sabia que, se me machucasse na rua, poderia bater em qualquer porta (...) para conseguir o que precisasse. Não precisava ser com meus pais. Se eu entrasse em qualquer casa chorando com o joelho ralado, as pessoas me ajudariam. (...) Adoro o senso de comunidade que temos aqui.

Até aqui, exploramos a ideia de que epidemias sociais não surgem de forma selvagem e descontrolada. Elas se associam a lugares. A saga de Philip Esformes e Miami nos mostra que o poder dos lugares vem das histórias que as comunidades contam para si mesmas. Neste capítulo, quero pegar esses dois conceitos e acrescentar uma terceira pergunta: se epidemias são influenciadas por histórias latentes criadas pelos habitantes da comunidade, então em que grau as comunidades são *responsáveis* pelos contágios e febres que as assolam?

Esse é o terceiro enigma.

3.

Uma geração antes da crise em Poplar Grove, ocorreu outra estranhamente semelhante no mundo dos zoológicos. Seria demais dizer que a crise nos zoológicos devia ter servido de alerta aos pais de Poplar Grove, porque os dois universos são distantes. O paralelo só se torna visível quando olhamos em retrospecto.

A crise começou nos anos 1970. Funcionários de zoológicos ao redor do mundo começaram a investir cada vez mais recursos na procriação das populações de animais em cativeiro. A lógica era simples. Por que se dar ao trabalho de capturar animais na selva? O crescente movimento de conservação natural também via com bons olhos os projetos de procriação. A nova estratégia foi um grande sucesso – com uma grande exceção: as chitas.

"Quase nenhum filhote sobrevivia, e muitas fêmeas não conseguiam reproduzir", lembra o geneticista Stephen O'Brien, que na época trabalhava no Instituto Nacional do Câncer nos Estados Unidos.

Não fazia sentido. As chitas pareciam um exemplo perfeito da aptidão física evolutiva: tinham um coração que mais parecia um reator nuclear, as pernas de um galgo, um crânio com o formato aerodinâmico de um capacete de ciclista profissional e garras semirretráteis que, como explica O'Brien, "agarram a terra feito travas de chuteira enquanto elas correm atrás de suas presas a quase 100 quilômetros por hora".

"É o animal mais rápido do mundo", disse O'Brien. "Depois delas vêm os antílopes-americanos. E o motivo de eles serem os segundos mais rápidos é porque fogem das chitas."

Os funcionários dos zoológicos começaram a questionar se estavam fazendo alguma coisa errada ou se havia algo na composição das chitas que não entendiam. Bolaram teorias e fizeram experimentos – tudo em vão. No fim das contas, simplesmente deram de ombros e disseram que os animais deviam ser "arredios".

A situação foi debatida num encontro em 1980, em Front Royal, Virgínia. Diretores de zoológicos do mundo todo estavam lá, entre eles o presidente de um grande programa de conservação de animais selvagens na África do Sul. O'Brien recorda as palavras do presidente:

"Ele disse: 'Vocês têm alguém com conhecimento científico para tentar nos explicar por que o projeto de procriação das chitas na África do Sul tem um índice de sucesso de apenas cerca de 15%, enquanto o restante dos animais – elefantes, cavalos, girafas – se reproduz feito ratos?'"

Dois cientistas levantaram a mão – ambos colegas de O'Brien. Tinham visitado um grande santuário de vida selvagem próximo de Pretória, África do Sul. Coletaram sangue e amostras de esperma de dezenas de chitas. E descobriram algo chocante. A contagem dos espermatozoides das chitas era baixa. E os espermatozoides em si eram inviáveis. Era por isso que os animais tinham dificuldades para reproduzir. Não era uma questão de serem "arredios".

Mas por quê? O laboratório de O'Brien então começou a testar as amostras de sangue que recebeu. No passado, estudos semelhantes tinham sido conduzidos com pássaros, humanos, cavalos e gatos domésticos, e em todos os casos os animais mostravam um grau saudável de diversidade genética: na maioria das espécies, cerca de 30% dos genes coletados mostram certo grau de variação. Os genes das chitas eram outra história. *Todos eram iguais.* "Nunca vi uma espécie tão geneticamente uniforme", disse O'Brien.

Os achados de O'Brien foram vistos com ceticismo por seus colegas. Então ele e a equipe continuaram os estudos.

"Fui ao Children's Hospital em Washington, onde me ensinaram a fazer enxertos de pele no departamento de queimaduras", explicou ele. "Aprendi a manter os enxertos esterilizados, a fazer as suturas e tudo. E então fizemos enxertos de pele em oito chitas na África do Sul, e em outras seis ou oito no Oregon."

A cidade de Winston, no Oregon, era lar do Wildlife Safari, onde residia o maior agrupamento de chitas nos Estados Unidos na época.

A ideia é simples. Se você enxertar um pedaço de pele de um animal em outro, o corpo do receptor o rejeitará. Ele perceberá que os genes do doador são estranhos. "A pele escurecia e caía em duas semanas", explicou O'Brien. Porém, se você pega um pedaço de pele de um gêmeo idêntico, por exemplo, e o enxerta no outro, dá certo. O sistema imunológico do doador acredita que a pele é dele. Esse era o grande teste da hipótese com que trabalhavam.

Os enxertos eram pequenos – de 2 por 2 centímetros, costurados na lateral do peito do animal, protegidos por uma atadura elástica presa ao redor do corpo. Primeiro, a equipe usou nas chitas um enxerto tirado de gatos domésticos, só para garantir que os animais *tinham* um sistema imunológico. Conforme esperado, as chitas o rejeitaram: a pele ficou inflamada, depois necrosou. Seus corpos sabiam o que era *diferente*, e um gato doméstico era diferente. Em seguida, a equipe enxertou a pele de outras chitas. O que aconteceu? Nada! A pele foi aceita, disse O'Brien, "como se tivesse vindo de um gêmeo idêntico. Só vemos isso acontecer com ratos nascidos de procriação consanguínea, em que irmãos se acasalam há 20 gerações. Isso me convenceu".

O'Brien concluiu que a população mundial de chitas deve ter sido dizimada em algum momento. Seu palpite era de que isso havia acontecido durante a grande extinção dos mamíferos há 12 mil anos – quando tigres-dentes-de-sabre, mastodontes, mamutes, preguiças-gigantes e mais de 30 outras espécies foram aniquilados por uma era do gelo. De algum jeito, as chitas sobreviveram. Mas por pouco.

"Segundo todos os dados, sobraram menos de 100 chitas, talvez menos de 50 na época", explicou O'Brien. Na verdade, é possível que a população de chitas tenha sido reduzida a *uma única* chita prenhe. E a única maneira de essas poucas chitas solitárias sobreviverem foi superar a rejeição que a maioria dos mamíferos tem sobre incesto: foi necessário haver acasalamento de irmãos, primos de primeiro grau, etc. Com o tempo, a espécie se recuperou, mas mediante a replicação infinita do mesmo conjunto genético limitado. As chitas continuam sendo maravilhosas. Mas, agora, toda chita representa exatamente o mesmo tipo de maravilha.

O'Brien escreveu um livro de memórias sobre sua carreira como geneticista chamado *Tears of the Cheetah* (Lágrimas das chitas), uma referência às marcas no rosto da chita, que passam a impressão de que o animal está chorando.

> Imagine uma jovem fêmea prenhe em algum lugar no sul da Europa. Ela entra numa caverna quente para hibernar durante um inverno rigoroso. Quando ela e seus filhotes saem de lá na primavera, encontram um mundo diferente, no qual as chitas e os grandes predadores da região tinham desaparecido, vítimas de um holocausto global. (...) No meu devaneio, o choro dessa mãe-chita gera a marca distinta e inapagável de lágrimas escorrendo dos olhos de todas as chitas a partir de então.

O termo usado por biólogos para descrever um ambiente em que diferenças individuais foram apagadas e todos os organismos seguem o mesmo caminho de desenvolvimento é *monocultura*.

Monoculturas são raras; o estado-padrão da maioria dos sistemas naturais é a diversidade. No geral, monoculturas surgem apenas quando a ordem natural é abalada, de propósito ou não – por exemplo, quando um grupo de pais abastados se une para criar uma comunidade que reflete perfeitamente seu compromisso com o sucesso e a excelência. Os pais de Poplar Grove queriam uma monocultura, pelo menos até perceberem que monoculturas, mesmo quando parecem perfeitas, cobram um preço.

Epidemias *adoram* monoculturas.

4.

Uma das primeiras coisas que chamou a atenção de Abrutyn e Mueller foi como todos os alunos da Escola de Ensino Médio de Poplar Grove pareciam iguais. Veja a fala de Natalie, uma menina que entrevistaram:

> Eu tive quatro notas oito no meu boletim e fiquei *morrendo* de vergonha. Queria esconder essas notas dos meus amigos, porque todo mundo só tira dez.

Poplar Grove era um lugar tão pequeno e isolado que parecia só existir um assunto de conversa. As fofocas nos corredores eram apenas sobre *conquistas*. Outra estudante, Samantha, explicou para os pesquisadores:

> As conversas giram sempre em torno desses assuntos: "Está na época de se inscrever nas matérias... quantos cursos avançados você vai fazer? Está na hora de trocar de esporte... em qual você vai entrar no próximo semestre? Seu time foi para a final do campeonato... vocês venceram? Em que posição você joga?"

Abrutyn e Mueller entendem muito bem como é a cultura de pressão da classe média alta. São professores universitários. Pessoas como eles praticamente inventaram a cultura de pressão da classe média alta. Mas, em sua experiência, costumava existir uma diferença entre aquilo que os pais desejavam para os filhos e aquilo que os filhos – ou pelo menos alguns – queriam para si. Em Poplar Grove, não havia diferença. Segundo Abrutyn:

> Existe um tipo ideal muito, muito claro de adolescente, e não há muita margem para os jovens serem diferentes. (...) A pressão vinha de todos os cantos. Da escola, que queria manter a reputação. Dos pais, que tinham medo de os filhos não entrarem para a faculdade que eles queriam. E dos próprios adolescentes, que precisavam estar o tempo todo em quatro ou cinco disciplinas avançadas.*

Essa ideia de que não há muita margem para adolescentes serem diferentes é esquisita, porque o ensino médio tradicionalmente é o lugar onde os jovens descobrem todas as formas como *podem* ser diferentes. Dê uma olhada no quadro a seguir. Ele apresenta o resultado de uma pesquisa conduzida em uma grande escola de ensino médio na região Meio-Oeste dos Estados Unidos em 1990. Centenas de alunos se voluntariaram para listar os diferentes "grupos" observados em sua escola e descrever a personalidade de cada um. Os números representam a porcentagem de cada grupo que se encaixava com a descrição da primeira coluna.

---

* *Life Under Pressure* cita muitos casos do tipo. Uma das mães afirma: "Eles são como adultos em miniatura. Precisam fazer todas as matérias avançadas, não podem sequer cogitar não praticar esportes (...), precisam ter a vida toda planejada para entrar na faculdade certa. E nem pense em não entrar na faculdade certa, porque é por causa dela que você vai conseguir o emprego certo. Costumo ouvir amigos dizerem: 'Meus filhos praticam tal esporte, não têm tempo para nada, só conseguimos jantar às nove ou dez da noite e sempre comendo fora' ou 'Meus filhos ficam acordados até uma ou duas da manhã fazendo dever de casa'."

Porcentagem de estudantes de ensino médio que se encaixam em descrições específicas de grupos sociais							
Roupas e apresentação	Atleta	Drogado	Excluído	Normal	Popular	Durão	Variado
Bem-arrumado e limpo	16	7	8	32	10	3	21
Casual, atlético	52	24	8	51	21	18	29
Estiloso	31	6	1	16	59	4	15
Sujo-bagunçado	1	57	30	1	8	66	18
Brega	0	5	51	1	1	5	11
Socialização							
Bagunceiro	2	68	5	1	13	75	1
Desligado	2	4	78	16	6	4	25
Simpático	50	13	6	74	25	9	43
Panelinha	45	11	8	7	54	10	17
Comportamento acadêmico							
Gosta, se esforça	49	1	14	41	50	2	27
Positivo	45	10	30	53	31	10	35
Tanto faz	4	22	38	5	9	23	22
Odeia a escola	0	65	14	1	9	62	13
Atividades extracurriculares							
Muitas	53	1	3	33	49	1	23
Algumas	45	10	21	61	34	11	39
Poucas	1	89	76	6	16	88	38

Antes da década de 1990, ou mesmo depois, os nomes dos grupos podiam ser diferentes, mas o padrão é o mesmo. É um ambiente típico do ensino médio. Há grupos de jovens que adoram a escola e grupos que odeiam. Há grupos barulhentos e bagunceiros e há grupos tranquilos e estudiosos. Essa diversidade é muito útil: os adolescentes estão tentando entender quem são, e ter uma escola com uma grande variedade de grupos oferece a melhor chance de encontrar amigos com quem se sintam à vontade. (Há pesquisas fascinantes mostrando, por exemplo, que jovens que entram para grupos como os de góticos ou punks – em que se vestem e se apresentam de forma desconcertante – são tímidos. Eles se vestem assim para que os outros tenham medo de se aproximar, porque eles mesmos têm medo de falar com as pessoas. O visual gótico funciona como uma armadura.)

Um dos autores da pesquisa do ensino médio, Bradford Brown, usa um gráfico para "localizar" socialmente os principais grupos na escola que estudou, que incluo a seguir porque ilustra de maneira simples (e hilária) a vida no ensino médio.

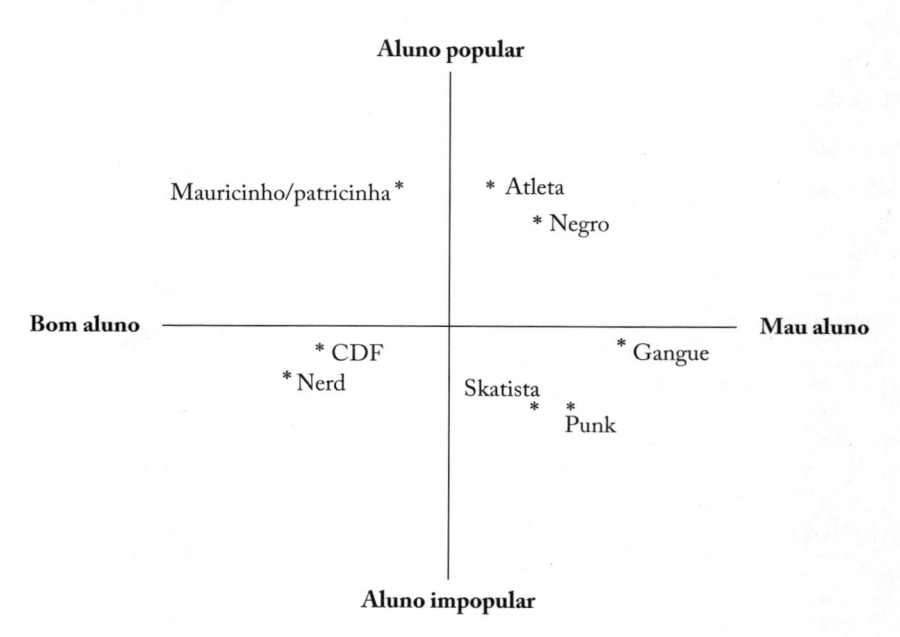

```
                        Aluno popular
                              |
                              |
      Mauricinho/patricinha*  | * Atleta
                              | * Negro
                              |
 Bom aluno ───────────────────┼─────────────── Mau aluno
                              |
                   * CDF      |      * Gangue
                  * Nerd      |
                              | Skatista
                              |    *   *
                              |       Punk
                              |
                              |
                        Aluno impopular
```

Você se lembra dessa época da escola?

Poplar Grove também tinha grupos, mas o argumento de Mueller e Abrutyn era que não havia variação entre eles. Se fizéssemos uma versão desse gráfico para Poplar Grove, ele seria mais ou menos assim:

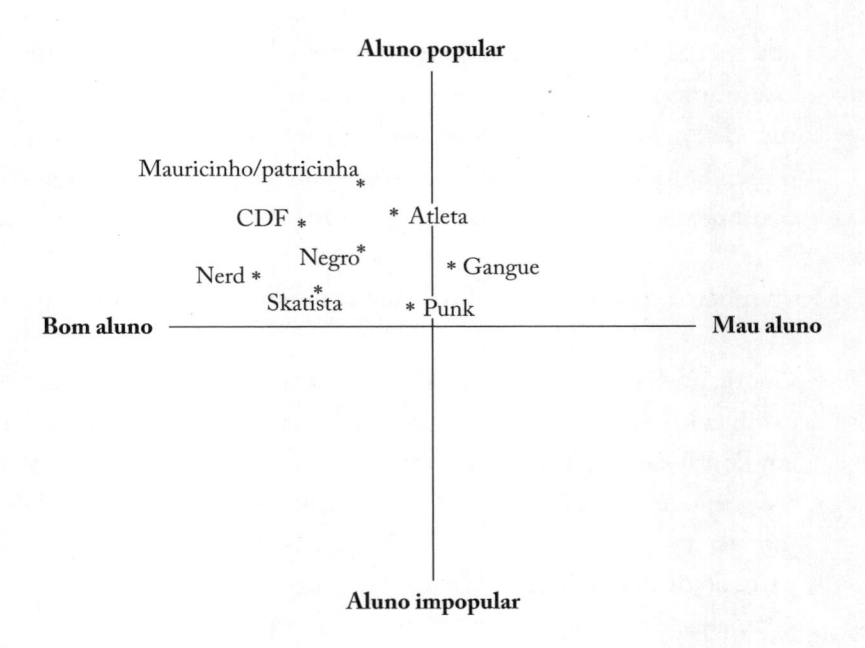

```
                    Aluno popular
                         |
                         |
    Mauricinho/patricinha|
                        *|
             CDF *       | * Atleta
                   Negro*|
         Nerd *          | * Gangue
                Skatista*|
Bom aluno _____|_____* Punk_____ Mau aluno
                         |
                         |
                         |
                         |
                   Aluno impopular
```

Se você for skatista, precisa ser um skatista estudioso. Se for nerd, precisa ser um nerd popular. Se for punk, precisa ser o punk que entra na faculdade dos sonhos.

Numa das partes mais fascinantes da pesquisa, Abrutyn e Mueller tentaram encontrar jovens que tinham rejeitado as normas de Poplar Grove. Não foi fácil. Eis uma das descobertas, Scott:

> Sei que o ensino médio é importante e tenho essa sensação de "Se eu não passar na prova, vou acabar morando na rua". (...) Mas não gosto de me ver obrigado a ter essa mentalidade. Queria poder mudá-la, mas não posso.

Abrutyn e Mueller dizem que Scott se identifica como um rebelde. Mas nem ele consegue afastar a ideia de que vai acabar ficando em situação de rua se tirar nota baixa em uma prova. Abrutyn e Mueller escrevem:

> Em certos momentos, ele seguia sua consciência moral e sentia que havia algo errado em Poplar Grove, enquanto em outros se apresenta-

va com mais timidez, como um garoto que questionava se realmente estava interpretando a situação da forma correta. E se…? E se a cultura de Poplar Grove não fosse limitada ao local, e sim a forma como o mundo todo funcionava? No fim das contas, essa incerteza impedia Scott de rejeitar a cultura para se proteger e de afirmar o próprio valor.

Eles também ouviram Molly, outra que se descrevia como uma rebelde:

> Gentil, prestativa e um pouco séria e quieta, Molly conhecia tão bem as dificuldades de ser uma "filha ideal" quanto qualquer adolescente em Poplar Grove. Incorporava muitos desses ideais. Explicou-nos que o desempenho acadêmico era "muito importante" e que estava determinada a ser uma boa aluna. Praticava esportes (apesar de não fazer parte do disputado time de lacrosse da escola) e era amiga das garotas populares. Após a formatura, entrou numa ótima universidade.

É assim que a rebeldia funciona em uma monocultura: ela se torna um desvio tão minúsculo do caminho geral que para detectá-la é necessário fazer uma tomografia. Essa falta de "diversidade de grupos" foi o que permitiu que Poplar Grove se classificasse tão bem no ranking estadual de escolas de ensino médio. Também era o que tranquilizava os pais. Seu filho pode ser diferente dos outros, mas essa diferença não o impedirá de alcançar o sucesso.*

---

* Estudei em uma escola pública de cidade pequena a sudoeste de Ontário, no Canadá. Apenas cerca de 20% dos estudantes locais faziam faculdade normal, com duração de quatro anos. A maioria dos que continuavam estudando após o ensino médio ia para a faculdade comunitária local. Havia jogadores de hóquei que sonhavam se profissionalizar e viviam para disputar as ligas estudantis locais. Havia um time de basquete que, segundo minha vaga memória, vivia perdendo, e havia um grupo que ficava em um canto do pátio, fumando um cigarro atrás do outro, mesmo em pleno inverno, sem parecer se interessar por mais nada. O grupo mais popular no anuário escolar do ano em que me formei era o dos "Enrolões Apáticos", um grupo de cinco ou mais garotos populares que se fotografavam deitados em vários estágios de tédio extremo: "Os Enrolões Apáticos tiveram um ano cheio de conquistas. Atividades realizadas: nenhuma." (Por algum motivo, suspeito de que não havia um grupo de alunos equivalente a esse em Poplar Grove.) Desde o fim da década de 1970, as equipes esportivas de Poplar Grove venceram um total de 121 campeonatos estaduais. Durante meus anos no ensino médio, minha escola venceu três. Poplar Grove me parece um lugar assustador.

O problema é que, num mundo uniforme, você acaba perdendo a resiliência. Se algo dá errado numa das muitas subculturas que formam as escolas descritas nos dois gráficos, a contaminação tem dificuldade para se espalhar por outras subculturas. Os grupos estão distantes demais: cada um tem seu próprio conjunto de anticorpos culturais que dificulta a movimentação livre de agentes contagiosos pela população da escola inteira.

Uma monocultura, por outro lado, não oferece defesas internas contra ameaças externas. Depois que a contaminação começa, não há como contê-la.

Richard, o corretor de imóveis que conhecia Poplar Grove como ninguém, tinha essa percepção. Escolheu morar na vizinha Annesdale, a cidade desdenhada por muitos habitantes de Poplar Grove, e foi lá que matriculou as filhas. "Foi uma decisão pelo bem delas", explicou.

> Senti que era mais "mundo real". E não havia tanta pressão. Poplar Grove é conhecida pela pressão excessiva para os adolescentes serem extraordinários. Seja o melhor da banda. Seja o melhor jogador de basquete. (...) Você precisa ser aprovado no MIT. Você precisa... sei lá... Essa ideia de ser o melhor é muito intensa. Faz parte da reputação da cidade. Minha mãe é professora na escola de ensino fundamental de Poplar Grove e diz que os pais a procuram quando os filhos tiram nota oito, desesperados com a hipótese de isso acabar com a chance de eles entrarem em uma faculdade de elite.

Ele falou sobre a mesma coisa que havia chamado a atenção de Abrutyn e Mueller: a pressão.

> É algo palpável, que dá para sentir no ar. E não queríamos que nossas filhas passassem por isso. Eu entendo. Quando eu converso com clientes que estão vendendo imóveis em Poplar Grove, pergunto por que querem se mudar, e eles respondem: "É pressão demais. Meu filho não se adaptou. A questão social é muito difícil." É algo notório. Pode perguntar para todo mundo.

Richard disse que conhecia a diretora da Escola de Ensino Médio de Poplar Grove. Perguntei o que a diretora achava de tanta pressão.

"Ela diz: 'Os pais estão f*didos da cabeça.'"

5.

Em 1982, meses antes de Stephen O'Brien começar a conduzir seus experimentos com enxertos de pele no Wildlife Safari no Oregon, a instituição decidiu aumentar seu agrupamento de chitas.

"Fui até Sacramento e escolhi duas chitas no zoológico local", lembra Melody Roelke-Parker, veterinária que cuidava das chitas do Wildlife Safari. "Elas se chamavam Toma e Sabu. Pareciam bem saudáveis. Não pareciam ter nada de errado. Nós as trouxemos e, cerca de uma semana depois, as introduzimos na colônia principal de reprodução de chitas."

Roelke-Parker adorava chitas. Havia criado dois filhotes abandonados pela mãe.

> Eu tinha duas chitas em casa. Era maravilhoso, elas ronronam, se aconchegam e empurram você para fora da cama. Não é nada do que você esperaria ao vê-las, mas viver com elas era um sonho. Eu era a família delas. (...) Eu as levava para o trabalho. Elas ficavam sentadas no banco de trás, empertigadas, com a cabeça em pé. Era muito engraçado ver as pessoas na estrada entrando em pânico ou ficando nervosas.

A colônia de chitas no Wildlife Safari também fazia parte da família, então o que aconteceu com uma das novas chitas de Sacramento foi um baque.

"Dois meses depois, um macho desmaiou. E nós nos perguntamos: 'Que diabo aconteceu?' Então o levamos correndo para a clínica e fizemos um monte de exames." O diagnóstico foi insuficiência renal. A chita morreu.

> Foi meio bizarro, porque ela parecia saudável, mas para o animal é muito estressante ser transferido para uma nova estrutura social, com um novo esquema de alimentação e tal. Achei que fosse um evento isolado.

Só que então Roelke-Parker notou que as outras chitas da colônia estavam adoecendo também.

"Elas começaram a ter um monte de problemas não específicos com diarreia e uma gengivite esquisita. Tipo, quando abriam a boca para miar, dava para ver que as gengivas estavam inflamadas e sangrando." Os felinos se tornaram letárgicos. "Eles perderam muito peso. (...) Nós tirávamos amostras de suas bocas e encontrávamos bactérias estranhas. Tentamos tratar a infecção bucal com eritromicina, mas eu não sabia qual era o problema. Não tinha a menor ideia."

Uma chita ficou tão doente que Roelke-Parker precisou sacrificá-la e conduziu uma autópsia.

> Quando abri o estômago, encontrei placas fibrosas, amarelas, viscosas (...), sintomas clássicos de uma doença chamada peritonite infecciosa felina, que é muito comum em gatos domésticos, mas nunca tinha sido relatada em chitas.

A PIF, como é conhecida, é um coronavírus – uma prima da cepa da covid-19 que décadas depois causaria tantos danos aos humanos. Raramente é fatal em gatos domésticos, mas para as chitas foi devastadora. Roelke-Parker fazia exames de sangue regulares em todas as chitas no Wildlife Safari e começou a buscar anticorpos para a PIF nas amostras antigas. Antes de Toma e Sabu chegarem, nenhuma das chitas apresentava sinais de PIF. Entretanto, depois quase todas passaram a apresentar. Os dois felinos californianos tinham começado uma miniepidemia.

> Os animais passaram oito meses infectados antes de começarem a morrer, e então aconteceu de repente... foi horrível. Oitenta por cento dos felinos com menos de 16 meses morreram.

Foi uma carnificina. Os animais adoeciam, mas, por algum motivo, não conseguiam se livrar do vírus.

O sistema imunológico deles tentava, tentava e tentava curar o corpo, criando anticorpos, e eles acabavam com níveis de anticorpos tão elevados que a quantidade de proteínas no sangue se tornava absurda. E isso gera uma crise imunológica.

Eles eram esqueletos ambulantes. A manifestação da PIF em gatos domésticos tem, digamos, 10 sintomas possíveis, mas os gatos só apresentam alguns. As chitas tinham todos. Tinham diarreia, lesões bucais, perda de peso (...).

Ela tentou de tudo: tubos digestivos, remédios para a imunidade, fluidos. Nada funcionou. "Não conseguimos salvar nenhuma... Depois que a doença se manifesta, é o fim. Não há o que ser feito."

O que Roelke-Parker via era o resultado inevitável daquilo que Stephen O'Brien tinha descoberto. As chitas eram todas iguais. Aquela fêmea prenhe solitária no fim do Pleistoceno, que saiu da caverna e se viu completamente sozinha, também era – por puro acaso genético – uma chita suscetível ao coronavírus felino. E, como todas as chitas descendem dela, agora toda a espécie é suscetível. Nos séculos em que as chitas perambulavam livres pelo mundo, esse fato pouco importava. Elas são animais solitários: cada chita ocupa uma área ampla, ficando o mais distante possível de suas parentes. Na selva, epidemias não matam populações inteiras de chitas, porque elas praticam o equivalente animal do distanciamento social. Só que os seres humanos mudaram isso. Obrigaram grandes quantidades de chitas a viver juntas em espaços confinados. A epidemia das chitas foi culpa dos zoológicos. "Se um animal fica doente, todos ficam", disse Roelke-Parker. "Foi exatamente o que aconteceu."

Então ela percebeu que estava vendo apenas a ponta do iceberg.

"Descobri que havia acontecido um surto em algum zoológico do Canadá, mas encobriram tudo", disse ela. "Não informaram os outros zoológicos, ninguém ficou sabendo do que aconteceu, mas todas as chitas morreram. O mesmo aconteceu em um zoológico da Irlanda. Ninguém tocava no assunto."

Ela e O'Brien foram a um encontro de gestores de zoológicos na Flórida, e ela resolveu colocar a boca no trombone. Deu uma palestra sobre a epidemia que ocorria em seu zoológico no Oregon. Depois, uma veterinária de um zoológico na Califórnia foi até Roelke-Parker e disse: "Meu chefe está no Oregon agora, buscando uma chita."

> E eu falei: "Ai, meu Deus!" Eles não tinham sido informados. O diretor do meu zoológico não contou nada sobre o surto da doença, então eu avisei: "Vocês não vão querer passar por isso. *Não vão.*" Ela imediatamente ligou para sua diretora e disse: "Você não vai pegar uma chita do Wildlife Safari." E basta dizer que, quando voltei, me informaram que eu precisaria buscar outro emprego. Porque eu tinha levado o problema a público, e o pior: impedi uma venda.
>
> Minha equipe inteira pediu demissão. Eles ficaram indignados com o que fizeram comigo. Foi péssimo.

6.

Em Poplar Grove, a epidemia começou quando uma jovem chamada Alice pulou de uma ponte. Ainda era dia, e havia pessoas por perto, então Alice sobreviveu e foi levada ao hospital.

"Segundo todos os relatos, Alice era a adolescente típica de Poplar Grove: inteligente, extrovertida, dedicada e bonita", escrevem Mueller e Abrutyn.

> Sua tentativa de suicídio foi um choque e, assim como todos os eventos chocantes em comunidades pequenas, virou o assunto do momento. Por que uma garota que parecia ter tudo, que mostrava poucos sinais de dificuldade, tentaria tirar a própria vida?

Seis meses depois, uma colega de classe e companheira de equipe de Alice, uma garota chamada Zoe, pulou da mesma ponte. Não sobreviveu. Quatro meses depois, um colega de classe de Zoe e Alice, Steven, usou uma arma para tirar a própria vida. A essa altura, a comunidade tinha três tentativas de suicídio e duas mortes. Sete anos se passaram. Era possível pensar que tinha sido uma questão isolada. Mas aí ocorreram outros dois suicídios – ambos de garotos – num intervalo de três semanas. Então uma garota "popular" chamada Kate, que era próxima dos dois garotos, pulou da mesma ponte que Alice e Zoe. Talvez seja melhor deixar Mueller e Abrutyn explicarem o que aconteceu a seguir:

> Menos de um ano após a morte de Kate, houve outra grande onda: Charlotte e três amigos próximos do sexo masculino se suicidaram em um intervalo de seis semanas. A partir daí, pelo menos um adolescente ou jovem adulto de Poplar Grove tirou a própria vida por ano. Em alguns anos, a comunidade sofreu vários suicídios. Muitos jovens fizeram tentativas. Na década entre 2005 e 2016, a Escola de Ensino Médio de Poplar Grove, que tinha apenas cerca de 2 mil estudantes, perdeu quatro adolescentes por suicídio (cinco, se contarmos uma garota que recentemente havia mudado de lá para outra escola), dois estudantes de ensino fundamental e pelo menos dois ex-alunos recém-formados.

Estatisticamente, um índice "normal" de suicídios para uma escola com 2 mil alunos seria uma ou duas mortes a cada 10 anos. Poplar Grove estava bem longe disso. Crianças no ensino fundamental ficavam sabendo das mortes que aconteciam no ensino médio, então chegavam lá e vivenciavam outra onda. As pessoas iam morar em Poplar Grove porque achavam que era um lugar seguro – um refúgio do tipo de violência e incerteza que paira em tantas comunidades americanas. Exatamente por isso a epidemia de suicídios era tão surpreendente. Como aquilo podia acontecer ali? Mas não deveria ser tão surpreendente assim. Poplar Grove era uma monocultura – uma estrada longa, em linha reta, sem saídas de retorno.

Quando a primeira morte aconteceu, foi uma anomalia. A segunda gerou preocupação. Mas, depois que elas passaram a se repetir em sequência, os suicídios se tornaram – da forma mais triste possível – algo normal.

"Em pelo menos três das quatro ondas, havia um aluno de destaque, muito conhecido, que personificava o ideal do jovem de Poplar Grove", disse Abrutyn. "O astro dos esportes, talvez capitão do time, que só tira notas máximas e tem uma personalidade divertida. Muitos dos jovens que se suicidaram pareciam perfeitos, mas simplesmente tiraram a própria vida. Então virou algo do tipo 'Bem, se nem eles conseguiram sobreviver neste contexto, como eu vou conseguir?'."

7.

Em 1983, Melody Roelke-Parker saiu do Oregon para lutar pela causa das panteras na Flórida. Quase não restavam mais panteras no estado, que queria encontrar uma maneira de aumentar a população. Ela entrou para uma equipe que caçava panteras. Eles usavam cães para encontrar os felinos pelos pântanos do sul da Flórida e os perseguiam até que subissem em árvores, quando os atingiam com tranquilizantes.

"No primeiro ano, acho que capturamos quatro felinos", lembra Roelke-Parker.

> Foi muito difícil. Eu não fazia ideia de como seria estressante tentar capturar as panteras, porque elas são preciosas. Subiam em árvores de mais de 10 metros, e precisávamos avaliar a idade, a saúde e a condição física delas.

Um membro da equipe subia na árvore, onde o felino tentava se esconder, nervoso.

> Eu precisava calcular a dose de tranquilizante para que o felino não caísse da árvore, mas ficasse grogue o suficiente para não matar a pessoa que subia na árvore.

O objetivo era jogar uma rede sobre a pantera e descê-la lentamente até o chão, então fazer um exame físico completo no animal, tirar amostras de sangue e pele, colocar uma coleira eletrônica nela e soltá-la de volta na selva. "Logo no início, ficou bem óbvio que os animais eram idosos", disse Roelke-Parker. "Não havia jovens. Não havia filhotes. As fêmeas estavam prestes a perder a capacidade reprodutiva. Nós coletávamos esperma dos machos, e 95% dos espermatozoides eram inviáveis."

A equipe entendeu rápido que as panteras não tinham passado por um gargalo, como as chitas, mas por vários. Primeiro, houve a morte em massa dos mamíferos no fim do Pleistoceno. Então, no século XX, panteras sul-americanas que tentavam migrar para o norte foram impedidas por panteras territorialistas ao tentarem atravessar o estreito istmo do Panamá. Com isso, não houve acréscimos ao banco genético da Flórida. A situação piorou. A principal presa das panteras era o cervo, porém a população desses animais foi dizimada por caçadores. A partir daí as panteras passaram a se alimentar apenas de tatus. Ficaram desnutridas. As poucas que restaram foram obrigadas a procriar entre si, levando ao acúmulo de defeitos genéticos. Não havia qualquer diversidade genética entre as panteras.

"Houve uma ocasião em que conseguimos capturar filhotes", lembra Roelke-Parker.

> Quando fui examiná-los, mais ou menos um mês após a captura, trouxeram um macho. Tentei apalpar seus testículos. Ele não tinha, e comecei a falar que já era. Temos machos sem testículos e espécimes com problemas cardíacos, como sopro no coração. Biologicamente, tínhamos nos deparado com uma barreira. Os felinos estavam por um fio. Era como se a extinção estivesse acontecendo diante dos meus olhos.

Em 1992, todos os envolvidos na luta para salvar as panteras da Flórida se reuniram numa velha fazenda na fronteira com a Geórgia. Roelke-Parker e O'Brien estavam lá, junto com mais 30 pessoas. O'Brien recorda que foram dias intensos de escuta, posicionamentos, críticas, discussões e concessões. O grupo liderado por O'Brien argumentava que era preciso trazer sangue fresco. Os pumas do Texas eram primos próximos da pantera, com uma diversidade genética 20 vezes maior. Por que não levar pumas para a Flórida?

Os criadores particulares ficaram horrorizados. Sua sugestão foi a seguinte: *Vamos deixar as panteras selvagens procriarem com os animais que temos* *em cativeiro*. A possibilidade de existir algo intrinsecamente errado com as panteras da Flórida parecia absurda para eles. A pantera da Flórida era o mascote do estado!*

"Nós acreditamos que temos panteras puras", disse um dos criadores particulares. "Misturar pumas do Texas com panteras da Flórida seria como misturar águias-de-cabeça-branca com águias-reais. Com o tempo, você perde tudo."**

No fim, chegou-se a um consenso. Oito pumas fêmeas seriam trazidas do Texas e soltas na Reserva Nacional Big Cypress. O Texas se encontrou com a Flórida, e a transformação começou. Os dois grupos começaram a se misturar. Se fortaleceram. Em uma ocasião memorável, a prole de uma mãe texana e um pai da Flórida se mudou para uma área ocupada por uma única pantera macho. "E adivinha?", disse Roelke-Parker. "Ele era absurdamente fértil. Sabemos de pelo menos uns 108 filhotes vindos dele. Era tanta fertilidade que passamos a chamá-lo de Don Juan."

"O cara que treinava os cachorros se chamava Roy McBride", contou O'Brien. "Ele sempre dizia 'Sabe de uma coisa, Steven? Acho esse papo de genética um monte de baboseira', mas aí falava 'Só vou fazer porque estão mandando'. Só que, quando ele viu a prole do plano de restauração, a primeira coisa que notou foi que as panteras híbridas eram maiores. Mais fortes. Ele disse que elas pareciam o Arnold Schwarzenegger se comparadas com as panteras anteriores."

---

* No fim das contas, as panteras criadas em cativeiro estavam longe de serem "puras". Roelke-Parker conduziu uma análise de DNA em alguns desses animais. Eles eram vira-latas – misturas de panteras de vários lugares diferentes.

** Enquanto isso, a maior defensora da conservação ambiental no estado da Flórida, Marjory Stoneman Douglas, denunciava o projeto de acompanhamento de panteras de que Roelke-Parker fazia parte, afirmando que era uma "loucura". Por que estavam usando cachorros para ir atrás das panteras, perseguindo-as árvore acima, atingindo-as com tranquilizantes e colocando coleiras com rastreadores nelas? "Acho que todo mundo que entende alguma coisa sobre panteras sabe que uma pantera com coleira é diferente de uma pantera sem coleira", argumentou ela. "Trata-se de um animal selvagem, e são felinos, felinos sensíveis, e acreditamos que coleiras fazem mal para eles, então não vejo por que usá-las." Ela prosseguiu: "Apenas deixem os animais em paz e saiam do Everglades. Vai dar tudo certo." Obviamente, nada daria certo: se você deixar as panteras em paz e permitir que continuem puras, elas serão fadadas à extinção.

As panteras foram salvas. Se antes a população de panteras da Flórida era limitada a algumas dezenas, hoje são mais de cem. Porém, para serem salvas, elas precisaram se tornar outra coisa – uma mistura do Texas com a Flórida. A melhor solução para uma epidemia de monocultura é acabar com a monocultura.

Será que Poplar Grove deveria fazer o mesmo? É claro que sim. Mas como? A monocultura de Poplar Grove foi criada pelos pais da cidade. Eles poderiam matricular os filhos na escola de Annesdale, como fez Richard, o corretor. Mas não quiseram. Ele preferiram uma escola em que todos os alunos estavam perfeitamente alinhados. Se a monocultura de Poplar Grove fosse interrompida (com os alunos e os professores sendo redistribuídos por outras escolas), a nova versão da escola de ensino médio local quase certamente não chegaria aos pés da anterior. Talvez nem se classificasse entre as melhores do ranking nacional. Talvez não oferecesse tantas matérias avançadas. Talvez não ganhasse dezenas de títulos em vários esportes. O elemento que atraía as pessoas a Poplar Grove deixaria de existir.

Epidemias adoram monoculturas. *Mas nós também.* Na verdade, às vezes, fazemos questão de criá-las, apesar de isso colocar nossos filhos em risco.

Na medicina, existe um termo para doenças causadas pela intervenção de médicos: *iatrogenia*. Você receita um tratamento medicamentoso, e os efeitos colaterais acabam sendo piores do que a doença. Você faz uma cirurgia simples, e o paciente morre por complicações. A doença iatrogênica é bem-intencionada. Ninguém *quer* ferir o paciente. Mas um médico não tem o direito de usar a voz passiva e falar que o paciente *foi* ferido. Epidemias iatrogênicas têm causa e culpado. Poplar Grove era uma iatrogenia.

Na época em que Abrutyn e Mueller estiveram em Poplar Grove, houve mais suicídios. Mueller disse:

> Não vou mentir, foi muito difícil. Ainda fico muito mal ao pensar em alguns dos jovens que morreram durante nosso trabalho de campo.

Eles acreditavam que tinham entendido por que a epidemia acontecia, mas não conseguiram solucioná-la.

> É de partir o coração ver o padrão se repetir. (...) Existe uma certa ironia nessa situação. Sempre que vamos a escolas, vemos pais dizendo coisas como "A saúde mental é cada vez mais importante. Precisamos promovê-la, precisamos cuidar dela. Mas, independentemente dos recursos que a escola tenha, queremos tais cursos avançados, mais atividades extracurriculares, mais...".

A escola continuou enfatizando conquistas acima de tudo. A seguir, reproduzo a mensagem da diretoria – a primeira coisa com que você se depara no site da Escola de Ensino Médio de Poplar Grove. Os itálicos são meus.

> A missão principal de nossa escola é o aprendizado, e nós, em Poplar Grove, acreditamos que todos os alunos *podem e vão aprender*. Nós criamos um ambiente que oferece *excelência de ensino e aprendizado*, para que todos os alunos participem com responsabilidade de nosso mundo diverso e em constante transformação. É nossa missão (...) oferecer um ambiente positivo e *desafiador*, em que *todos os estudantes alcancem sucesso acadêmico, social, emocional e físico*. (...) Juntos, conquistaremos e manteremos um clima de respeito, apoio e *altas expectativas*.

Segundo a diretoria, os professores da escola são "talentosos e dedicados". Eles se esforçam para elaborar um currículo "desafiador e relevante".

> Tudo isso reflete nossa crença de que aprender é um processo vitalício, e Poplar Grove é um local onde *"Alcançamos para Ensinar e Ensinamos para Alcançar"*.

Ah, eu menti. Essa mensagem não é da diretoria da Escola de Ensino Médio de Poplar Grove. É da diretoria de uma das escolas de *ensino fundamental* de Poplar Grove. A monocultura começa desde cedo na cidade.

Aliás, atualmente Mueller e Abrutyn estão trabalhando no Colorado, com uma escola de ensino médio onde a epidemia parece ainda pior.

PARTE DOIS
OS ENGENHEIROS SOCIAIS

CAPÍTULO QUATRO

O Terço Mágico

"Pela minha experiência, eu diria com certeza
absoluta que há um ponto da virada."

1.

Palo Alto é o coração do Vale do Silício, lar da Universidade de Stanford e da Sand Hill Road, estrada onde fica a sede de muitas das empresas de capital de risco que deram o pontapé inicial na era dos computadores. Há partes da cidade – e das vizinhas Menlo Park e Atherton – com ruas e casas lindas. Ao leste e ao norte da cidade, por outro lado, existe *outra* Palo Alto. Em partes, os bairros parecem praticamente intactos desde os anos 1950. E, se você sair da Embarcadero Road e entrar na Greer Road, depois continuar pela Oregon Expressway e pela Amarillo Avenue, chegará em um pedacinho de história esquecida: Lawrence Lane. Ou, como era conhecida durante seus breves anos de fama: o bairro Lawrence.

Lawrence Lane é uma rua sem saída. Há 25 lotes ao longo da rua e ao seu redor. Algumas das casas originais permanecem de pé: imóveis com dois ou três quartos, de 90 a 140 metros quadrados, com garagens e quintais modestos – o tipo de habitação de preço acessível construído em massa no norte da Califórnia após a Segunda Guerra Mundial.

Só que, desde o começo, Lawrence Lane era diferente de todos os outros projetos da época. Ali, havia regras.

2.

Nos anos 1950, muitas cidades grandes nos Estados Unidos tinham um problema. A população negra saía da região sul em números cada vez maiores, tentando fugir das frustrações econômicas e das leis segregacionistas. Só que os brancos das cidades supostamente liberais para as quais se mudavam com frequência não queriam sua presença. Em alguns casos, isso significava que os recém-chegados eram alvo de intimidação e violência. Em outros, assim que famílias negras se mudavam para um bairro, as brancas iam embora. O termo usado para esses casos era *fuga branca*.

Toda cidade teve sua história. Em 1955, no distrito Germantown, Filadélfia, uma mulher que vivia numa rua onde só moravam brancos como ela comprou uma casa em outro bairro, achando que conseguiria vender facilmente a propriedade em Germantown por mais de 8 mil dólares. Mas não conseguiu. A maior oferta veio de uma família negra. "Ela explicou que teria que escolher entre perder os amigos ou o dinheiro, e infelizmente precisaria sacrificar os amigos", conta um relato do incidente. A mulher assinou o contrato de venda, e, no dia seguinte, o corretor de imóveis local se deparou com uma multidão de vizinhos na porta do imóvel.

O corretor escreveu tudo que uma das mulheres disse.

"Não sei para onde nós vamos, mas vamos embora."

"Eu e Jack poderíamos nos sujeitar a isso, mas não vamos expor nossos filhos."

"Não é o melhor tipo de pessoas de cor que está se mudando para cá."

"Talvez não fosse tão ruim se as casas não fossem tão próximas umas das outras."

"Não vamos conseguir escapar para sempre, mas podemos tentar por um tempo."

"Os preços não vão aumentar; eles continuarão caindo."

O relato concluía: "Em menos de 24 horas, a vida inteira daquelas pessoas mudou radicalmente por causa da inocente compra de um imóvel por uma única família não branca."

Em Detroit, a primeira família negra se mudou para o bairro de Russell Woods, então ocupado apenas por brancos, em 1955. Três anos depois, 60% dos moradores locais eram negros. Dez anos depois, 90%. Em três anos, quase dois terços das casas em todas as ruas mudaram de proprietário, e dois terços das crianças brancas na escola pública local foram transferidas. Ashburton, em Baltimore, era um bairro de brancos abastados; então, por um breve instante, um bairro com brancos e negros; e aí, de repente, um bairro de negros. Nos anos 1960, um total de 60 mil pessoas brancas abandonou Atlanta, que, na época, tinha uma população de 300 mil pessoas. Ou seja, incríveis 20% da cidade foram embora. Então, na década de 1970, mais 100 mil brancos partiram. Por anos, Atlanta presunçosamente se declarava A CIDADE OCUPADA DEMAIS PARA SENTIR ÓDIO. De repente virou alvo de piada e passou a ser chamada de A CIDADE OCUPADA DEMAIS COM MUDANÇAS PARA SENTIR ÓDIO.

A mesma coisa aconteceu em partes de St. Louis, Nova York, Cleveland, Denver, Kansas City e praticamente todas as cidades, grandes ou pequenas, que tinham uma população negra considerável. Quando a Comissão de Direitos Civis dos Estados Unidos foi a Chicago para tentar entender o que estava acontecendo, um líder comunitário explicou: "Sejamos diretos: nenhuma comunidade branca de Chicago quer negros."*

Esse tipo de agitação urbana era inédito na história americana. Oficiais do governo ficaram preocupados. Acadêmicos começaram a estudar o fenômeno, entrevistando proprietários, acompanhando a venda de imóveis, elaborando mapas de mudanças populacionais. E descobriram que toda cidade grande parecia seguir o mesmo padrão. "Conforme a população negra aumenta, forma um cinturão que tende a se expandir de quarteirão em quarteirão e de bairro em bairro, às vezes de forma radial, às vezes em círculos concêntricos", escreveu o cientista político Morton Grodzins em 1957, em uma das primeiras análises acadêmicas da avalanche de trabalhos escritos sobre a fuga branca. "Depois que um bairro começa a fazer a gui-

---

* E continuou: "Em Chicago, o termo usado para descrever o período entre a chegada do primeiro negro e a transformação final e total da comunidade em um bairro de negros é *integração*."

nada de população branca para negra, a mudança raramente é interrompida ou revertida."

Segundo Grodzins, a troca acontecia aos poucos no começo, então ganhava força, e aí – num momento crítico – explodia. Conforme ele escreveu, usando uma expressão que entraria para o vernáculo americano:

> Esse "ponto de virada" varia de cidade para cidade e de bairro para bairro. Porém, para a grande maioria dos americanos brancos, existe um ponto de virada. Quando ele ocorre, permanecer entre os vizinhos negros se torna impossível.

Um *ponto de virada*. Grodzins disse que ouviu a expressão de corretores de imóveis, que queriam tirar os proprietários brancos das áreas urbanas: "Os corretores, buscando as comissões maiores que acompanham a aglomeração de negros, falam abertamente entre si sobre 'virar um prédio' ou 'virar um bairro'." Por um tempo durante o fim dos anos 1950 e o início dos 1960, se você usasse essa expressão, as pessoas saberiam exatamente do que você estava falando. (E gostei tanto dela que a peguei emprestada para o título do meu primeiro livro.) O *ponto da virada* era um limiar: o momento em que algo que antes parecia imutável, que tinha funcionado de uma forma por gerações, se transformava em algo diferente da noite para o dia.

Pontos de virada podem ser alcançados sem querer. Podemos encontrá-los por acaso. Epidemias chegam ao ponto de virada por meio de sua energia incansável, contagiosa. Mas, nos próximos capítulos, quero falar sobre formas de *elaborar propositalmente* pontos de virada. É óbvio que as pessoas se comportam de forma muito diferente em um grupo que ultrapassa um misterioso ponto de massa crítica do que em um grupo que ainda não chegou a esse ponto. Então, e se você soubesse exatamente onde fica esse ponto mágico? Ou, melhor ainda, e se você soubesse como manipular o tamanho do grupo, para que ele permaneça um pouco abaixo ou um pouco acima do ponto de virada? Miami e Poplar Grove são lugares que abriram as portas de uma epidemia sem querer. Aqui, estou falando de algo que vai além disso: a manipulação *intencional* do percurso de comportamentos contagiosos. Sei que parece dramático. Mas a verdade é que muitas pessoas empregam esse tipo de engenharia social – e nem sempre são francas sobre o que estão fazendo.

3.

A pioneira na reflexão sobre as consequências de pontos de virada foi uma socióloga chamada Rosabeth Moss Kanter. Nos anos 1970, Kanter começou a prestar consultoria para uma grande empresa industrial com sede em Nova York. A companhia tinha uma equipe de vendas formada por 300 funcionários, todos homens. Porém, pela primeira vez, algumas mulheres foram contratadas e, para surpresa deles, não estavam indo bem. Os executivos queriam entender por quê.

Kanter chegou com seu caderninho e começou a cuidadosamente entrevistar as mulheres. Aos poucos, foi vendo que o problema não tinha relação com capacidade profissional. E também não era porque a empresa tinha uma cultura organizacional inadequada. Quanto mais falava com as pessoas, mais ela entendia que as mulheres apenas tinham dificuldade com as proporções dos grupos da empresa.

A equipe de vendas da companhia estava espalhada pelo país. Um escritório regional típico tinha entre 10 e 12 vendedores, o que significava que, com apenas umas 20 mulheres na empresa toda, cada escritório tinha mais ou menos 10 homens e uma mulher. E a conclusão de Kanter foi que era muito, muito difícil ser a única mulher em um ambiente com 10 homens. As mulheres explicaram para Kanter que, apesar de se sentirem observadas, o fato de serem diferentes também significava que não se sentiam *vistas*. Para elas, parecia que os homens as tratavam como caricaturas. Elas só podiam ser Mulheres com *M* maiúsculo – representantes de todos os estereótipos esperados por seus colegas do sexo masculino.

"Elas não tinham um grupo de colegas", lembra Kanter. "Elas foram transformadas em representantes. Precisavam representar uma categoria inteira em vez de apenas serem quem eram." Quando você faz parte de uma pequena minoria, se torna um representante. E ser um representante não é fácil.

Kanter apresentou suas descobertas em um trabalho hoje famoso que tem um título enganosamente entediante: "Alguns efeitos de proporções na vida em grupo: proporções distorcidas de sexo e reações a mulheres simbólicas."* "Nenhuma das representantes no estudo precisou se esforçar para que sua presença fosse notada", escreveu Kanter.

Mas elas precisaram trabalhar duro para que suas conquistas fossem reconhecidas. Na equipe de vendas, as mulheres perceberam que suas habilidades técnicas costumavam ser ignoradas e a aparência física, supervalorizada. Isso levou a uma pressão adicional sobre seu desempenho.

O que de fato importava, percebeu Kanter, não era se um grupo estava ou não integrado. Era o *quanto* estava integrado. "Achei que a questão era essa", diz ela. "Você está sozinho ou há muitos iguais a você?"

Se a equipe de vendas fosse composta apenas por mulheres, ninguém questionaria o desempenho delas como categoria. E também não haveria problema se a equipe fosse equilibrada: metade homens, metade mulheres. Mas Kanter estava convencida de que há algo intrinsecamente tóxico em grupos com "proporções distorcidas", apresentando uma quantidade grande de um tipo de pessoa e pouca de outro.

Kanter ficou impressionada ao descobrir a frequência com que os homens chegavam a conclusões sobre as mulheres sem refletir sobre as proporções distorcidas. Por exemplo, ela chamou atenção para um estudo conhecido sobre jurados que mostrava que homens tendem a ter "papéis de iniciativa, focados em tarefas (...), enquanto mulheres tendem a ter papéis reativos, socioemotivos". Os homens dominavam e tomavam decisões. As mulheres não interferiam. Mas espere aí, disse Kanter. Os júris estudados eram formados por dois terços de homens para um terço de mulheres. Como sabemos que *esse* não era o fator principal? Para Kanter:

---

* Se você nunca leu um trabalho de sociologia, o de Kanter é um ótimo ponto de partida. Ela é brilhante.

"Talvez a escassez de mulheres em grupos distorcidos as colocasse em papéis clássicos. Nesse caso, a superioridade numérica dos homens dava a eles uma vantagem no desempenho da tarefa."

Uma observação feita sobre os *kibutzim* em Israel também chamou a atenção de Kanter. Muitos israelenses tinham tentado estabelecer igualdade entre os gêneros no *kibutz*, dividindo uniformemente responsabilidades, mas seus esforços com frequência eram inúteis: os homens acabavam tendo os papéis dominantes de liderança. Mais uma vez, Kanter ergueu a mão em protesto. "Em geral um *kibutz* tem *mais que o dobro de homens do que de mulheres*. Mais uma vez, a quantidade de integrantes de cada grupo interferiu numa avaliação justa sobre o que homens e mulheres conseguem fazer 'naturalmente'."

A percepção de Kanter é o tipo de coisa que muda para sempre sua maneira de ouvir as histórias das pessoas. Um exemplo: certa vez, trabalhando num projeto completamente diferente, passei uma tarde entrevistando uma mulher muito interessante chamada Ursula Burns. (Eu poderia ter escrito este capítulo sobre ela.) Ela havia crescido nos anos 1960, em um conjunto habitacional no Lower East Side de Manhattan. Sua mãe tinha imigrado do Panamá. Seu pai era ausente. Burns e seus dois irmãos foram criados em um apartamento minúsculo no nono andar de um prédio caindo aos pedaços.

"Era difícil, porque quase nunca conseguíamos pegar o elevador", contou-me ela. "Havia sempre alguns drogados nele, eles dormiam lá dentro. Então minha mãe nos proibiu de usá-lo."

Burns estudou na Cathedral High School em Midtown, escola católica de Manhattan só para garotas. Ela atravessava metade da ilha a pé para economizar a passagem de metrô.

"Minha mãe tinha que pagar 23 dólares por mês para a família estudar lá. O máximo de dinheiro que ela já ganhou na vida foram 4.400 dólares por ano. E o mais incrível é que ela pagava."

Na escola, Burns conversava com alunas que falavam de suas férias com a família. Ela disse:

> Veja bem, eu era uma garota razoável. Entendia como o mundo

funcionava. Mas nunca tinha conhecido ninguém que tirava férias como elas, com a família entrando no carro e indo para outro lugar.

Burns foi para a faculdade, se formou em engenharia, conseguiu um emprego na lendária empresa de tecnologia Xerox e, em 2009, foi promovida a presidente – a primeira mulher negra a comandar uma empresa da lista Fortune 500.

Tenho certeza de que você já escutou alguma versão desse tipo de história: uma pessoa sai de outra realidade e chega ao topo após muito trabalho duro, ambição, determinação e inteligência. Só que, depois de ler o trabalho de Kanter, uma parte da história de Burns chamou minha atenção. Em quase todas as etapas de seu crescimento, ela foi uma exceção à regra. No ensino médio, não havia muitas garotas que iam andando para a escola todos os dias, saindo do Lower East Side. Na faculdade, quase não havia outras mulheres no curso de engenharia, que dirá negras. Quando ela voltou das férias do primeiro ano de faculdade, seus colegas de turma exclamaram, em choque: "Você ainda está aqui!" ou "Nossa, você é muito boa em cálculo!". Ninguém foi desdenhoso nem hostil. Todo mundo era legal com ela. As pessoas queriam entender como alguém tão diferente poderia ser tão inteligente quanto elas. (Ou *mais inteligente* que elas, como frequentemente era o caso com Ursula Burns.)

A mesma coisa aconteceu na Xerox. Quando começou na empresa, Burns tinha um afro imenso, estilo Angela Davis, e um forte sotaque nova-iorquino. Ia para o trabalho com as janelas do carro abertas e escutando Rick James, um dos precursores do funk americano. Morava num subúrbio abastado de maioria branca em Rochester, interior do estado de Nova York. Burns não se encaixava em nenhum estereótipo de engenheira brilhante:

> As pessoas começaram a me dizer coisas como "Você é espetacular. Você é muito incrível". E isso durou um tempo, sem eu entender por que falavam aquilo.
>
> No começo, eu meio que gostava. Parecia um elogio. Só que, depois de um tempo, comecei a pensar: *Aí tem coisa*. Mais tarde na

vida, entendi o que me incomodava. As pessoas tinham encontrado uma forma de me caracterizar de um jeito especial porque eu estava ao lado delas – e eu não deveria estar ao lado delas.

Ao classificá-la como excepcional, como um gênio único, seus colegas de trabalho não precisavam repensar seus conceitos sobre a capacidade das mulheres – mais especificamente, das mulheres *negras*. Eles podiam manter seu sistema de crenças intacto.

Eu só podia estar ali ao lado delas porque era boa. Porque as pessoas normais que se parecem comigo não são boas o suficiente para estar ali. Então a Ursula tinha que ser sensacional.

Ela estava aprendendo a lição das proporções de grupo de Rosabeth Kanter. Simplesmente não havia pessoas suficientes como Ursula Burns na Xerox para Ursula Burns ser tratada como... Ursula Burns.

Por acaso, pouco depois de eu conhecer Burns, li o livro de memórias de uma mulher chamada Indra Nooyi. Nooyi migrou da Índia para os Estados Unidos em 1978 com 500 dólares no bolso. Com 30 e poucos anos, conseguiu um emprego na Pepsi, numa época em que homens brancos ocupavam 15 dos 15 melhores empregos na empresa. "Quase todos usavam ternos azuis ou cinza com camisas brancas e gravatas de seda, tinham cabelo curto ou eram carecas", lembra ela. "Eles bebiam Pepsi, drinques e licores. A maioria jogava golfe, pescava, jogava tênis, fazia caminhadas e corria. Alguns caçavam codornas juntos. Muitos eram casados e tinham filhos. Acho que nenhuma das esposas tinha um trabalho assalariado." Dá para imaginar o que aconteceu. Em 2006, por uma mistura de ambição, determinação, trabalho duro e inteligência, Nooyi foi promovida a presidente da empresa, tornando-se a primeira mulher de ascendência indiana a ser líder de uma empresa da lista Fortune 500. (Tenho um fraco por histórias de pessoas que saem do zero e chegam ao topo.)

Só que, mais uma vez, um momento bem específico da história de Nooyi chamou minha atenção: as reações à sua nomeação como presidente. O anúncio foi um *evento* cultural. Virou manchete. A imprensa, lembra ela, "comemorou com empolgação meu exotismo como mulher e imigrante indiana" de um jeito que não fazia sentido. Ela escreve:

> Eu era apresentada em um sári, às vezes descalça, mas não usava sári no trabalho havia 25 anos, desde que tinha feito estágio na Booz Allen Hamilton, em Chicago.

E os pés descalços? Só quando, assim como todo mundo, ela tirava os sapatos no fim de um cansativo dia de trabalho.

> O *The Wall Street Journal* publicou uma matéria quando assumi o cargo com o título "Nova presidente da Pepsi está com todo o gás e solta o verbo". O primeiro parágrafo me descrevia usando um sári e homenageando Harry Belafonte ao cantar "Day-O".

Belafonte era um famoso cantor e ator das Índias Ocidentais (mais especificamente, de ascendência jamaicana), e a canção "Day-O" era seu maior sucesso. Índias Ocidentais? Índia? Pelo visto, era tudo a mesma coisa. Nooyi continuou:

> Na verdade, o que aconteceu foi: em 2005, durante um evento de diversidade e inclusão, eu apresentei o Sr. Belafonte ao público, e todos juntos cantamos "Day-O". Eu usava um terninho com uma echarpe leve que é minha marca registrada. Talvez tenham achado que era um sári.

Quando você é a exceção à regra, o mundo não enxerga você como *você*.
"Quantas pessoas de uma categoria são suficientes para mudar o status de uma pessoa de representante para um membro de grupo?", questionou Kanter. Segundo ela, para libertar um divergente da pressão de ser tratado como representante, precisamos saber quando há uma mudança na dinâmica dos grupos:

> É preciso fazer análises quantitativas que ofereçam a documentação

precisa dos pontos em que interações mudam devido à presença de pessoas suficientes do "outro tipo" no grupo. (...) É preciso investigar onde exatamente estão os pontos de virada.

Então vamos investigar.

4.

No fim dos anos 1950, o organizador de comunidades Saul Alinsky (na época, uma das figuras políticas mais importantes do país) prestou depoimento perante a Comissão de Direitos Civis dos Estados Unidos. O grupo investigava a fuga branca, e o discurso de Alinsky foi todo dedicado à importância de entender qual era o ponto da virada para a dispersão.

> Todos que pensaram com seriedade na questão sabem que deve existir algum tipo de fórmula. Muito se fala sobre um equilíbrio racial ou étnico; às vezes, há sugestões de simplesmente "estabilizar" a comunidade; em outras ocasiões, o debate é sobre proporções. "Equilíbrio", "estabilização", "proporções", "porcentagens": todos esses termos remetem a uma proporção numérica ou "cota". (...) Fato é que, independentemente do nome usado, essa porcentagem ou cota é um consenso entre muitos líderes brancos e negros (...).

Todos que pensaram com seriedade na questão sabem que deve existir uma proporção numérica.
"No meio de uma revolta motivada por questões raciais anos atrás", continuou ele, "tive a oportunidade de conversar com alguns líderes brancos".
Alinsky trabalhou no bairro Back of the Yards, em Chicago, que por muitos anos foi uma fortaleza de descendentes do Leste Europeu.

> Falei para eles:
> – Imagine que vocês soubessem que 5% da população é formada

por negros e que tivessem certeza de que essa porcentagem não mudaria. Vocês deixariam os negros morarem aqui em paz, sem serem segregados, mas espalhados pelo bairro?

Os homens se remexeram.

– Lembrem – continuei –, cerca de 5%, e só. Vocês aceitariam uma situação assim?

Eles trocaram olhares confusos. O líder do grupo então falou:

– Senhor, se pudéssemos ter 5%, ou até um pouco mais, mas soubéssemos com certeza, com certeza mesmo, que seria só isso, nós toparíamos na hora, sem dúvida! Se a gente aceitaria? Seria incrível! Já tive que me mudar duas vezes com a família inteira, trocar as crianças de escola, vender a casa com grande prejuízo. Sei que, quando os negros começam a chegar em um bairro, isso significa que o bairro acabou, que vai ser tomado pelos negros. Então, sua ideia seria perfeita.

Então 5% seria aceitável. Esse valor certamente estava abaixo do ponto da virada? Poderia aumentar?

"Alguns pais brancos podem aceitar com relutância a integração até 10% ou 15%", escreveu um jornalista do *The New York Times* em 1959. Então, talvez, 15% também fosse aceitável. Na mesma audiência em que Alinsky discursou, a comissão pediu a opinião de um executivo de uma grande imobiliária. Ele disse que sua empresa havia inaugurado um prédio de 19 andares chamado Prairie Shores, ocupado por uma população 75% branca e 25% negra. "Posso afirmar, sem sombra de dúvida", disse ele, "que o prédio funciona sem quaisquer dificuldades com essa proporção". Então 25% ainda estava abaixo do ponto da virada.

Mas daria para chegar a 30%? Habitantes da Filadélfia e de Nova York opinaram. O chefe do sistema de escolas públicas em Washington, D.C., disse que não. Pela sua experiência, quando uma escola alcança 30% de alunos negros, "chega a 99% em pouquíssimo tempo". Por fim, o presidente da Autoridade Habitacional de Chicago deu seu parecer. Ele comandava um dos maiores sistemas de habitação pública do país. Em tese, ele, mais que qualquer um, saberia qual era o limiar "certo" para evitar a fuga branca.

E ele concordou com o chefe do sistema de escolas públicas de Washington: "Vejam o caso de Cabrini, em North Side, um dos nossos projetos. Quando começamos, a porcentagem era 70% de brancos e 30% de negros. Hoje, é 98% de negros."

No fim das contas, chegou-se a praticamente um consenso. Algo drástico acontecia quando uma quantidade antes insignificante de forasteiros passava a ocupar entre um quarto e um terço da população de qualquer que fosse o grupo a que se juntassem.

Vamos usar a maior proporção nessa teoria e chamá-la de Terço Mágico.

O Terço Mágico pode ser observado em várias situações. Vejamos, por exemplo, o caso das diretorias executivas, uma das instituições mais poderosas na economia atual. Quase toda empresa importante tem um grupo de (no geral) nove empresários experientes, que aconselham o presidente. No passado, diretorias eram formadas apenas por homens. Porém, aos poucos, as portas foram se abrindo para mulheres, e muitas pesquisas mostram que a presença de mulheres torna a diretoria *diferente*. As pesquisas sugerem que mulheres em cargos de liderança são mais propensas a fazer perguntas difíceis. Elas dão mais valor à colaboração. Prestam mais atenção no que as pessoas dizem. Em outras palavras, existe um "efeito feminino". Mas *quantas* mulheres são necessárias para haver o "efeito feminino" na diretoria?

Não é apenas uma:

> Eu era a única mulher numa sala cheia de homens. Não sou tímida, mas tinha dificuldade em me fazer ser ouvida.

Os trechos fazem parte de um estudo que entrevistou 50 executivas de grandes empresas sobre suas experiências.

> Você lança um argumento válido, mas dois minutos depois um homem vai falar exatamente a mesma coisa, e todos os caras o elogiam. Mesmo no nosso patamar, é difícil sermos ouvidas. Você precisa dar um jeito de conquistar o espaço.

Uma mulher se recorda do que aconteceu quando a diretoria da qual fazia parte convidou um grupo de auditores externos para fazer uma apresentação.

> Eles entraram na sala. Caminharam por um lado da mesa da diretoria e apertaram a mão de todo mundo. Então foram para o outro, apertaram a mão dos dois caras à minha esquerda, me pularam, depois apertaram a mão do outro cara. E foram embora. O grupo começou a conversar sobre a apresentação, e eu os interrompi: "Preciso fazer uma observação. Vocês viram o que aconteceu?"

É como Kanter previu. Quando uma mulher está completamente sozinha, ela se destaca como mulher, mas se torna invisível como pessoa.

"Acrescentar uma segunda mulher claramente ajuda", continua o estudo. Mas não basta:

> A mágica parece acontecer quando há três ou mais mulheres na mesma diretoria.

Três a cada nove pessoas. O Terço Mágico!
Confesso que tive certa dificuldade para aceitar essa conclusão no começo. Será que ter três pessoas diferentes, em vez de duas, impactava tanto um grupo desse tamanho? Mas, quando comecei a ligar para mulheres que tinham trabalhado em diretorias de grandes empresas, escutei exatamente a mesma coisa. A empreendedora Sukhinder Singh Cassidy tinha tanta certeza da importância dos números que fundou um grupo chamado theBoardlist para ajudar a inserir mais mulheres em diretorias de empresas.

"Então três é o número certo?", disse ela. "Não sei, mas tenho certeza de que existe um número em que essa pessoa deixa de ser distinta devido às suas diferenças, porque há tantas delas na sala que você nem pensa mais no assunto."

Segundo ela, quando só havia uma pessoa, ela ficava solitária. Quando eram duas, parecia amizade. Mas três era uma *equipe*.

Meu instinto diz que três talvez seja o número mágico. Porque acho que, em três, você se sente suficiente. É como se existisse uma subtribo dentro de uma tribo, e nela você se sente mais à vontade. Há um certo ponto de virada que é suficiente.

Eis o que disse Katie Mitic, outra veterana de várias diretorias corporativas.

Pela minha experiência, eu diria com certeza absoluta que há um ponto da virada.

Ela trabalhou em diretorias com todos os tipos de variação: com uma, duas, três ou mais de três mulheres. Três foi a quantidade que fez a maior diferença.

Eu me sentia mais confortável, mais confiante, falava o que queria falar. Fazia o que queria fazer. Era menos especial, mas de um jeito positivo. Eu me sentia mais uma voz na conversa. Em vez de Katie, a mulher, eu era Katie, a especialista em produtos, ou Katie, a especialista em consumo on-line.

Olhando de fora, em tese uma diretoria com sete homens e duas mulheres não pareceria tão diferente de uma diretoria com seis homens e três mulheres, certo? Mas é. É isso que Mitic e Singh querem dizer – há um momento em que a cultura da diretoria se transforma de repente. Mitic diz que, certa vez, entrou para uma diretoria em que ela era a única mulher, então observou a adição da segunda, da terceira e da quarta. Até ela se surpreendeu com a rapidez das mudanças.

Para falar a verdade, eu não entendia o impacto que isso teria. (...) Fazia sentido que as coisas se tornassem mais fáceis para mim, mas acho que eu não entendia quanto melhoraria.

É por isso que chamamos o fenômeno de Terço *Mágico*.

5.

Acho que podemos dar um passo além. Acho que podemos considerar o Terço Mágico uma lei universal. (Ou pelo menos algo muito perto de universal.) Uma das provas mais convincentes disso vem do trabalho de Damon Centola, que leciona na Universidade da Pensilvânia. Centola foi um dos muitos acadêmicos inspirados por Kanter a "investigar" pontos de virada.

Centola bolou uma forma muito sagaz de entender em que momento ocorre a mudança crucial nas dinâmicas de grupo – criou um jogo virtual com várias possibilidades. Um grupo de pessoas – digamos que 30 – é dividido em duplas, gerando 15 grupos de dois. Cada dupla recebe uma foto e precisa digitar uma sugestão de nome para a pessoa na imagem.

Imagine que a dupla somos eu e você. Eu vejo a foto e digito *Jeff*. Segundo o funcionamento do jogo, digitamos nossas respostas ao mesmo tempo, então você dá a sua resposta sem saber qual é a minha. Estamos basicamente no escuro. Você digita *Alan*. Assim que digitamos as respostas, vemos se elas foram as mesmas ou não e aleatoriamente somos designados a uma nova dupla. O processo recomeça. Formamos uma nova dupla, depois outra, até o jogo acabar.

Como você pode imaginar, as chances de escolhermos o mesmo nome de cara são mínimas. Mesmo que a imagem mostre um "tipo" reconhecível – digamos, uma mulher loura e de olhos azuis, ou um homem indiano usando turbante –, há centenas de nomes que podemos cogitar para alguém com essa aparência. Provavelmente não vamos dar respostas iguais na primeira, na segunda nem na terceira rodada. Vai demorar muito tempo, isso *se* acontecer – certo?

Errado. Em algum momento após 15 rodadas, surge um consenso sobre o nome.

"É muito rápido", diz Centola. "Fizemos o teste com muitas variações – com grupos de 24, 50 e até 100 participantes. E o processo de surgimento natural foi o mesmo em todas as escalas. (...) É bem rápido se compararmos com as expectativas."

Por que o jogo termina tão rápido? Porque os seres humanos são muito,

muito bons em entender normas – na tarefa de concordar em como devem pensar sobre algo.

Então, quando eu digito *Jeff* e você digita *Alan*, sei que plantei *Jeff* na sua memória, e você sabe que plantou *Alan* na minha, e nós dois nos tornamos um pouquinho mais propensos a usar um desses dois nomes na próxima rodada. *Jeff* e *Alan* agora estão no subconsciente. E, quando finalmente os nomes batem – quando você digita *Jeff* e sua dupla também digita *Jeff* –, é um caminho sem volta.

"Assim que o nome *Jeff* funciona, tendemos a continuar digitando *Jeff, Jeff, Jeff, Jeff*", explicou Centola. "Porque existe uma probabilidade maior de termos sucesso."

Poderíamos falar muito mais sobre essa parte do experimento – e sobre o que ele mostra a respeito do funcionamento de todos nós. (O ser humano quer muito concordar com as regras de conduta!) Mas vamos deixar isso de lado e passar para a segunda etapa crucial, porque esses tipos de experimento sempre têm uma pegadinha.

Centola convidou um grupo de estudantes de pós-graduação a participar do jogo com instruções bem específicas: eles deviam agir como dissidentes. Depois que os participantes escolhessem um nome e todo mundo começasse a digitar *Jeff, Jeff, Jeff*, os dissidentes deviam se rebelar. Abandonariam a tendência do *Jeff* e começariam a usar um nome diferente toda vez. Digamos que o nome fosse *Pedro*. A ideia de Centola era determinar quantos dissidentes, digitando *Pedro* repetidas vezes, seriam necessários para que o grupo inteiro trocasse *Jeff* por *Pedro*.

Ele acrescentou um punhado de rebeldes de *Pedro* ao grupo geral. Eles fizeram diferença? Não. Tentou de novo, com 18% do grupo. Nenhum impacto. E 19%? Nada. (Acho que você já entendeu aonde eu quero chegar.) E 20%? Nada. Mas, quando a proporção de dissidentes alcançou um quarto, bingo! A magia aconteceu: sem exceções, *todo mundo* trocava para *Pedro*.

Centola executou o jogo várias vezes e sempre encontrou o mesmo resultado. O consenso da maioria se esvaía quando o número de pessoas diferentes chegava a 25%. Centola diz que seu exemplo favorito tinha apenas 20 participantes. Ele executou duas versões do jogo ao mesmo tempo.

A primeira tinha quatro dissidentes, representando 20% do total. A segunda tinha cinco, representando 25%. A diferença foi de uma pessoa! "Os jogos estavam um do lado do outro", lembra ele. "Quatro dissidentes entre 20 não produziu resultado, não houve mudança geral. Mas o acréscimo de um dissidente, chegando a cinco no total, levou a conversão a 90% *num piscar de olhos.*" Na versão da realidade simulada de Centola, ele encontrou o valor mínimo da variação do ponto da virada. Encontrou o Quarto Mágico!

Algumas observações sobre a natureza humana são apenas isso mesmo – observações, não convites a tomarmos uma atitude. No caso de Miami e Poplar Grove, podemos imaginar possíveis intervenções: vamos acabar com a Escola de Ensino Médio de Poplar Grove! Vamos restaurar a confiança nas instituições de Miami! Mas não é fácil implementar nenhuma dessas soluções.

Ainda assim, a ideia de que existe um momento mágico em algum ponto entre um quarto e um terço é diferente. Ela praticamente implora para colocarmos a mão na massa.

Vou dar um exemplo. Há anos existe uma diferença significativa entre as notas escolares de estudantes negros e brancos. Os dados são do Estudo Longitudinal do Começo da Infância (ECLS, na sigla em inglês).* Os números mostram a diferença entre as notas de crianças negras e brancas em um teste de matemática. Os dados podem ser analisados sob vários prismas. Mas aqui vão os resultados das escolas em que alunos negros eram menos de 5% da população estudantil.

>Jardim de infância (começo do ano letivo): –4,718
>Jardim de infância (fim do ano letivo): –6,105
>Primeiro ano (começo do ano letivo): –7,493
>Primeiro ano (fim do ano letivo): –8,880
>Terceiro ano (fim do ano letivo): –14,442
>Quinto ano (fim do ano letivo): –20,004

---

* O ECLS foi um estudo importante, iniciado no fim dos anos 1990, que acompanhou uma amostra de crianças desde o jardim de infância até o quinto ano nos Estados Unidos, observando históricos familiares, notas escolares, escolas e quaisquer outras informações que pudessem ser úteis para entender seu desenvolvimento intelectual e psicológico.

No fim do jardim de infância, as crianças negras desse grupo estavam seis pontos atrás – um valor pequeno, mas não insignificante. Porém, no quinto ano, a diferença era imensa: *20 pontos* em um total de 100. Esse é um exemplo perfeito daquilo que deixa educadores americanos perplexos há várias gerações: por que existe uma diferença tão grande, e por que ela aumenta?

Só que Rosabeth Kanter e todas as pessoas que estudaram diretorias empresariais nos lembram que existe uma grande diferença entre ser um de poucos em um grupo e ser um de muitos. Então, talvez, devêssemos mudar a pergunta. Esses dados foram obtidos de salas de aula em que alunos negros eram uma minoria minúscula. O que acontece nas salas de aula em que a quantidade de crianças negras está acima do ponto da virada? Um aumento na quantidade da minoria muda alguma coisa?

Sim. Quando um grupo de pesquisadores educacionais liderado por Tara Yosso analisou salas de aula em que a porcentagem de estudantes de grupos minoritários ultrapassava 25%, a diferença nas notas desaparecia por completo.* Os estudantes brancos continuavam tendo bons resultados, mas os negros tiravam notas parecidas.

Ainda assim, acho que é importante não nos concentrarmos excessivamente nos achados de Yosso. Eles só falam sobre o desempenho no ensino pré-escolar e fundamental, baseando-se em uma única métrica – um teste padronizado de matemática. Acho que ninguém acredita que é possível encurtar a diferença de sucesso pessoal de forma definitiva apenas alterando a composição de alunos das salas de aula. Mas dá para ver que tem *alguma coisa* acontecendo, não dá? E é muito difícil ler esse estudo e não querer pelo menos *experimentar* uma nova abordagem: reorganizar distritos escolares, aconselhar pais de grupos minoritários sobre onde matricular os filhos, conduzir algum tipo de experimento. Se você é diretor de uma escola com três turmas de quinto ano, cada uma com um ou outro aluno não branco, talvez seja melhor juntar todos eles em uma única turma, por mais que essa mudança seja difícil de explicar.

---

* O grupo de Yosso usou dados do ECLS.

A questão é que nem sempre é necessário fazer uma revolução para mudar a maneira de enxergar uma minoria. Voltemos a Ursula Burns e Indra Nooyi. A Xerox e a Pepsi não precisaram de um transplante cultural. O caminho a seguir foi bem simples e óbvio. Elas apenas precisaram de mais mulheres como Burns e Nooyi em papéis importantes de liderança até chegarem ao ponto de massa crítica.

Estamos nesse ponto agora com mulheres negras? Não. Se outra mulher negra que foi pobre no passado se tornar presidente de uma renomada empresa americana, pode apostar que vão pipocar inúmeros artigos deslumbrados sobre mulheres negras brilhantes, enérgicas, que quebram as regras. Mas um ponto de virada *foi* alcançado por descendentes de sul-asiáticos. Ao longo de quase duas décadas após Nooyi assumir o comando da Pepsi, inúmeras pessoas com aparência semelhante à dela entraram para os altos escalões de empresas americanas. Uma agência de notícias em 2022 contou *60* presidentes de ascendência indiana em grandes empresas da Fortune 500, incluindo IBM, Microsoft e Google. No mundo da tecnologia, a porcentagem de executivos de origem indiana é ainda maior. Após a Starbucks anunciar Laxman Narasimhan como seu novo presidente em março de 2023, o *The Wall Street Journal* publicou uma matéria sobre ele, e não houve qualquer menção ao fato de Narasimhan ter nascido na Índia. Entre Nooyi e Narasimhan, houve uma mudança fundamental na maneira como a cultura americana enxerga americanos de ascendência indiana. Houve uma virada.

6.

No fim da década de 1940, um grupo chamado Palo Alto Fair Play Comittee passou a se preocupar com a situação imobiliária de sua cidade. Negros estavam se mudando para a área, e um dos poucos lugares onde podiam morar era um trecho densamente povoado da Ramona Street, na parte mais antiga da cidade. Os membros do comitê levaram em consideração a crise que ocorria em outras cidades americanas e resolveram que em Palo Alto seria diferente.

"Não tínhamos ilusões sobre solucionar o problema imobiliário, mas queríamos tomar alguma atitude", diria Gerda Isenberg, uma das líderes do grupo, muitos anos depois. "Eu tinha tanta noção sobre como organizar aquilo quanto de como mandar o homem à Lua. As reuniões eram um pesadelo. Meus advogados disseram que era melhor desistir."

Mas o grupo insistiu. Outro membro do comitê, um estudante negro chamado Paul Lawrence, que fazia pós-graduação na Universidade de Stanford, recebeu a tarefa de encontrar um terreno. Localizou um espaço próximo a uma fazenda de produtos lácteos na fronteira da cidade. O preço foi 2.500 dólares. Dez membros do grupo colaboraram com 250 dólares cada. Dividiram o espaço em 24 lotes residenciais e um parque, e elaboraram um conjunto de regras.

Os lotes do terreno seriam divididos em três, seguindo rigidamente a Lei do Terço Mágico: uma proporção igual de brancos, negros e asiáticos. Proprietários negros só poderiam vender para negros, brancos só poderiam vender para brancos e assim por diante. Foi acordado que a população negra jamais passaria de um terço dos residentes. A comunidade chegaria ao limite do ponto da virada, mas não o ultrapassaria.

Uma fileira de pequenos imóveis foi construída ao longo da rua. Os primeiros moradores foram Ethel e Reo Miles, negros. Os segundos foram Elizabeth e Dan Dana, brancos. Os terceiros foram Melba e Leroy Gee, asiáticos. Para maximizar o contato entre os grupos, duas famílias da mesma etnia não podiam ser vizinhas de porta.

Os moradores se reuniam mensalmente. Marcavam eventos sociais. Os homens saíam juntos para caçar. "Quando me mudei para o bairro, fiquei muito impressionado", disse um morador. "Vizinhos de todas as cores vieram, carregaram meus móveis, me ajudaram a guardar as coisas. As mulheres da vizinhança levaram minha esposa para tomar chá enquanto os homens me ajudavam a ajeitar a casa."

Isso aconteceu na década de 1950: em algumas partes dos Estados Unidos, racistas brancos colocavam fogo nas casas de pessoas negras que ousavam viver perto deles – queimavam cruzes em seus gramados, atiravam pedras em suas janelas. O bairro Lawrence era uma tentativa de mostrar ao mundo que diferentes etnias podiam viver em harmonia.

Como um dos membros originais do grupo escreveu:

> Aqueles de nós envolvidos em causas que geram mudanças em comportamentos e estruturas sociais frequentemente se frustram com a natureza teórica dos nossos esforços. (...) Uma demonstração bem-sucedida vale mais do que cem discursos. Alguns de nós inseridos na área dos direitos civis tinham isso em mente quando inauguramos um pequeno projeto imobiliário em Palo Alto.

Mas o experimento era sustentável? Os moradores das áreas próximas achavam que não. O bairro Lawrence tentava fazer brancos, negros e asiáticos morarem lado a lado. Por quanto tempo isso daria certo? Como Palo Alto evitaria a fuga branca? "Algumas pessoas foram muito incisivas em suas críticas e disseram que estávamos construindo uma 'favela de pretos'", lembrou Isenberg. "Recebi alguns telefonemas desagradáveis." Nas ruas próximas, vizinhos ameaçaram vender seus imóveis, e os moradores do bairro Lawrence tentavam tranquilizá-los. Aquilo não seria uma repetição do que acontecia em Detroit, Chicago e Atlanta, onde as pessoas brancas iam embora assim que as negras chegavam. Eles tinham regras. E os moradores de Lawrence Lane acreditavam que, enquanto essas regras fossem obedecidas, a comunidade permaneceria estável.

"Eu era só um cara procurando uma casa", contou um dos residentes do bairro, um professor negro chamado Willis Williams. "Os aluguéis estavam muito caros, e os barracos que me ofereciam em outros lugares porque eu era negro eram horríveis. (...) Eu achava que o bairro também estava fazendo uma segregação, mas de um tipo diferente, benéfico. Era a prática de uma leve discriminação para evitar uma discriminação violenta."

É isso que acontece quando levamos pontos de virada a sério. Para evitar uma mudança drástica que ocorre quando um número específico é alcançado, você precisa tomar medidas para garantir que isso não ocorra.

Pouco após o início do experimento, os membros do bairro Lawrence passaram por um teste sobre essa questão. Um dos donos decidiu vender um dos últimos lotes vazios em Lawrence Lane.

"O lote pertencia a uma pessoa branca que não o queria mais", disse Nanosh Lucas, que cresceu no bairro e hoje escreve uma história sobre o experimento.*

> A pessoa vendeu a casa para um corretor de imóveis, e a associação de moradores do bairro foi falar com o corretor e basicamente disse: "Escute, só queremos ter certeza de que você vai respeitar as proporções conforme o combinado. Em resumo, precisamos que uma pessoa branca more nesse lote."

O corretor concordou, mas então o grupo ficou sabendo que uma família negra do próprio bairro tinha procurado o corretor querendo comprar o lote para um parente. Argumentou que, para negros, era praticamente impossível encontrar casas em Palo Alto na época. O parente estava desesperado.

Então os membros do bairro se reuniram e fizeram uma reunião de emergência.

A venda afetaria as proporções. Faria com que a porcentagem negra ultrapassasse o Terço Mágico.

Em suas pesquisas, Lucas encontrou um trabalho de escola escrito em 1955 sobre o bairro Lawrence por uma estudante local chamada Dorothy Strowger. Ela descreveu a crise da seguinte forma:

> A associação de moradores deveria decidir se acreditava que a política de divisão estava sendo minada ou até destruída por esse desequilíbrio, e, se fosse o caso, determinar se o experimento era mais importante do que a necessidade e o bem-estar do comprador em potencial.

---

* "Muitos dos residentes descrevem o bairro como um local seguro, porque, na época, as escolas não eram espaços onde pessoas negras e asiáticas eram bem-tratadas", disse Lucas. "Então, era naquele ambiente que as pessoas aprendiam a se entender." Ele prosseguiu: "A parte interessante sobre os pais é que eles pareciam muito interessados em criar uma sociedade em que a raça não fosse uma questão, onde seus filhos pudessem crescer sem pensar muito no assunto. Eles pretendiam afastar a ideia de que as pessoas precisam pensar o tempo todo sobre a própria identidade."

A questão foi resolvida em uma reunião dramática da comunidade. A família que tinha procurado o corretor queria a venda. Todas as outras votaram, nas palavras de Strowger, "em colocar o bem-estar geral do bairro em primeiro lugar". Os membros então fizeram uma vaquinha para comprar a casa de volta do corretor.

"A reunião será lembrada por anos", continua o trabalho de Strowger. "Os membros da associação falam dela com entusiasmo e orgulho." Mas então ela fala sobre o trauma causado pelo incidente:

> Os moradores negros ainda expressam luto e sensação de culpa por sentirem que tiveram que sacrificar um dos seus para provar o princípio de que, em um mundo bem-ordenado, esse tipo de prova não seria necessário.

A existência de pontos de virada cria uma oportunidade irresistível de usarmos a engenharia social. Ela nos estimula a mudar a quantidade de mulheres em uma diretoria ou reagrupar estudantes de grupos minoritários em uma sala de aula de ensino fundamental. Mas isso não significa que seja fácil.

O homem que não é contratado para uma vaga porque a quantidade de mulheres na empresa ainda não alcançou o ponto da virada provavelmente não ficará satisfeito com essa explicação. O diretor que junta todos os seus alunos de grupos minoritários em uma sala de aula terá dificuldade para explicar seu experimento aos pais. Evitamos reconhecer as soluções simples oferecidas pelos pontos de virada porque, no fim das contas, as soluções não são tão simples assim. Foi isso que os moradores do bairro Lawrence descobriram. Eles olharam ao redor – para todas as comunidades em que pessoas brancas tinham fugido para bairros afastados – e decidiram que não deixariam sua rua seguir esse caminho. Só que, para preservar a harmonia social, precisaram prejudicar as mesmas pessoas que tentavam ajudar.

Lucas disse que o lote permaneceu vazio por uma década, como uma ferida aberta em que ninguém queria mexer. A situação toda gerou, "para o bairro, uma percepção muito dolorosa sobre as coisas de que precisavam abrir mão para fazer a vizinhança dar certo".

Ele continuou:

> Na cabeça deles, o que estava em jogo era o destino do bairro. (...) Minha análise é de que talvez tenham pensado no que as pessoas de fora achariam ao ver aquilo, que diriam "Essa associação de moradores não serve para nada porque não segue as regras estipuladas", e que com isso o bairro fracassaria.*

Não é de admirar, então, que a maioria das tentativas de mexer em pontos de virada seja feita em segredo.

É só ver o que acontece nas melhores faculdades dos Estados Unidos.

---

* No fim dos anos 1950, quando a ideia que se tornaria conhecida como "cotas benignas" se espalhou pelo país, todos os envolvidos precisaram enfrentar alguma versão desse dilema. É possível discriminar para ajudar a acabar com a discriminação? O ativista Saul Alinsky certa vez fez um discurso emocionante em defesa das cotas benignas, no qual admitiu: "Acho irônico que eu, uma pessoa da fé judaica, venha a público defender um sistema de cotas. No passado, as cotas foram usadas como uma forma de privar pessoas da minha fé de oportunidades e direitos que eram delas, mas passado é passado. Um instrumento injusto em um caso pode servir à justiça em outro." Ele se referia, em parte, ao fato de que uma série de escolas de elite nos anos 1920 e 1930 tinha cotas para a quantidade de judeus que podiam aceitar. Cotas eram *esquisitas*. Mas Alinsky, assim como os membros do bairro Lawrence, desconheciam outra forma de construir vizinhanças integradas: "Para aqueles que se chocam com a ideia de abrir comunidades brancas para negros à base de cotas, só me resta perguntar: que outra solução vocês propõem?"

CAPÍTULO CINCO

O misterioso caso do time feminino de rúgbi de Harvard

"A ideia era que estudantes atletas agregam
algo especial a comunidades estudantis."

1.

Num dia tempestuoso de outono não muito tempo atrás, uma partida de rúgbi feminino acontecia num campo solitário em algum lugar no campus da Universidade de Princeton. O time da casa vestia preto e laranja. As visitantes, de Harvard, usavam branco. Alguns espectadores estavam de pé num lado do campo, enquanto os bancos de reserva dos times ocupavam o outro – cada um com uma pequena tenda aberta para proteger seus equipamentos. O jogo foi transmitido ao vivo pelo YouTube.

Só preciso checar a conexão com a internet. Acho que deu certo. Estamos ao vivo. Já temos seis pessoas assistindo. Sejam bem-vindos.

Os locutores leram o nome das jogadoras: Eva, Brogan, Maya, Tiahna, Skylar, Elizabeth, Zoë, Caroline, etc. Os espectadores e as jogadoras foram instruídos a evitar "discriminações racistas, homofóbicas ou transfóbicas e outros atos intimidantes". O hino nacional tocou. E o jogo começou.

O programa esportivo de rúgbi feminino de Princeton tinha só dois anos. No geral, as jogadoras eram atletas de tênis e vôlei no ensino médio: apenas uma ou outra tinha jogado rúgbi antes. Harvard, anunciaram os locutores, era diferente.

O time de Harvard tem um plantel mais completo, e muitas das garotas jogam rúgbi há bastante tempo.

Harvard chegava invicta à partida, tendo atropelado os principais adversários ao longo da temporada, como os times da Universidade Quinnipiac, da Faculdade Internacional Americana e da Universidade Queens de Charlotte. Quando Harvard e Princeton se enfrentaram no ano anterior, o placar tinha sido 102 a 0. Harvard era boa *nesse* nível.

Começou a chover – de leve no começo, depois apertou. O campo ficou escorregadio. As jogadoras estavam ensopadas. Os espectadores espalhados pela beira do campo se encolhiam sob guarda-chuvas.

Princeton avança em bloco, com Courtney Taylor conduzindo o chute rumo à linha dos 22...

O outro locutor interfere.

... ataque na segunda fase.

Os comentários usavam apenas jargões do rúgbi, incompreensíveis para quem não entendesse nada do esporte.

Eva Rankin ganha terreno, mas Brooke Beers a derruba com firmeza. Jordan em seguida, faz um *side step* bem executado, passa para Chloe Headland, que arrasta duas jogadoras e avança até a linha dos cinco metros.

Duas horas depois, a partida acabou.

Boa força e distância, só errou um pouco a direção. A bola vai para a direita e a juíza apita. Fim de jogo: 61 para Harvard, 5 para Princeton.

De novo: o placar final foi 61 para Harvard, 5 para Princeton.

Se por um acaso você estivesse andando pelo campus da universidade e se deparasse com a partida entre Harvard e Princeton, talvez parasse para assistir à partida. Mas ainda ali, à beira do campo, debaixo de chuva, não demoraria muito tempo para se fazer uma pergunta pertinente: *Por que Harvard tem um time feminino de rúgbi?*

Harvard oferece uma quantidade extraordinária de oportunidades atléticas para seus alunos. A universidade conta com mais de 50 clubes esportivos no campus. Compete em mais campeonatos da primeira divisão universitária do que qualquer outra universidade americana. Em Harvard, uma jovem que gosta de esportes pode participar de campeonatos na primeira divisão de atletismo, basquete, cross country, esgrima, esqui, futebol, golfe, hóquei no gelo, hóquei sobre grama, lacrosse, natação e mergulho, polo aquático, regata, remo de peso leve, remo de peso pesado, softbol, squash, tênis, vôlei. No geral, pensamos nas grandes usinas atléticas estaduais, como a Universidade de Michigan, como instituições com muitos estudantes atletas, só que, percentualmente, Harvard tem *quatro vezes* mais estudantes atletas que Michigan.

Ainda assim, em 2013, Harvard decidiu que suas alunas precisavam de outra opção. Então o rúgbi feminino foi acrescentado à já enorme lista de esportes universitários. Com isso, foi necessário contratar treinadores e assistentes técnicos. Foi preciso recrutar atletas – etapa fundamental, porque poucas jovens americanas jogam rúgbi. O esporte é estrangeiro, violento e costuma causar uma série de lesões – deslocamento de ombros, fratura de clavículas, rompimento de ligamentos, concussões, etc. Mesmo quando escolas de ensino médio oferecem o esporte como opção, muitas garotas o evitam, o que é compreensível. Montar um time de rúgbi universitário exige certo esforço.

"No fim das contas, ampliamos nossa área de busca e encontramos pessoas que querem estudar em Harvard e que se encaixariam no perfil dentro e fora de campo", explicou a técnica do time, Mel Denham, ao jornal estudantil *The Harvard Crimson*, anos atrás. Com "ampliamos nossa área de busca", ela quis dizer recrutar alunas pelo mundo todo.

A matéria continuava:

Fazemos observações regulares em escolas de ensino médio na Califórnia, em Utah, no Colorado, em alguns estados no Meio-Oeste e também no Canadá. (...) Começamos a trabalhar com jogadoras britânicas e estamos construindo um relacionamento com treinadores na Inglaterra, na Nova Zelândia e na Austrália. Nosso time atual tem atletas da Escócia, do Canadá, de Hong Kong, da Austrália, da China, da Alemanha e de Honduras, e é incrível ter tanta diversidade em nossa cultura.

Por que Harvard se deu a todo esse trabalho?

O enigma aumenta quando você entende como funciona o sistema de admissões da universidade. Assim como muitas instituições de elite, Harvard conta com dois processos diferentes. O primeiro é para jovens inteligentes do mundo todo, que competem de acordo com seus méritos. O segundo é para aqueles que a universidade chama de ALDCs – sigla em inglês para atletas, legados (filhos de ex-alunos), lista de pessoas do interesse do reitor (ou seja, filhos de ricos) e filhos de pessoas do corpo docente. Os ALDCs formam 30% do corpo estudantil de Harvard. Eles são muitos. E seu caminho para entrar na universidade é diferente.

Em 2014, Harvard foi processada por um grupo chamado Estudantes por Admissões Justas (SFFA, na sigla em inglês). O caso acabou chegando à Suprema Corte, e os momentos mais esquisitos do início do julgamento no tribunal federal aconteceram quando os dois lados tentaram explicar o funcionamento do complicado sistema ALDC.

Eis o que diz o advogado dos requerentes, Adam Mortara, em sua declaração inicial. Ele apresentou um gráfico para que todos no tribunal conseguissem visualizar o sistema e começou analisando aquilo que Harvard chama de "acadêmicos 1". As conquistas acadêmicas dos inscritos aceitáveis recebem notas na escala de 1 a 4 (acima disso, você não tem chance alguma), com 1 sendo a melhor. Esses são os astros. Se tudo correr normalmente, os acadêmicos 1 têm uma chance razoavelmente boa de serem aceitos. Porém, se você é um legado – filho de um ex-aluno – e for 1, sua vaga é certa.

Mortara aponta para um novo gráfico, comparando índices de admissão estratificados por classificação para alunos gerais e para ALDCs.

Aqui, dá para ver como a lista de legados teve resultados cerca de 50% melhores. Praticamente todos entram como acadêmicos 1.

Então Mortara vai para a linha que mostra o índice de aprovação de atletas. Em sua análise de seis anos de dados de admissões, ele e sua equipe conseguiram encontrar apenas um atleta classificado como acadêmico 1.

E é claro que esse único atleta... foi aprovado.

Em seguida Mortara fala sobre o que acontece com os alunos com classificação inferior.

Aí observamos algo interessante nos acadêmicos 2. Para pessoas sem qualquer conexão com Harvard, a chance de entrar é de 10%. Para os candidatos que são legados, estão na lista do reitor ou são filhos de pessoas do corpo docente ou de funcionários, a chance de admissão é de 50%. Cinco vezes maior.

Ele faz uma pausa. Então acrescenta:

De novo, os atletas quase sempre são aprovados. Já expliquei isso; vou parar de me repetir.

Ele continua:

Nos acadêmicos 3, candidatos gerais têm 2,4% de chance de entrar, uma porcentagem bem baixa. Porém, se seu pai ou sua mãe estudaram em Harvard, ou se seu avô ou seu tio doaram muito dinheiro para a instituição, suas chances de entrar são 7,5 vezes maiores: 18%.

Nos acadêmicos 4, quase ninguém do grupo geral entra. Mas, entre legados, lista do reitor e filhos de funcionários, o índice de admissão ainda é de 3,5%.

Ele conclui:

> Isso reflete que a classificação acadêmica simplesmente não é tão importante para a admissão desse grupo. (...) E esse efeito é mais observado com os atletas. (...) Como eu disse, quase todos são aprovados.

Os atletas sempre são aprovados.
É fácil bolar uma explicação convincente – mesmo que cínica – sobre o motivo para Harvard dar preferência a certos tipos de estudantes. Ex-alunos e pessoas ricas gostam de fazer doações monetárias para instituições como Harvard. E Harvard gosta de ter muito dinheiro. Como resultado, financeiramente faz sentido que Harvard facilite a entrada dos filhos desses dois grupos. Ter um sistema especial para filhos de funcionários do corpo docente também faz certo sentido: é uma forma simples de manter os professores felizes. O que *não* faz sentido é o fato de os atletas serem agregados a esses três grupos.

O *The Harvard Crimson* contém parágrafos como este:

> Victor Crouin, que se formará em 2022, integrante francês do time de squash de Harvard, afirmou que teve seu primeiro contato com um treinador da universidade na copa do mundo juvenil de squash de 2017, em Tauranga, Nova Zelândia.
>
> "O treinador foi até a Nova Zelândia para assistir aos estudantes, escolher alguns e convidá-los a entrar para Harvard caso suas notas fossem boas o suficiente", disse Crouin.

Tauranga, Nova Zelândia! O que há de tão especial em pessoas talentosas no squash que faz valer uma viagem para o outro lado do mundo? E, além disso, o que torna interessante oferecer a jogadores de squash uma vantagem muito maior do que aos alunos que não são atletas talentosos? A vantagem oferecida para atletas de squash, rúgbi e vela é tão grande que a forma mais fácil de entrar na universidade mais renomada do mundo não é sendo o melhor aluno da sua escola. É sendo o melhor atleta da sua escola.

Em dado momento do processo contra Harvard, o reitor de admissões de longa data, William Fitzsimmons, foi questionado sobre a postura confusa da instituição em relação aos atletas.

P: Há muito debate sobre os atletas. Por que Harvard dá vantagem a eles?

Fitzsimmons se apresentava e falava como era de se esperar de um homem de Harvard: tinha doutorado em pedagogia e respeitáveis mechas grisalhas nas têmporas. Devia imaginar que essa pergunta seria feita. É difícil pensar que não tenha ensaiado a melhor maneira de respondê-la. Mas veja só o que ele disse.

Fitzsimmons: Por alguns motivos. O primeiro é que ter todos os alunos reunidos para assistir às competições esportivas gera um espírito de comunidade que acredito ser uma expectativa de muitos estudantes, e que a meu ver merece ser atendida. É algo que une a instituição de um jeito específico e vital.

Esse é o tipo de resposta que se esperaria do diretor esportivo da Universidade Estadual de Ohio ou do Alabama, onde 80 mil ou mais estudantes, ex-alunos e torcedores da comunidade costumam se reunir para assistir a partidas de futebol americano universitário nas tardes de sábado. *Isso é* comunidade. Mas Fitzsimmons está falando sobretudo de esportes individuais, como regata e esgrima. A partida de rúgbi contra Princeton mal tinha público. Como isso gerava um "espírito de comunidade"?

Fitzsimmons prosseguiu:

Hoje, o estado de que mais costumamos recrutar alunos é a Califórnia. O quarto maior é o Texas. O sexto, a Flórida. Se você é um jovem dessas regiões, quer estudar em um lugar típico das faculdades americanas. Então, ter uma tradição atlética forte e dom para reunir pessoas faz uma grande diferença na nossa capacidade de atrair alunos de todos os tipos.

De novo. Não faz sentido. Harvard não precisa se preocupar com sua "capacidade de atrair" alunos: a faculdade atrai tanta gente que só consegue aceitar 3,4% dos inscritos! Além disso, quem é essa pessoa imaginária da Califórnia, do Texas ou da Flórida que se recusaria a estudar em Harvard porque o clima esportivo não é "forte" o suficiente?

Fitzsimmons tenta uma última vez:

> A outra parte é que pessoas que alcançaram altos níveis de habilidade atlética – se formos falar nesses termos – com frequência têm um comprometimento, uma garra e uma energia que as ajudam durante a faculdade e na vida.

Fitzsimmons ainda não respondeu à pergunta! Ninguém negaria que é possível aprender no campo ou na quadra lições valiosas que levam ao sucesso na vida e na carreira. A questão aqui é: por que Harvard valoriza muito mais o tipo de "comprometimento" e "garra" associado à prática esportiva do que o necessário para, por exemplo, escrever um livro ou solucionar uma equação matemática difícil? E mais: por que valoriza tanto a versão esportiva desses atributos a ponto de mandar funcionários para todos os cantos do planeta em busca de mulheres jovens dispostas a participar de um esporte perigoso na chuva ou num campo isolado às margens do campus de Princeton?

Como nenhuma dessas respostas fez sentido, quero oferecer outra. Acho que o enigma do rúgbi não tem nada a ver com construção de caráter nem com a energia, a garra e a criação de uma experiência universitária unificadora. Acho que tem a ver com o Terço Mágico e as ideias de Rosabeth Kanter sobre proporções de grupo.

Porém, o que Harvard faz é muito diferente do tipo de engenharia social experimentada no bairro Lawrence. Os participantes no experimento californiano não escondiam o que estava acontecendo. Eles queriam manipular os números e uniram os moradores para cuidar dos detalhes. No entanto, a engenharia social assume uma face muito diferente quando os engenheiros trabalham em segredo. Esse segundo tipo de manipulação, oculto, ocorre com grande frequência. Se quisermos proteger a integridade das nossas instituições, precisamos ter ciência dos joguinhos que acontecem às escondidas. E a primeira prova disso é a Universidade Harvard.

2.

Na década de 1920, as universidades da Ivy League encaravam uma crise. O problema era Columbia, a instituição mais prestigiosa na maior cidade do país. Os filhos de imigrantes judeus que tinham se mudado em massa para Nova York na virada do século XIX para o XX estavam na idade para entrar na faculdade e dominavam os exames de admissão da Columbia. No início dos anos 1900, quase 40% dos estudantes de graduação da universidade eram judeus, e o restante da Ivy League observava esse número com pavor. Os novatos vindos dos confins de Bronx, Brooklyn e dos conjuntos habitacionais do Lower East Side de Manhattan pareciam alienígenas para as instituições que educavam os filhos da elite branca, anglo-saxã e protestante desde os primórdios da república.

Uma canção criada por uma fraternidade da época dizia (em tradução livre):

> *Em Harvard mandam os milionários,*
> *Em Yale é o álcool que rola.*
> *Em Cornell, os filhos de latifundiários,*
> *Em Columbia o judeu se consola.*
> *Então um viva a Baxter Street,*
> *E outro a Pell,*
> *E quando os judeuzinhos morrerem,*
> *vão para o beleléu.*

O mais preocupado de todos era Abbott Lawrence Lowell, o sério aristocrata que foi presidente de Harvard entre 1909 e 1933. Inspirado nos esforços da Columbia e da NYU para limitar a inscrição de judeus, Lowell formou um "subcomitê para reunir estatísticas" e determinar exatamente quem era ou não judeu. Pela primeira vez, a universidade começou a pedir para os inscritos identificarem "raça e cor", nome de solteira da mãe e local de nascimento do pai. E, para pegar aqueles que espertamente mudavam de nome para não serem classificados como judeus, Harvard passou a perguntar: "Que mudanças, se alguma, foram feitas ao seu próprio nome ou ao do seu pai desde o nascimento? (explique em detalhes)."

Quatro categorias de admissão foram criadas. A J1 era para candidatos "cujas evidências apontavam conclusivamente que o estudante era judeu". A J2 era para ocasiões em que uma "preponderância de evidências" sugeria que alguém era judeu. A J3 era para quando "as evidências sugeriam a possibilidade de que o estudante fosse judeu". E "Outros" era para o restante dos alunos. Com isso, Harvard passou a ter certeza da sua quantidade de alunos judeus, e, quando Lowell viu os resultados, entrou em pânico. Ao assumir a presidência, em 1909, os judeus eram pouco mais de 10% da população universitária. Em 1922, constituíam mais do que o dobro disso. Em 1925, a situação havia chegado a um ponto crítico. De acordo com os cálculos de Harvard, 27,6% dos calouros eram J1 e J2, e mais 3,6% eram J3. A universidade estava à beira do Terço Mágico.

Harvard e as instituições da Ivy League tinham acabado de passar várias décadas tentando elevar os padrões acadêmicos. Haviam instaurado provas de admissão rigorosas e se comprometido publicamente a só aceitar aqueles que tirassem as melhores notas.

"Só que, agora, quando esses esforços começavam a dar resultado, os alunos 'errados' estavam passando nas provas", conta Jerome Karabel em *The Chosen* (Os escolhidos), obra de referência histórica sobre as admissões na Ivy League.

> Sendo assim, Harvard, Yale e Princeton tiveram que encarar uma difícil decisão: manter os padrões acadêmicos quase exclusivamente objetivos para a admissão e lidar com a chegada de um número cada vez maior de judeus ou substituí-los por critérios mais subjetivos, que poderiam ser usados para gerar o resultado desejado.

Após muitos debates, Harvard resolveu seguir o caminho dos "critérios mais subjetivos". O departamento de admissões recebeu ampla liberdade para decidir quem era aceito ou não. A partir de então, os inscritos deviam apresentar cartas de recomendação e listar suas atividades extracurriculares. Da noite para o dia, passou a fazer diferença o que você tinha feito nas férias, se sua redação de inscrição era convincente ou quais amigos dos seus pais poderiam atestar seu caráter. Harvard elaborou sistemas de pontuação complexos para avaliar características intangíveis. Começou a conduzir entrevistas em que funcionários podiam avaliar os inscritos pessoalmente. E, pela primeira vez, determinou um limite sólido sobre o tamanho da turma de calouros – tudo para impedir, como explicou o presidente Lowell, "um aumento perigoso na proporção de judeus".

Lowell continuou: "É dever de Harvard receber o maior número possível de rapazes, ou pais destes, que vieram para este país sem nosso histórico. A experiência parece mostrar que essa proporção seria de cerca de 15%."

Esse marco de 15% era elevado o suficiente para Harvard não ser considerada uma instituição abertamente antissemita, mas baixa a ponto de a instituição não correr o risco de se transformar em Columbia. No famoso trabalho sobre sua experiência como consultora, Rosabeth Kanter chamou grupos cuja minoria equivalia a até 15% de *distorcidos*:

> Grupos distorcidos são aqueles em que há uma grande preponderância de um tipo sobre outro, chegando a uma proporção em que o grupo minoritário compõe no máximo 15% do total. Os tipos numericamente dominantes também controlam o grupo e sua cultura de formas suficientes para serem classificados como "dominantes". Os poucos do outro tipo, que fazem parte do grupo distorcido, podem ser denominados "representantes", porque com frequência são tratados como representantes de sua categoria, como ícones, e não como indivíduos.

Kanter acreditava que proporções distorcidas eram um problema: queria aumentar os números no grupo minoritário até o ponto em que essas pessoas pudessem ser elas mesmas e exercer influência total sobre a cultura do grupo. Lowell, em contrapartida, pretendia manter o grupo minoritário abaixo do ponto da virada. Queria articular um processo de admissões em que judeus permanecessem numa distribuição distorcida.

É importante observar que Lowell não queria fechar a porta para todos os judeus, tal como os sulistas de sua geração fecharam a porta para todas as pessoas negras em suas escolas. Seu objetivo era *limitar* o número de judeus. "O hotel de veraneio que vai à falência por aceitar judeus tem esse destino não porque os judeus que aceita têm um caráter ruim, mas porque afastam os gentios, e, depois que os gentios vão embora, os judeus acabam indo também", escreveu Lowell para um amigo. "Isso aconteceu com um amigo dono de uma escola em Nova York que achou que deveria aceitar judeus por questão de princípios, mas descobriu após alguns anos que sua escola estava falida." Se você deixasse judeus demais entrarem, eles *afastariam os gentios*. Lowell estava basicamente dizendo que tentava evitar uma fuga branca.

Com o tempo, a antipatia especial de Harvard pelos judeus desapareceu. Em 2001, a universidade até nomeou seu primeiro presidente judeu. Porém a estrutura básica das reformas de Lowell permaneceu intacta. Como explica Karabel em *The Chosen*, Lowell "nos legou a herança de um processo de admissões peculiar, que hoje não questionamos". Ele ensinou aos seus sucessores uma lição que nunca esqueceram: como controlar as proporções de cada tipo de aluno de Harvard.

Vamos dar uma olhada nos dados a seguir, que oferecem uma ideia do impacto duradouro das instruções de Lowell para os administradores que o seguiram. Eles mostram a quantidade de descendentes de asiáticos matriculados em Harvard e na Caltech (uma das poucas instituições no mundo com um sistema de admissões tão difícil quanto o de Harvard) entre o começo dos anos 1990 e 2013. Vamos começar com a Caltech.

1992	25,2%	1998	24,1%	2004	31,1%	2010	39,4%
1993	26,9%	1999	24,3%	2005	33,0%	2011	38,8%
1994	29,8%	2000	24,9%	2006	37,4%	2012	39,6%
1995	29,1%	2001	24,5%	2007	38,1%	2013	42,5%
1996	27,6%	2002	27,2%	2008	39,8%		
1997	27,4%	2003	31,1%	2009	39,9%		

A Caltech é uma universidade com um processo de admissão extremamente meritocrático. Eles não fazem joguinhos de aprovações por baixo dos panos com atletas, legados ou filhos de doadores. E, quando você tem um processo de admissões meritocrático, não consegue controlar as proporções de grupo. É por isso que a quantidade de asiáticos na Caltech varia tanto. A porção asiática começa com um quarto da população estudantil, salta para quase 30% dentro de dois anos, recua um pouco e então, após a virada do século, volta a crescer. Em 2013, estava em 42,5%. Hoje, está mais perto de 45%.

Existe alguma forma de prever como será a divisão étnica dos estudantes de graduação da Caltech daqui a uma geração? Não! A Caltech não tenta controlar as proporções de cada grupo. Se um grande fluxo repentino de imigrantes nigerianos chegar aos Estados Unidos e seus filhos seguirem o mesmo caminho trilhado por jovens judeus e asiáticos décadas antes, a população de descendentes de africanos na Caltech pode, um dia, ser tão elevada quanto a população de descendentes de asiáticos. (Isso não é exagero: atualmente, os imigrantes nigerianos têm mais diplomas universitários per capita do que qualquer outro grupo nos Estados Unidos.) A Caltech foi atingida pelas mesmas mudanças demográficas que qualquer outra universidade de elite, mas preferiu dar de ombros.

Agora, vejamos o número de alunos de origem asiática em Harvard durante o mesmo período.

1992	19,1%	1998	17,0%	2004	17,1%	2010	15,6%
1993	20,6%	1999	17,2%	2005	17,6%	2011	17,2%
1994	18,3%	2000	17,1%	2006	14,3%	2012	17,7%
1995	18,4%	2001	16,4%	2007	15,4%	2013	18,0%
1996	17,5%	2002	16,3%	2008	16,7%		
1997	17,4%	2003	16,2%	2009	17,0%		

Admissões de Harvard (Porcentagem de alunos aceitos por etnia)									
	2006	2007	2008	2009	2010	2011	2012	2013	2014
Afro-americanos	10,5%	10,7%	11,0%	10,8%	11,3%	11,8%	10,2%	11,5%	11,9%
Hispânicos	9,8%	10,1%	9,7%	10,9%	10,3%	12,1%	11,2%	11,5%	13,0%
Asiáticos	17,7%	19,6%	18,5%	17,6%	18,2%	17,8%	20,7%	19,9%	19,7%
Indígenas	1,4%	1,5%	1,3%	1,3%	2,7%	1,9%	1,7%	2,2%	1,9%
Brancos e outros	60,6%	58,1%	59,5%	59,4%	57,5%	56,4%	56,2%	54,9%	53,5%

Os números da Caltech são aquilo que encontramos quando a instituição não tenta controlar as proporções de cada grupo. Os de Harvard são o que encontramos quando uma instituição *tenta*. A proporção de asiáticos em Harvard permaneceu praticamente a mesma por anos. Na verdade, a proporção de todo mundo em Harvard se manteve parecida.

Preste atenção na última fileira. O único grupo em Harvard que supera o Terço Mágico.

Então, por que Harvard se deu ao trabalho de montar um time feminino de rúgbi? É óbvio. *Esportes são um mecanismo usado por Harvard para manter suas proporções de grupo.*

3.

Anos atrás, um caso jurídico bizarro se dedicou a essa mesma questão de universidades de elite e esportes. Envolvia um homem muito rico chamado Amin Khoury, que supostamente colocou 180 mil dólares em dinheiro vivo em um saco de papel pardo e o enviou para o treinador de tênis da Universidade Georgetown, Gordon Ernst. Khoury queria que Ernst recrutasse sua filha. Sabia que, nas instituições de elite, "os atletas sempre são aprovados"; então, com uma lógica impecável, acreditava que esse seria o caminho mais seguro para sua filha ser aprovada numa faculdade de prestígio.

O julgamento foi estranhamente divertido, com direito a e-mails e mensagens de texto vergonhosos, uma noite regada a álcool num restaurante chique e vários funcionários do departamento de admissões e atletismo desconfortáveis no banco de testemunhas. Como um estudo de caso sobre a corrupção do ensino superior, esse julgamento realmente é diferenciado. Os depoimentos são muito úteis para entendermos como as universidades usam os esportes para manipular suas proporções de grupo.*

Na metade do julgamento, a promotoria convocou uma ex-tenista da Universidade Georgetown para depor. Vamos chamá-la de Jane. Ela havia

---

* Khoury foi absolvido. E, se você ficou curioso para saber o motivo, sugiro ouvir o podcast que dediquei ao assunto.

estudado em uma escola particular exclusiva nos arredores de Washington, D.C., cuja anuidade era superior a 50 mil dólares.

Jane era uma ótima tenista no ensino médio.

P: Qual era seu lugar no ranking nacional?
R: Eu era a 52ª.
P: E a senhorita disse que era de Maryland, correto?
R: Sim.
P: E qual era seu lugar no ranking em Maryland?
R: Eu era a primeira em Maryland.

Se você sabe qualquer coisa sobre campeonatos estudantis de tênis, tem noção de quanto uma pessoa precisa se esforçar para ocupar o primeiro lugar do seu estado.

Promotor: De onde a senhorita é? Onde fez ensino médio?
Jane: Estudei na Holton-Arms, em Bethesda, Maryland. Saía da escola mais cedo todos os dias para treinar no centro de tênis em College Park, perto da Universidade de Maryland. Tem uma academia lá. Eu treinava três horas por dia na quadra, depois fazia uma hora de treino físico.

A parte implícita no depoimento de Jane era que dedicar quatro horas por dia ao tênis exigia uma fortuna. O pai de Jane era sócio de um escritório de advocacia. Precisava ser: tinha uma filha que estava tentando alcançar o sucesso no circuito de tênis juvenil.

Vamos fazer umas contas. Todos os valores a seguir vieram da técnica de tênis Marianne Werdel, também campeã juvenil. Werdel conduziu um grupo focal formado por 23 famílias com filhos que participavam do circuito de tênis juvenil para determinar quanto dinheiro gastavam por ano com o esporte. Descobriu o seguinte:

> As famílias do grupo focal gastaram entre 1.200 e 55 mil dólares em mensalidades de clube e tempo de quadra. Os custos anuais de

atividades ao ar livre totalizam uma média de 4 mil dólares; e os custos sazonais de atividades em quadras fechadas, 35 mil dólares.

No topo da tabela dos lugares mais caros estavam country clubes particulares, que vendem títulos a partir de 20 mil dólares e cobram mensalidades na faixa de 750 dólares.

"As famílias do grupo focal gastaram entre 7.500 e 45 mil dólares por ano com treinamento", continua Werdel. Torneios geravam gastos com taxas de inscrição e viagens. (O maior valor apresentado a ela sob essa rubrica foi 42 mil dólares por ano.) A maioria dos atletas de alta performance tinha um técnico. Isso custa entre 5 e 18 mil dólares por ano. Gastos com fisioterapia podiam chegar a 7 mil por ano. E tinha os estudos. Se você treina quatro horas por dia, não vai conseguir estudar em escola pública. Então, precisa estar numa escola particular que acomode seus horários – como a Holton-Arms – ou estudar em casa:

> Laurel Springs é a escola on-line mais popular entre as famílias de tenistas. Cobra 4 a 6 mil dólares no ensino fundamental e 7 a 9 mil no ensino médio. (...) Famílias com filhos que desejam entrar em universidades renomadas pagaram uma média de 7 mil dólares em aulas particulares, fora a mensalidade de Laurel Springs.

Para a maioria das famílias, as raquetes de tênis totalizavam um gasto anual de 900 dólares. A troca do encordoamento das raquetes custava entre 800 e 2.500 dólares. Os tênis, entre 500 e 1.800 dólares por ano, fora mais alguns milhares gastos em roupas, bolsas de raquete, empunhaduras, toalhas, etc.

Fique à vontade para somar isso tudo, mas acho que você entendeu: é muito difícil ser um tenista de calibre nacional no ensino médio, a não ser para os que vêm de famílias ricas, moram perto de country clubes e têm pelo menos um pai com tempo livre suficiente para acompanhá-los em torneios por todo o país e lidar com a seleção e a administração do pequeno exército de treinadores, instrutores, fisioterapeutas e professores particulares de que precisam para ter sucesso. E qual foi a recompensa da família de Jane por gastar tanto dinheiro com tênis? Ela jamais jogaria em um circuito profissional de torneios. Nunca foi *tão* boa assim. Mas alcançou um grande feito, que poderá exibir pelo resto da vida, e isso é muito importante. Que feito é esse? Ela foi recrutada por muitas faculdades bem exclusivas. E escolheu Georgetown.

Após Jane terminar seu depoimento, a promotoria convocou Meg Lysy, responsável pelas admissões para a equipe de tênis em Georgetown.

P: Qual é o processo normal para recrutamento de tenistas?
R: Antes do fim do prazo, o treinador trazia históricos e resultados de provas e dizia: "Estes são os alunos que estou pensando em recrutar." Meu trabalho era revisar e analisar a documentação para dizer "Sim, você pode recrutar esse aluno, está tudo certo" ou "Não, você não pode recrutar o aluno".

Em alguns casos, segundo Lysy, ela duvidava das qualificações acadêmicas do atleta desejado, mas, se ele fosse um tenista bom o suficiente, ela estava disposta a ceder.

R: O técnico dizia: "Tal jogador vai mudar minha equipe. Tal jogador tem muito potencial." E, nessa situação, podíamos aceitar alguém cujo desempenho acadêmico fosse levemente inferior, ou abaixo da média daquilo que buscávamos, porque sua presença causaria um impacto no time.
P: O que a senhora fazia para checar a habilidade dos candidatos como tenistas?
R: Eu não fazia nada.
P: No que a senhora se baseava como garantia do talento do candidato?
R: Na palavra do técnico.
P: Por que a senhora se fiava na palavra dele?
R: Porque o trabalho dele era ser o técnico, recrutar e trazer novos talentos. E o meu papel era analisar o histórico e o nível acadêmico.

Para candidatos gerais, o processo de admissão envolve uma rodada ultradetalhada de revisões e análises – redações, históricos escolares, cartas de recomendação, longas conversas. Mas você não precisa passar por nada disso se for tenista. Nesse caso, a única coisa que interessa é a vontade do treinador. Jane teria entrado em Georgetown se o treinador não achasse que ela era uma ótima atleta? Provavelmente não. Lysy deixou isso bem claro.

> **P:** Como as notas dos tenistas se comparavam com as dos estudantes que Georgetown costumava aceitar pelo processo normal?
> **R:** Eram bem inferiores.
> **P:** E como os resultados das provas de admissão dos tenistas se comparavam com os dos estudantes que Georgetown costumava aceitar pelo processo normal?
> **R:** Eram bem inferiores.
> **P:** Por que Georgetown se dispunha a aceitar estudantes com provas de admissão e notas tão inferiores quanto as dos candidatos tenistas?
> **R:** A ideia era que estudantes atletas agregam algo especial a comunidades estudantis como Georgetown. Sabe, eles mostram talento. Geram orgulho. Todo mundo quer que os times da universidade vençam. Georgetown era nacionalmente reconhecida por seus programas esportivos, e isso é muito empolgante para alunos e ex-alunos.

É a mesma resposta nada convincente oferecida pelo reitor Fitzsimmons, de Harvard! *Atletas agregam algo especial a comunidades estudantis.* É sério? Veja como Jane descreveu as cobranças feitas aos tenistas da equipe de Georgetown.

> **P:** Em quais dias da semana a senhorita treinava em Georgetown?
> **R:** De segunda a sexta.
> **P:** Todos treinavam muito?
> **R:** Com certeza. Eram treinos em quadra e fora dela. Tínhamos levantamento de peso duas a três vezes na semana e treinos de segunda a sexta.
> **P:** A equipe competia o ano letivo inteiro ou os jogos eram sazonais?

R: Era o ano todo. Tínhamos uma folga entre o Dia de Ação de Graças e as festas de fim de ano. Logo depois começava o segundo semestre letivo, e a temporada de primavera era a principal.
P: A equipe viajava para jogar?
R: Sim. Com muita frequência na temporada principal e durante a primavera. No outono também tínhamos vários torneios pelo país.
P: A senhorita chegou a perder aulas para treinar ou jogar?
R: Com certeza. Vez ou outra faltávamos um dia, ou até mais, dependendo do local dos torneios ou das partidas.

É difícil acreditar que tenistas "agregam algo especial a comunidades estudantis" se nunca passavam tempo nessa comunidade. Por que Georgetown não via problema algum em comprometer seus próprios critérios de admissão em prol de pessoas que passam todo o tempo livre dando raquetadas numa quadra qualquer? *O que há de tão especial em tenistas muito talentosos?* Já dei a resposta: tenistas muito talentosos são especiais porque *vêm de famílias ricas, moram perto de country clubes e têm pelo menos um pai com tempo livre suficiente para acompanhá-los em torneios por todo o país e lidar com a seleção e a administração do pequeno exército de treinadores, instrutores, fisioterapeutas e professores particulares de que precisam para ter sucesso.*[*]

A primeira testemunha convocada no julgamento de Khoury foi um homem chamado Timothy Donovan. Ele era o contato entre Amin Khoury e o técnico de tênis de Georgetown, Gordon Ernst. Donovan havia jogado tênis na Universidade Brown junto com Gordon Ernst e Amin Khoury no fim dos anos 1980. Todos se conheciam. Agora Khoury administrava a Donovan Tennis Strategies, consultoria especializada em colocar, nas cobiçadas vagas reservadas pelas universidades de elite para tenistas, todos os jovens cujos pais investiam uma bolada em seu desenvolvimento no esporte.

---

[*] Nos Estados Unidos, quando pensamos em atletismo universitário de renome, pensamos em esportes populares como basquete e futebol americano. É claro que esses não são esportes de country clubes, com as mesmas barreiras econômicas impedindo a competição. Só que o futebol americano e o basquete representam apenas uma pequena fração dos esportes oferecidos por instituições como Harvard.

P: Aproximadamente, quantos clientes o senhor tem por ano?
R: Varia um pouco, mas uma média de 75 a 80 por ano.
P: Quanto custam os seus serviços?
R: Há faixas. Oferecemos três pacotes diferentes, então hoje os valores começam em 4.600 dólares e podem chegar a 10 mil, mais ou menos.
P: E que outras formas de remuneração o senhor recebe?
R: Em três ocasiões, recebi um bônus por sucesso.
P: O que vem a ser um *bônus por sucesso*?
R: É basicamente um bônus em que o cliente diz: "Gostaria de oferecer um incentivo. Se você ajudar meu filho a entrar em tal universidade, pago um bônus de tanto."
P: E quais foram os valores que o senhor recebeu nos bônus por sucesso?
R: Nos três bônus, recebi 15 mil, depois 50 mil, e o outro havia combinado 200 mil, mas só pagou 160 mil.

Em seu site, Donovan lista todas as universidades em que seus clientes foram aprovados.

>Amherst
>Bates
>Bowdoin
>Carleton
>Carnegie Mellon
>Columbia
>Cornell
>Dartmouth
>Duke
>Georgetown
>Grinnell
>Hamilton

Lá vem...

>Harvard

Harvard tem uma equipe de tênis que lota todo ano, assim como Georgetown. Mas equipes de tênis são pequenas, aceitam poucos novos atletas por ano. Para realmente afetar proporções de grupo, é preciso usar um esporte com a mesma exclusividade confortável, porém com mais participantes. A esgrima é um bom começo: 14 atletas no lado masculino, 11 no feminino. A regata também ajuda. São mais 34 vagas. O remo é o padrão-ouro. Há o remo de peso pesado e o de peso leve, com vagas para 40 mulheres no peso pesado e mais 20 no peso leve – e o mesmo vale para o lado masculino. Num mundo perfeito, Harvard poderia simplesmente acrescentar o remo de peso médio, criando mais 20 ou 30 vagas para estudantes que frequentam escolas de ensino médio ricas o suficiente para oferecer programas de remo competitivo. Só que a categoria do remo universitário de peso médio não existe – *por enquanto*. Harvard precisava de algo novo. E, em 2013, entendeu que a resposta estava bem debaixo do seu nariz, nos internatos e clubes esportivos de áreas residenciais espalhadas pelo país: o rúgbi feminino.

O time feminino de rúgbi de Harvard tem 33 jogadoras!

E, se você lesse as biografias das jovens que jogavam por Harvard naquele dia chuvoso em Princeton, ficaria fácil entender como o esporte tinha sido feito sob medida para ajudar a engenharia social. O time – assim como a maioria das outras equipes esportivas de Harvard – era quase todo branco. As jogadoras vinham de algumas das comunidades de classe média alta mais aprazíveis do mundo: Shaker Heights, perto de Cleveland; condado de Marin, ao norte de San Francisco; Herzliya, perto de Tel Aviv; Upper St. Clair, um dos bairros residenciais mais chiques de Pittsburgh. Havia duas jogadoras do condado Summit, no Colorado, região de esqui muito exclusiva onde o valor médio de uma casa para famílias pequenas ultrapassa 1 milhão de dólares. A estrela do time havia estudado em uma das melhores escolas particulares para meninas em Toronto. Outra vinha de um internato de elite na Colúmbia Britânica. Uma jogadora havia crescido em Nova Jersey, mas treinado todos os anos em um "programa de desenvolvimento" nacional de rúgbi na Califórnia; outra havia jogado por um time de rúgbi que treinava em um complexo com o nome perfeito de "Country Club Road"; e ainda havia a filha de um ex-senador. Duas irmãs tinham jogado em um time de rúgbi em um bairro residencial de Sacramento – que, assim como muitas outras fábricas de atletismo que abastecem as universidades de elite americanas, lista em seu site as faculdades em que suas atletas foram jogar rúgbi.

>Berkeley
>Bowdoin
>Brown
>Dartmouth
>San Diego
>West Point

E no meio delas...

>Harvard

4.

Em outubro de 2012, a Suprema Corte dos Estados Unidos apresentou suas argumentações orais sobre o caso *Fisher contra a Universidade do Texas*. As argumentações são o evento principal de todo caso na Suprema Corte. Acontecem na câmara principal da Corte na First Street, do outro lado da rua do Capitólio dos Estados Unidos. É um salão imponente, decorado no grandioso estilo neoclássico, com um pé-direito de 13 metros e 24 colunas dóricas esculpidas em mármore italiano. Advogados de ambos os lados se levantam e são interpelados pelos nove juízes sentados atrás de uma longa e elevada mesa de mogno.

O caso tratava de uma estudante chamada Abigail Fisher, que não tinha sido aceita na Universidade do Texas. Ela entrou com o processo alegando que "sua" vaga tinha sido dada a um estudante de grupo minoritário com menos aptidões. A universidade respondeu com um argumento que poderia ter saído da boca de Rosabeth Kanter: não adiantaria de nada ter apenas um número simbólico de minorias. A universidade precisava matricular um número suficiente de pessoas de grupos minoritários, de modo a contribuir de forma significativa para a diversidade institucional. Era necessário alcançar uma "massa crítica" de negros e hispânicos – e isso seria impossível se alunas como Abigail Fisher fossem aceitas.

Fisher foi um dos primeiros grandes desafios à prática das ações afirmativas instauradas por muitas universidades americanas décadas antes. O tribunal estava lotado. O advogado de Fisher foi o primeiro a falar. Mal conseguiu terminar a primeira frase antes de ser interrompido pelos juízes com perguntas em sequência. Havia muito em jogo naquele julgamento.

Então, foi a vez da universidade. O advogado da instituição era Gregory Garre.

> **Sr. Garre:** Obrigado, Excelentíssimo Senhor Presidente da Corte. Há dois motivos principais para que o plano admissional perante os senhores se encontre dentro dos limites da lei segundo os precedentes instituídos por este tribunal (...).

Garre conseguiu terminar mais uma frase antes de também ser interrompido. Se a universidade usaria o argumento de Rosabeth Kanter, então os juízes tinham uma pergunta digna de Rosabeth Kanter. Ela escreveu que "É preciso investigar onde exatamente estão os pontos de virada". Essa foi a diretiva que levou as pessoas a tentar entender quantas mulheres seriam necessárias para transformar uma diretoria corporativa ou quantos dissidentes conseguiriam reverter um consenso. Então, quando a Universidade do Texas afirmou precisar de uma massa crítica de estudantes de grupos minoritários, os juízes imediatamente questionaram: *Qual é a sua definição de massa crítica?*

> **Juiz-chefe da Suprema Corte Roberts:** Que valor é esse? Qual seria a massa crítica de negros e hispânicos almejada pela universidade?
> **Sr. Garre:** Vossa Excelência, não temos uma quantidade exata...
> **Juiz-chefe da Suprema Corte Roberts:** Então como podemos avaliar se o plano é feito sob medida para alcançar esse objetivo?

A Universidade do Texas acreditava na massa crítica, mas não queria explicar o que considerava ser essa massa crítica.

Juiz-chefe da Suprema Corte Roberts: Entendo que, segundo nossos precedentes, meu trabalho seja determinar se o seu uso de raça está sendo feito de acordo com um interesse público premente. O interesse público premente que o senhor identifica é alcançar uma massa crítica de estudantes de grupos minoritários na Universidade do Texas, mas o senhor não me oferece o valor exato dessa massa crítica. Assim, pergunto: como posso fazer o trabalho determinado por nossos precedentes?

Sr. Garre: Vossa Excelência, os... os precedentes deste tribunal afirmam que uma massa crítica é um ambiente no qual alunos sub-representados...

Juiz-chefe da Suprema Corte Roberts: Já sei o que senhor vai me dizer, mas como podemos determinar quando a universidade alcançou essa massa crítica?

Roberts insiste um pouco mais na pergunta. Há uma pausa desconfortável, e o juiz Anthony Kennedy interfere.

Juiz Kennedy: Digamos que o senhor, em sua experiência, identifique uma categoria numérica, um padrão numérico, uma designação numérica para a massa crítica: é X por cento. Partindo-se desse pressuposto, pergunto: ao longo do processo de admissões, os responsáveis por avaliar as inscrições conseguem verificar se estão próximos de alcançar esse valor?

Sr. Garre: Não, Vossa Excelência, não conseguimos.

Por que a universidade não queria oferecer uma definição de *massa crítica*? Mais uma vez, a resposta é óbvia: porque sabia que, se fizesse isso, ficaria claro que estava bem longe de alcançar esse valor com alunos de grupos minoritários. Em 2008, quando Abigail Fisher processou a Universidade do Texas em Austin, os alunos negros totalizavam *4% da população da universidade*. Isso se traduz em uma média de 1 aluno negro em cada turma de 25 alunos; nessa situação, seria difícil para um aluno de grupo minoritário alcançar o limiar determinado por Rosabeth Kanter para que se sentisse confortável e confiante.

Mas, se a Universidade do Texas quisesse ser sincera, teria que dizer algo do tipo:

> Na Universidade do Texas, acreditamos no princípio da diversidade. Só que, infelizmente, não podemos oferecer um ambiente favorável para que minorias se sintam confortáveis e confiantes. Se esse tipo de experiência for importante para você, recomendamos que procure outra instituição.

Ou talvez:

> Na Universidade do Texas, acreditamos no princípio da diversidade. Para mostrar nosso comprometimento, doaremos uma quantia significativa para outra instituição no Texas em que minorias possam efetivamente alcançar uma massa crítica.

Mas é claro que, no mundo real, nenhuma universidade falaria algo do tipo. Então, em vez disso, a Universidade do Texas reúne seus advogados e dá instruções firmes: *Digam à Suprema Corte que estamos profundamente comprometidos com a aprovação de uma massa crítica de estudantes em grupos minoritários. Mas imploro: não respondam qualquer pergunta sobre nossa definição para esse termo, porque aí ficará claro que não estamos realmente comprometidos em oferecer a estudantes de grupos minoritários as vantagens da massa crítica.*

Então Gregory Garre – que foi advogado-geral dos Estados Unidos e oficial da Suprema Corte, e carregou o caixão de um antigo juiz-chefe da Suprema Corte, o advogado para quem você ligava quando tentava escalar as maiores montanhas – permanecia sentado ali, em silêncio, fingindo não ter a resposta. Frustrados, os juízes finalmente convocaram o advogado-geral dos Estados Unidos, Donald Verrilli, que estava presente no dia para dar apoio moral à Universidade do Texas.

Juiz-chefe da Suprema Corte Roberts: Excelentíssimo senhor advogado-geral, qual é a sua opinião sobre como podemos determinar se a universidade alcançou a massa crítica?

Advogado-geral Verrilli: (…) Concordo com meu amigo sobre a massa crítica não ser um número. Creio que seja prejudicial sugerir que se trata de uma questão numérica. Sendo assim…

Juiz-chefe da Suprema Corte Roberts: Certo. Ouvi muito sobre o que a massa crítica *não* é. Quero saber o que ela *é*, porque nossa responsabilidade é decidir se a etnia é um dado calculado sob medida para alcançar uma massa crítica, na visão da universidade.

Advogado-geral Verrilli: (…) Acho que não existe um valor e creio que seria uma imprudência desta Corte sugerir sua existência…

Por fim, o membro mais azedo da Suprema Corte, Antonin Scalia, se manifestou.

Juiz Scalia: Então deveríamos parar de usar o termo *massa crítica*, porque *massa*, como o senhor bem sabe, pressupõe valores, seja de tamanho ou de peso.

Advogado-geral Verrilli: Concordo.

Juiz Scalia: Então devemos parar de falar que é uma *massa*.

Advogado-geral Verrilli: Concordo.

Juiz Scalia: Digamos que seja uma *nuvem*, ou algo assim.*

Nesse momento, o tribunal inteiro soltou uma risada nervosa.

Mais de meio século antes, os membros do bairro Lawrence se reuniram para discutir se venderiam seu lote vazio para uma família branca ou negra. O bairro precisou "determinar se o experimento era mais importante do que a necessidade e o bem-estar do comprador em potencial". Tomar

---

* Eis o que os advogados da Universidade do Texas poderiam dizer em sua defesa: "A Suprema Corte nos proibiu, no caso *Regentes da Universidade da Califórnia contra Bakke*, de usar cotas raciais. Então, se determinarmos um número, estaremos claramente violando essa decisão. Perderemos o caso."

Isso é bobagem. Em primeiro lugar, a Corte estava pedindo um número – e não pediria se achasse que suas próprias decisões anteriores a proibissem de solicitá-lo. A universidade, por sua vez, também poderia simplesmente citar o trabalho de Kanter, ou qualquer outra pesquisa sobre proporções de grupo, e afirmar que estava investigando como poderia aplicar essas informações. Mas não foi isso que aconteceu. A universidade preferiu se fingir de boba.

essa decisão não foi fácil. Mas, se quisermos usar pontos de virada para manipular um resultado social, é isso que precisamos fazer. Temos que decidir até onde estamos dispostos a ir para defender um número. E precisamos ser honestos sobre o que estamos fazendo.

Entretanto, no caso do processo de Fisher, a mesmíssima questão é apresentada ao maior tribunal do país, em um julgamento sobre a constitucionalidade de uma das questões mais controversas encaradas pelo ensino superior. Agora, os resultados *realmente* fazem diferença. E o brilhante advogado de uma das maiores instituições educacionais do país apenas... dá de ombros.

Em 2022, a Suprema Corte ouviu outro caso de ação afirmativa: *Estudantes por Admissões Justas contra Presidente e Membros da Universidade Harvard*. A essa altura, a Suprema Corte já tinha perdido a paciência com as universidades americanas e sua desculpa de que um número que se recusavam a definir deveria servir de base para todo o seu sistema de admissões. Então, decidiu que todos os programas de ação afirmativa racial eram inconstitucionais.

Dá para entender, né?

A ironia aqui é absurda. É óbvio que os joguinhos que Harvard faz com o rúgbi e que Georgetown faz com o tênis *também* são ações afirmativas. Só que, em vez de aprovarem estudantes desfavorecidos com menor desempenho acadêmico, as ações afirmativas esportivas aceitam estudantes *privilegiados* com menor desempenho acadêmico. No entanto, só o primeiro tipo de ação afirmativa não é defendido pelas universidades. E só o primeiro tipo foi considerado controverso a ponto de ser debatido na Suprema Corte. Os Estados Unidos decidiram que não queriam ter esquemas especiais para beneficiar pessoas que passam por discriminações e dificuldades. Mas não há problema algum em ter esquemas especiais para beneficiar pessoas que podem gastar centenas de milhares de dólares no desenvolvimento do tênis dos filhos. Não sei qual é a sua opinião sobre esse assunto, mas podemos concordar que o tipo errado de ação afirmativa foi levado à Suprema Corte, certo?

Depois que a decisão da Suprema Corte dos Estados Unidos foi publicada, Harvard divulgou um comunicado indignado:

Na tentativa de preparar líderes para um mundo complexo, Harvard precisa receber e educar um corpo estudantil cujos membros reflitam e tenham vivido as várias facetas da experiência humana. Nenhuma parte daquilo que nos torna quem somos pode ser considerada irrelevante.

Harvard sempre será um lugar de oportunidades, um lugar cujas portas se mantêm abertas àqueles a quem o acesso foi negado por muito tempo, um lugar em que muitos terão a chance de realizar sonhos impossíveis para seus pais ou avós.

É preciso se esforçar para entender as várias camadas dessa declaração. Quando a universidade diz que "nenhuma parte daquilo que nos torna quem somos pode ser considerada irrelevante", podemos partir do princípio de que está se referindo ao esforço que a instituição faz para permanecer sendo um lugar em que apenas um grupo consegue superar o Terço Mágico. Quando Harvard se descreve como uma instituição em que "muitos terão a chance de realizar sonhos impossíveis para seus pais ou avós", podemos partir do princípio de que essa é uma piadinha interna sobre o esquema especial que ela oferece aos filhos de ex-alunos. (A universidade realmente queria dizer o oposto: Harvard é um lugar em que muitos têm a oportunidade de realizar os sonhos que *já* foram possíveis para seus pais e avós.) E, quando Harvard afirma que deseja um corpo estudantil que represente "as várias facetas da experiência humana", podemos presumir que essa é uma referência a seu esforço para garantir que grande parte de seu corpo estudantil tenha sido preparada nos campos de country clubes por todo o país para a vida na instituição.

Se você acha que a engenharia social não se tornou discretamente uma das principais atividades do establishment americano, não está prestando atenção.

CAPÍTULO SEIS

O Sr. Zero e a epidemia no Marriott

"Acreditamos que a variante tenha sido
introduzida por uma pessoa."

1.

No dia 26 de fevereiro de 2020, a empresa de biotecnologia Biogen realizou seu retiro anual de lideranças no hotel Marriott Long Wharf, perto do centro de Boston. A sede da Biogen fica perto dali, em Cambridge. A empresa tem cerca de 8 mil funcionários, e 175 deles foram convidados para Boston, vindo de filiais de todo o mundo. O encontro começou cedo em uma quarta-feira, com um café da manhã no Harbor View Ballroom, com ampla vista para o mar. Colegas que não se viam havia meses ou que só tinham contato por telefone ou e-mail trocavam apertos de mão, se abraçavam, se aproximavam para conseguir ouvir um ao outro em meio à barulheira de outras conversas. Naquela noite, jantar e drinques foram servidos em um espaço para eventos a alguns quarteirões dali, no State Room, onde a empresa premiou seus funcionários com bom desempenho. O clima era alegre. Lucros e rendimentos estavam aumentando. Uma série de novos tratamentos promissores estava em desenvolvimento. Na tarde de quinta, o encontro acabou, e os participantes foram embora – para o aeroporto ou para casa na região de Boston.

Em retrospecto, todos os associados ao planejamento e à organização do encontro entenderam que ele jamais devia ter acontecido. Mas era fevereiro de 2020. O vírus conhecido pelo estranho nome de SARS-CoV-2 tinha acabado de aparecer. Havia sido encontrado pela primeira vez dois meses antes, em dezembro de 2019, em Wuhan, região central da China, e começava a dar as caras ao redor do mundo.

Aquilo poderia se transformar em algo grave? Quase 20 anos antes, um primo próximo da covid-19 – conhecido como SARS – tinha surgido no sudeste da China, apavorando oficiais de saúde, mas perdeu força antes de fazer um estrago generalizado no resto do mundo. Assim, era possível acreditar que a covid-19 não passava de outro alarme falso. Os eventos que marcaram as fases iniciais da pandemia – as quarentenas em massa, o uso obrigatório de máscaras, as regras de distanciamento social que viraram a vida de cabeça para baixo por todo o mundo – ainda levariam semanas, meses para acontecer. Em fevereiro de 2020, havia otimistas e pessimistas, e os líderes da Biogen estavam entre os otimistas. Isto é, até o fim de semana depois da conferência, quando um de seus executivos foi ao Massachusetts General Hospital no centro de Boston com sintomas de gripe. Então, em pouco tempo, o mesmo aconteceu com outra pessoa que tinha ido à conferência, depois com outra, e outra, até que cerca de 50 funcionários estavam doentes.

Na segunda-feira, a liderança da Biogen estava assustada. Um e-mail foi enviado para todos que foram à conferência, orientando-os a procurar um médico caso estivessem se sentindo mal. Na terça, a equipe entrou em contato com o Departamento de Saúde Pública de Massachusetts. Então, na quinta, após o resultado dos exames de dois funcionários na Europa dar positivo, a Biogen alertou todos os funcionários de que a empresa passava por uma epidemia. Naquela noite, a equipe em Boston foi orientada a não procurar o Mass General para fazer testes. Os funcionários da Biogen "estão lotando a sala de emergência", e o hospital havia avisado que impediria a entrada de qualquer um da empresa.

Todos tentavam desesperadamente conter o contágio, mas era tarde demais. Várias pessoas que foram ao evento no Marriott tinham seguido direto para uma conferência de investimentos em outro Marriott em Boston, em Copley Place. A essa altura, os participantes dessa segunda conferência também estavam adoecendo. Outro executivo tinha saído de Boston para uma conferência em Naples, na Flórida, organizada pela empresa de consultoria PWC. Enquanto estava lá, também adoeceu: teve dor de cabeça, febre. Será que tinha infectado alguém?

Então havia o estado da Carolina do Norte, onde a Biogen tinha 1.450 funcionários trabalhando numa instalação na área de Raleigh-Durham, conhecida como Triângulo da Pesquisa. Os representantes de lá tinham voltado de Boston, retornado ao trabalho na segunda-feira e começado a se sentir mal também. Quantas pessoas *eles* tinham contaminado? Oficiais de saúde do estado e a Biogen começaram a trocar e-mails. O governador da Carolina do Norte se envolveu no caso.

A partir daí foi ladeira abaixo, pois todos se deram conta de que, como muitas pessoas no encontro no Marriott tinham sido infectadas, e várias tinham imediatamente embarcado em aviões e ido para outros lugares (não só para a Flórida e a Carolina do Norte, mas para todo canto, já que a Biogen era uma multinacional com funcionários no mundo inteiro), os acontecimentos daqueles dois dias no centro de Boston eram nada mais, nada menos do que um desastre para a saúde pública.

O bairro Lawrence e o time de rúgbi de Harvard são exemplos de engenharia social. Pontos de virada criam uma tentação irresistível de interferirmos no mundo. Mas essa tentação é acompanhada por questionamentos muito complexos. Como podemos equilibrar as necessidades do indivíduo com as do grupo? Este capítulo fala sobre um terceiro, e ainda mais difícil, desafio da engenharia social – ilustrado pelo encontro da Biogen no Marriott Long Wharf. Ele tem ligação com a realidade inquietante de como epidemias se disseminam. Em todas as extensas (e exaustivas) observações sobre a pandemia da covid-19, esta questão específica raramente era comentada – talvez por gerar muitas perguntas constrangedoras ou porque as pressuposições que a maioria de nós mantinha no começo da pandemia estavam simplesmente equivocadas. Mas garanto que ela será o foco das atenções da próxima vez que um vírus mortal assolar o mundo.

2.

O primeiro caso conhecido de covid-19 na região de Boston foi detectado no dia 31 de janeiro de 2020. Um estudante chinês da Universidade de Massachusetts pegou um voo de Wuhan, na China, cidade onde a epidemia começou, para Boston. Chegou pouco antes da instauração das regras de quarentena e da proibição de viagens vindas da China. O voo leva no mínimo 30 horas: de Wuhan para Xangai, de Xangai para Paris, de Paris para Boston. Após aterrissar, ele fez um teste para covid-19. Deu positivo.

Era o início da pandemia. Ninguém tomava as precauções que se tornariam comuns dali a um mês. O estudante chegou ao Aeroporto Logan. Ficou na fila da imigração. De lá, foi para seu apartamento em Boston. Ele morava com alguém? Talvez. Se fosse o caso, provavelmente essas pessoas não usaram máscaras nem praticaram o distanciamento social. Aquilo certamente prometia ser um desastre para a saúde pública.

Só que não foi. O estudante não infectou ninguém. Na verdade, o incidente inteiro foi tão banal que a diretora-executiva da comissão de saúde pública da cidade fez questão de pedir às pessoas para que não se preocupassem: "No momento, não estamos pedindo aos moradores de Boston que mudem seus hábitos", declarou Rita Nieves. "O risco para a população continua baixo."

Cinco semanas depois, um grupo de cientistas no Broad Institute de Cambridge conseguiu organizar um dos primeiros laboratórios de diagnóstico para processar testes de covid-19. Com isso, passaram a ser capazes de analisar a assinatura genética do vírus em todos os pacientes diagnosticados e, assim, gerar um grande mapa que mostrava como a covid-19 se movia pela região de Boston. Naqueles primeiros meses, em pelo menos 120 ocasiões eles encontraram novas cepas de covid-19 na região metropolitana da cidade. Obviamente, só algumas delas se alastraram. E até a maioria das que conseguiam parava de se espalhar após um tempo.

Um dos piores surtos aconteceu cerca de um mês após o encontro da Biogen, em uma casa de repouso local. Praticamente todos os 97 residentes pegaram covid-19. Deles, 24 morreram. Um terço da equipe também adoeceu. O lugar foi *devastado*. Mas essa variante específica causou estrago fora da casa de repouso? Não muito. Aquele era um local bem movimentado, e, ainda assim, uma cepa tão infecciosa e letal, capaz de aniquilar um andar inteiro da casa de repouso, mal fez cócegas no mundo exterior. Ela se espalhou, mas não teve um *ponto de virada*. Durante esses meses, apenas um surto em Boston se encaixaria nessa descrição: o encontro da Biogen no Marriott Long Wharf.

Jacob Lemieux, especialista em doenças infectocontagiosas que integrava a equipe de pesquisas sobre a covid-19 no Broad Institute, disse:

> Nós recebíamos informações sobre as conexões dos casos iniciais e começamos a ligar pontos, pontos e mais pontos, e (...) essa característica dos dados era gritante, mostrando que muitos dos casos iniciais estavam conectados a essa conferência.

Os casos que surgiram do encontro no Marriott tinham uma assinatura genética distinta – uma mutação chamada C2416T. Ela não havia sido observada nos Estados Unidos antes da reunião da Biogen e, na verdade, fora encontrada apenas em dois pacientes idosos na França. Então, bastou rastrear o caminho da C2416T – a cepa da Biogen – pela população para Lemieux e seus colegas entenderem o impacto causado por um único evento. Segundo Lemieux:

> Conforme publicávamos nossas descobertas, o *The Boston Globe* ligou para a gente e disse: "Nossa, que interessante. Mas quantas pessoas podem ter sido infectadas por essa variante?" Nós respondemos: "Não sabemos, mas são muitas." Eles insistiram: "Muitas quanto?" E nós dissemos: "Bom, *muitas mesmo...*" Nós tínhamos uma estimativa interna, que compartilhamos com eles, e no dia seguinte ela estampava a manchete de capa: "Cientistas afirmam que 20 mil pessoas foram infectadas por conferência empresarial" ou coisa parecida.

No fim das contas, essa estimativa provou-se lamentavelmente conservadora. Conforme cientistas pelo mundo anunciavam a assinatura genética das cepas da covid-19 em circulação, o mapa em que acompanhavam a disseminação do vírus da Biogen foi crescendo cada vez mais. A cepa C2416T se espalhou por todo canto: 29 estados americanos; países distantes como Austrália, Suécia e Eslováquia.

> As pessoas atualizavam sequências pelo mundo, e encontrávamos essa assinatura. (...) A estimativa inicial, que parecia muito elevada,

na verdade foi muito baixa. É provável que centenas de milhares de pessoas tenham sido infectadas como consequência das cadeias de transmissão que nasceram nesse evento.

A estimativa final foi que o encontro da Biogen causou mais de 300 mil infecções. E como tudo começou?

"Acreditamos que a variante tenha sido introduzida por uma pessoa", disse Lemieux.

Mais de 300 mil infecções a partir de um único encontro, todos levando a uma única pessoa. O que havia de tão especial nela?*

3.

Até aqui, falamos sobre dois elementos das epidemias. O primeiro é a história latente, que silenciosamente influencia tudo que acontece em sua área de atuação. O segundo elemento são as proporções de grupo; a variedade de pessoas em um grupo determina quando e se o grupo sofre uma virada. Ambos os elementos foram observados na epidemia de suicídios de Poplar Grove. Poplar Grove tem sua história latente específica – uma ética extrema para alcançar sucesso – que causa efeitos colaterais terríveis. E suas proporções de grupo eram completamente erradas. Era uma monocultura. A cidade precisava de identidades alternativas que funcionassem como um porto seguro para os estudantes sobrecarregados pelas normas escolares.

Só que existe um terceiro fator. Lembre-se do que disse Seth Abrutyn, um dos sociólogos que estudava Poplar Grove:

> Em pelo menos três das quatro ondas, havia um aluno de destaque, muito conhecido, que personificava o ideal do jovem de Poplar Grove. (…) Muitos dos jovens que se suicidaram pareciam per-

---

* Uma possibilidade lógica seria que a cepa específica que saiu do encontro da Biogen fosse extraordinariamente contagiosa. Mas não era o caso. Variantes posteriores – como a ômicron – se mostraram bem mais transmissíveis.

feitos, mas simplesmente tiraram a própria vida. Então virou algo do tipo "Bem, se nem eles conseguiram sobreviver neste contexto, como eu vou conseguir?".

Um dos motivadores da epidemia de Poplar Grove foi o fato de que os alunos que começaram a onda de suicídios na escola tinham status especial – ocupavam uma posição de destaque na hierarquia escolar. Falei sobre esse conceito em *O ponto da virada*. Eu o chamei de Regra dos Eleitos. Muitos dos problemas sociais que encaramos são extremamente assimétricos – o que significa que um pequeno número faz todo o "trabalho". E, quando digo *pequeno*, quero dizer muito, muito pequeno.

Vou dar um exemplo. Anos atrás, me encontrei com um homem incrível chamado Donald Stedman, que faleceu em 2016. Ele era químico da Universidade de Denver, além de um inventor brilhante. Uma de suas muitas invenções foi um equipamento complexo que usava luz infravermelha para instantaneamente medir e analisar as emissões de automóveis que passavam pela estrada. Fui a Denver conhecê-lo, e seguimos para uma rampa de acesso da estrada I-25 para o Speer Boulevard. Ali, Stedman prendeu sua invenção a uma placa eletrônica. Sempre que um carro com controle de poluição funcionando adequadamente passava, a placa anunciava BOM. Quando um carro tinha emissões acima do limite, a placa dizia RUIM.

Passamos cerca de uma hora lá, observando. Rapidamente ficou claro que a classificação RUIM era bem rara. Ainda assim, Stedman disse que esses poucos carros eram os principais responsáveis pelo ar poluído de Denver. Por algum motivo – quilometragem, falta de manutenção, alterações feitas pelo proprietário –, uma pequena quantidade de automóveis produzia até *100 vezes* mais monóxido de carbono que a média. Stedman explica:

> Digamos que um carro tenha 15 anos. Obviamente, quanto mais velho ele for, mais provável é que tenha problemas. O mesmo vale para seres humanos. Estamos falando de uma série de problemas mecânicos – o painel digital pifa, a injeção eletrônica dá problema, o catalisador quebra. Não é incomum que essas questões causem o aumento de emissões. Em nosso banco de dados temos pelo menos

um automóvel que emite mais de 40 gramas de hidrocarbonetos por quilômetro, o que significa que quase dá para fazer um Honda Civic funcionar só com o gás emitido por esse carro. Isso vale não só para veículos antigos, mas também para carros novos com muita quilometragem, como é o caso dos táxis.

Stedman descobriu que, no ano de 2006, 5% dos veículos de Denver produziram 55% da poluição gerada por automóveis. Essa é a Regra dos Eleitos: um problema imenso causado por uma quantidade baixíssima de agentes.

O argumento de Stedman era que, quando você entende a assimetria das emissões automobilísticas, fica claro que o sistema existente para medir a poluição não faz sentido. Segundo ele, as vistorias são muito ineficientes para encontrar e consertar as exceções. É sabido que entusiastas de carros esportivos potentes e muito poluentes colocam motores limpos nos veículos no dia da inspeção. Outros registravam os carros em cidades distantes e que não faziam testes de poluição ou, logo antes da vistoria, passavam um bom tempo dirigindo rápido por uma estrada, que é uma boa forma de fazer um motor poluente parecer limpo. Fora os que aleatoriamente eram aprovados na inspeção quando não deveriam, porque motores poluentes são extremamente instáveis e às vezes funcionam de forma correta por curtos períodos de tempo. Enquanto isso, centenas de milhares de motoristas em Denver são obrigados a passar pela vistoria anual – precisando faltar ao trabalho, esperar na fila, pagar taxas –, sendo que praticamente nenhum deles precisava fazer isso. Por que ter toda essa trabalheira?

A ideia de Stedman era que alguém deveria instalar seus aparelhos por Denver e instruir a polícia a parar qualquer um que fosse reprovado. Pela estimativa dele, seis dos seus medidores de poluição eram capazes de testar 30 mil carros por dia – em alguns anos, isso equivaleria a uma redução de 35% a 40% das emissões na região de Denver.

Desde o trabalho pioneiro de Stedman, outros pesquisadores conduziram testes semelhantes por todo o mundo, e os resultados são sempre os mesmos: cerca de 10% dos veículos são responsáveis por mais da metade da poluição atmosférica causada por automóveis. Pegando emprestada uma expressão usada num estudo sobre os motoristas de Los Angeles, a distribuição dos carros poluentes é "extremamente distorcida".

Em outro estudo, um grupo de pesquisadores italianos calculou quanto a qualidade do ar de Roma melhoraria se 10% dos carros da cidade fossem elétricos. Como seria de se esperar, a mudança faria uma grande diferença. Mas então eles fizeram outros cálculos: o que aconteceria se a cidade exigisse que apenas os carros mais poluentes (1% do total) se tornassem elétricos? O resultado seria o mesmo.

Quase 40 anos depois de Donald Stedman inventar seu apetrecho mágico, quase todo mundo concorda com ele. Então, o que aconteceu com Denver desde que Stedman começou a instalar seus testes de estrada? Nada.* O estado do Colorado ainda obriga a maioria dos motoristas a passar por inspeções regulares de emissões de poluentes, e a qualidade do ar de Denver – que era boa nos anos 2000 – piorou na última década.

A poluição do ar urbano é um exemplo perfeito de um problema causado pelos Eleitos. Mas nos comportamos como se o problema fosse causado por todos nós. Ninguém quer lidar com a assimetria, e é fácil entender o motivo: identificar um punhado de grandes poluidores dificultaria muito o trabalho daqueles que se preocupam com a qualidade do ar de Denver. E se as pessoas identificadas forem extremamente pobres? E se não tiverem dinheiro para consertar o carro? Vamos confiscá-lo se o proprietário não cumprir as regras? E se a polícia fizer corpo mole para impor as leis de combate à poluição? E se grupos de ambientalistas decidirem resolver o problema por conta própria, comprarem uma caixa Stedman e começarem a intimidar os motoristas nas estradas?

Parar de agir como se o problema fosse causado por todos e adotar a postura de que ele é causado por poucos de nós *é muito difícil*. E, pelo visto, ficamos tão intimidados com essa dificuldade que preferimos respirar ar poluído.

Nesta parte do livro, falamos sobre tentativas bem-intencionadas de engenharia social que se deparam com problemas difíceis de resolver: e se a única maneira de salvar uma comunidade dedicada a ajudar pessoas negras

---

* A única concessão que o estado do Colorado fez a Stedman foi dispensar carros novos de testes regulares de emissões de poluentes.

for rejeitando pessoas negras? O time de rúgbi de Harvard é um exemplo do segundo tipo de problema da engenharia social: o que fazemos quando instituições manipulam seus números em segredo para manter o privilégio de poucos? Mas agora quero falar sobre uma questão ainda mais assustadora, que certamente fará parte do nosso futuro. A tecnologia nos dará a habilidade de entender quem são os eleitos especiais não apenas nas estradas de Denver, mas em todos os lugares, incluindo grandes salas de conferência em hotéis no começo de uma pandemia.

O que faremos com essas informações?

4.

Vírus e epidemias são estudados por muitos grupos, sob diversas perspectivas. Pessoas na área da saúde pública se interessam pela forma como certas doenças afetam determinadas populações. Virologistas se interessam pelos detalhes do agente contagioso em si. Imunologistas se interessam pela reação do corpo a um agente estranho. E esse é só o começo. As várias especialidades se dividem em subespecialidades, e as subespecialidades se dividem em microespecialidades. Há dezenas de milhares de periódicos acadêmicos no mundo, dando a noção de quanto a ciência se ramificou. Às vezes, essas várias áreas se comunicam e leem trabalhos umas das outras, mas no geral o que acontece em um canto passa batido pelos cientistas que trabalham no outro. No caso da covid-19, foi basicamente isso que aconteceu com o pequeno grupo de cientistas que estudam aerossóis.

Aerossóis são partículas minúsculas que pairam no ar. Há bilhões deles. Alguns são naturais, outros são criados pelo ser humano. Em geral, os cientistas que estudam aerossóis são engenheiros ou químicos. Donald Stedman era um aerossolista. Ele se interessava por medir partículas microscópicas que saíam do exaustor dos carros. É uma investigação clássica da área dos aerossóis. Outras seriam: *Quando fritamos bacon, do que é feito aquele aroma maravilhoso? Todas as partículas que saem da frigideira são nocivas? Qual é o tamanho delas? Para onde vão? Como funciona o exaustor?*

Um dos principais periódicos da área é o *Aerosol Science and Technology*, que, pouco mais de um mês após o surto no Marriott, pediu que aerossolistas de renome opinassem sobre a misteriosa epidemia que assolava o mundo.

O trabalho foi publicado no começo de abril de 2020, junto com um artigo intitulado "Correção de umidade, densidade e eficiência de aspiração melhora a precisão de um sensor de baixo custo durante a calibragem em campo em área residencial na região noroeste da planície Indo-Gangética". O trabalho era intitulado "A pandemia do coronavírus e aerossóis: a covid-19 é transmitida via partículas expiratórias?". É seguro dizer que poucas pessoas fora do mundo dos aerossóis o leram – o que é uma pena, porque a *Aerosol Science and Technology* foi uma das primeiras grandes publicações científicas a descrever corretamente a covid-19.

O entusiasta do trabalho foi William Ristenpart, que leciona na UC Davis, no norte da Califórnia. Formado em engenharia química, Ristenpart começou a estudar doenças humanas em 2008, por acaso. "Encontrei um trabalho escrito por um epidemiologista renomado sobre a transmissão de influenza pelo ar entre porquinhos-da-índia", disse ele. O trabalho era interessante, mas parecia incompleto. Segundo Ristenpart, o texto analisava o problema como um todo sem fazer os tipos de perguntas que ocorreriam naturalmente a um aerossolista. "Existe um fluxo de fluidos? Há velocidade? Qual é a direção? Coisas assim."

O que Ristenpart quis dizer foi que o epidemiologista estava interessado na *capacidade* dos porquinhos-da-índia de transmitirem gripe uns aos outros sem contato físico. Mas não parecia querer saber *como* isso acontecia – e o *como*, para um aerossolista, era a parte crucial. Então Ristenpart começou a se aventurar pelo mundo das doenças humanas com a perspectiva de um engenheiro químico. Quando você fala, respira ou espirra, exala ar. Como funciona esse processo?

"Você já viu suas cordas vocais?", perguntou ele. "Até eu entrar nessa área, não sabia, mas os laringologistas usam um laringoscópio, o que significa que basicamente enfiam um cabo de fibra óptica no seu nariz, que desce até lá embaixo, e aí você pode ver suas cordas vocais em ação."

Ele me mostrou uma foto das próprias cordas vocais tirada por um laringoscópio. Elas ficam dentro da laringe: duas tiras de tecido, lado a lado, que abrem e fecham como portas de correr.

É fascinante ver as cordas vocais se encontrarem. Eu, por exemplo, tenho uma voz meio grossa, que emite cerca de 110 hertz. Então, 110 vezes por segundo, minhas cordas vocais batem uma na outra.

E, sempre que as cordas abrem, pequenos fios de fluido se formam. Na imagem que Ristenpart me mostrou, os fios pareciam minúsculas pontes se esticando no meio da abertura entre as duas portas de correr.

"E, quando essas pontes se partem, gotinhas se formam", prosseguiu ele.

Quando exalamos, essas gotinhas de saliva saem da nossa boca. É como soprar bolhas de um frasquinho cheio de água com sabão. Você enfia a vareta no frasco, e ela volta coberta por uma camada fina de líquido. Aí você sopra, e as bolhas se espalham por todo canto. É exatamente isso que acontece dentro da boca, só que há milhões de bolhas, não dezenas, e elas são microscópicas.

Então o vírus da covid-19 surgiu, e a *Aerosol Science and Technology* pediu a Ristenpart e três colegas que opinassem. A primeira pergunta era: *O que sabemos sobre essas partículas?* Talvez você se lembre das orientações que recebemos nos primeiros dias da pandemia. No dia 28 de março de 2020, a Organização Mundial da Saúde publicou o seguinte comunicado em suas redes sociais:

FATO: A #covid-19 NÃO é transmitida por ar.

O #coronavírus é principalmente transmitido por gotas geradas quando uma pessoa contaminada tosse, espirra ou fala.

Para se proteger:
- mantenha distância de 1m de outras pessoas
- desinfete superfícies com frequência
- lave/esfregue suas 🙌
- evite tocar seus 👀 👃 👄

Quando a OMS disse que o vírus não era transmitido pelo ar, quis dizer que as partículas que saíam pelo nariz e pela boca eram pesadas demais para flutuar. Era por isso que conseguíamos nos proteger ao manter a distância de pessoas contaminadas: as partículas só alcançariam a distância permitida pela força de um espirro ou uma tosse. A mensagem era "Evite contato físico".

Só que os aerossolistas acharam que isso não fazia sentido. Se partículas do vírus naquelas pontes líquidas eram transformadas em bolhinhas sempre que nossas cordas vocais abriam e fechavam, então seria tolice manter o foco apenas em tosses e espirros. O problema real era *falar*. Nós exalamos muito mais partículas numa conversa de 10 minutos do que em dois ou três espirros. Ristenpart explica:

> Acho que todo mundo se concentrou na tosse e nos espirros porque (...) são grandes eventos dramáticos. Dá para ver as coisas voando. (...) E, se conseguimos ver, conseguimos (...) nos preocupar com elas. Mas falar é inevitável. Nós passamos o dia inteiro falando com os outros, certo?

E o mais importante: não deveríamos partir do princípio de que as bolhinhas geradas pela fala eram pesadas demais para flutuar. Ristenpart e seus três coautores achavam que a covid-19 fazia parte da mesma classe de aerossóis que passaram a vida inteira estudando. As bolhas são leves. Pairam como fumaça de cigarro. Conseguem permanecer no ar em um cômodo por até uma hora, muito depois de a pessoa que as exalou ter ido embora. Pensando nisso, Ristenpart e seus colegas escreveram:

> Levando em consideração o grande número de partículas que sabidamente expiramos durante a respiração e a fala, e levando em consideração a transmissibilidade da covid-19, que obviamente é alta, uma hipótese plausível e importante é que uma conversa cara a cara com indivíduos contaminados e assintomáticos pode ser suficiente para a transmissão da covid-19, mesmo que as partes evitem o contato físico.

O caso da Biogen era um mistério para os pesquisadores de saúde pública que o investigaram inicialmente, porque eles não conseguiam entender como um vírus que se espalhava por contato direto era capaz de contaminar um salão inteiro. "Foi isso que tivemos tanta dificuldade para entender", disse Lemieux, do Broad Institute. "Centenas de pessoas naquela conferência de dois dias foram contaminadas. É socialmente grosseiro tossir em cima de alguém, então como uma pessoa poderia tossir em centenas de colegas?"*

Mas, se a covid-19 era transmitida pelo ar, então tudo fazia sentido. Para a doença se espalhar, bastava respirar e falar. A pessoa no centro do caso Biogen foi apenas alguém que deu um discurso na grande e pomposa sala de conferências do Marriott. "Quanto mais alto alguém fala", escreveram Ristenpart e seus coautores, "mais partículas aerossóis são produzidas". Uma pessoa infectada pela covid-19 para na frente de uma plateia inteira e passa uns 40 minutos emitindo partículas aerossóis carregadas de um vírus fatal. Conseguimos explicar nosso caso de superdisseminação.** Ou será que não?

Porque, se o vírus é transmitido por ações tão simples quanto falar e respirar em um ambiente fechado, então por que não havia milhares de casos como o do encontro no Marriott? Sabemos sobre o surto da Biogen porque esse foi um evento especial.

Mas por que foi especial?

---

* Uma das coisas que a covid-19 fez ao longo da pandemia foi se aprimorar no jogo dos aerossóis. A seguir, cito a conclusão de um estudo sobre a variante alfa, que se tornou a cepa dominante no fim de 2020: "A variante alfa foi associada a uma quantidade 43 vezes (…) maior de RNA aerossol fino viral" – o que significa que havia 42 vezes mais vírus alfa em partículas no ar do que em cepas anteriores. A matéria continuava: "Nossa observação sobre o aumento na produção de aerossóis (…) sugere que a pressão evolutiva seleciona SARS-CoV-2 capazes de gerar aerossóis com mais eficiência."

** Aliás, caso você esteja se perguntando se a OMS chegou a admitir formalmente que a covid-19 era transmitida pelo ar, a resposta é sim. Após meses fugindo das palavras *transmissão aérea*, os termos no site da instituição finalmente foram mudados. Alguém pode pegar covid-19, escreveram, "quando partículas contagiosas carregadas pelo ar são inaladas a curta distância (fenômeno geralmente conhecido como aerossóis de curta distância ou transmissão aérea de curta distância)". A transmissão também pode acontecer em ambientes fechados cheios, por "transmissão aérea de longa distância", diz o site da OMS, "porque aerossóis podem permanecer suspensos no ar ou se deslocar além da distância de uma conversa". A mudança apareceu no site quase dois anos após os aerossolistas afirmarem que poucas explicações diferentes seriam plausíveis para o que testemunhavam ao seu redor.

5.

No começo dos anos 1970, houve um surto de sarampo em uma escola de ensino fundamental perto de Rochester, no estado de Nova York. Um total de 60 crianças adoeceu, por isso os oficiais locais de saúde pública iniciaram uma investigação. Reuniram prontuários médicos, analisaram mapas da escola, estudaram o funcionamento do sistema de ventilação, determinaram quem usava ou não o ônibus da escola e descobriram onde cada criança contaminada se sentava na sala de aula. A partir disso, conseguiram reconstruir o caminho do vírus. Descobriram que o surto havia acontecido em duas ondas. Na primeira, 28 alunos foram contaminados, e eles acabaram passando o vírus para outras 31 crianças. Isso era normal. Você pega sarampo de alguém. Seus pais mantêm você em casa até a doença passar. Mais cedo ou mais tarde, o surto acaba.

Só que eles se depararam com algo estranho: a maneira como a primeira onda de 28 alunos adoeceu. *O vírus tinha vindo de uma pessoa:* uma menina do segundo ano. E o caso não fazia sentido. Ela não usava o ônibus da escola, um dos locais que, na opinião dos investigadores, parecia mais provável para o contágio. Não infectou apenas os alunos de sua turma, o que também seria o cenário mais viável para a transmissão de um vírus infeccioso. Em vez disso, contaminou crianças de *14 turmas diferentes.* Nos modelos usados por epidemiologistas para entender a disseminação de doenças como o sarampo, presumia-se que cada pessoa infectada tinha mais ou menos a mesma chance de passar a doença para alguém. Só que a garotinha riu na cara dessa presunção: a única forma de a primeira onda inexplicável fazer sentido seria se ela exalasse *10 vezes* mais partículas de vírus do que o paciente médio de sarampo.

"Ficamos intrigados com a possibilidade de haver uma diferença na ordem de magnitude entre a capacidade de contágio da paciente zero e os casos subsequentes", escreveram os investigadores.

É seguro dizer que *intrigados* era pouco.

Demorou um tempo para essa ideia – de que algumas pessoas podiam ter uma capacidade excepcional de infectar outras – se firmar no mundo científico. Por anos surgiram relatos isolados na literatura médica, o equivalente epidemiológico de avistamentos de óvnis. Mas ninguém sabia exatamente o que fazer com casos assim. Eles não se encaixavam direito nos modelos existentes sobre o funcionamento de epidemias. O termo *superdisseminador* só passou a ser usado com regularidade no fim dos anos 1970, mas, mesmo assim, o conceito permanecia teórico. Havia muitas perguntas sem resposta. Todo mundo achava que, digamos, um homem de 2 metros de altura e 125 quilos seria uma ameaça maior na disseminação de um vírus respiratório do que uma mulher de 45 quilos. Ele teria pulmões bem maiores! Só que altura e peso não explicavam como uma menina no segundo ano exalava 10 vezes mais partículas de sarampo que seus colegas de classe.

Os médicos em Rochester ficaram desnorteados. Sabiam quem era a superdisseminadora, mas não conseguiam entender por que ela era diferente.*

Entram em cena os aerossolistas.

Uma das ferramentas mais importantes no mundo dos aerossóis é um contador aerodinâmico de partículas (APS, na sigla em inglês). Trata-se de uma caixa alimentada por um funil, o equivalente humano da caixa mágica que Donald Stedman inventou para medir as emissões de carros. Se você respirar nela, o ar que sair da sua boca passará por uma série de lasers, que contabilizarão a quantidade e o tamanho de cada partícula de aerossol na respiração. Em um dos primeiros experimentos, o laboratório de William Ristenpart reuniu um grupo de voluntários e pediu que respirassem no

---

* Aqui vai outro exemplo. Na década de 1950, um grupo de médicos do Hospital VA de Baltimore fez uma gambiarra no sistema de ventilação do hospital para que o ar puxado da ala de tuberculose fosse jogado em uma sala cheia de porquinhos-da-índia. Eles queriam saber se os animais ficariam tão doentes respirando aquele ar quanto os pacientes. Isso aconteceu quando ainda estávamos começando a entender como agentes contagiosos podiam ser transmitidos pelo ar. A resposta foi: os animais adoeceram. Foi uma descoberta revolucionária. É possível traçar uma linha reta desse experimento até o trabalho dos aerossolistas atuais.

Então veio a parte surpreendente. Cepas diferentes de tuberculose têm assinaturas distintas, e os médicos compararam a tuberculose nos porquinhos-da-índia recém-contaminados com a dos pacientes na ala. Era uma medida rotineira: eles precisavam garantir que os animais tinham sido contaminados pelos pacientes. "Ninguém esperava que a bacteriologia detalhada seria interessante", escreveram os médicos. Mas, para surpresa geral, segundo a análise, 19 dos 22 porquinhos-da-índia com tuberculose tinham sido contaminados por apenas dois dos pacientes.

APS. Os participantes repetiram sons de vogais. Gritaram e sussurraram. Fizeram "vocalizações". E os pesquisadores confirmaram aquilo que sugeriam os avistamentos de óvnis ao longo dos anos: um pequeno grupo da amostra superava as expectativas.

"Nós os chamamos de *superemissores*", explicou Ristenpart. "Algumas pessoas simplesmente emitiam uma ordem de magnitude maior de aerossóis para (…) a mesma sonoridade observada." Ele continuou: "Nós nem imaginávamos. Se pudéssemos voltar ao começo, eu provavelmente teria proposto a hipótese: *pessoas diferentes têm distribuições diferentes*. Mas não achei que a diferença entre as pessoas seria de uma ordem de magnitude."

Outro aerossolista renomado, David Edwards, de Harvard, observou o mesmo padrão. Ele foi até Asheville, na Carolina do Norte, e Grand Rapids, em Michigan, e avaliou a respiração de um grupo em cada cidade. No fim das contas, testou 194 pessoas. A grande maioria era de disseminadores discretos. Para eles, seria difícil contaminar alguém. Mas 34 participantes foram designados por Edwards como grandes produtores. Desses 34, 18 eram grandes superdisseminadores, e dentro desse grupo de elite havia uma pessoa que exalava em média surpreendentes 3.545 partículas por litro – mais de *20 vezes* o número de aerossóis do maior grupo de disseminadores discretos.

Perto do fim da pandemia surgiram as evidências decisivas. Como parte de um "estudo-desafio", pesquisadores britânicos propositalmente contaminaram 36 voluntários com covid-19, com autorização deles. Todos eram jovens e saudáveis. Todos foram expostos à exata mesma dose da exata mesma cepa, no exato mesmo momento, sob as exatas mesmas condições. Todos fizeram quarentena em um hospital, permitindo aos pesquisadores que os colocassem sob um microscópio médico, monitorando e testando cada sintoma e sinal vital. Ristenpart e Edwards analisavam pessoas comuns que não estavam contaminadas com um vírus. O estudo britânico, por outro lado, foi o primeiro a analisar o que acontecia com pessoas *com* covid-19. E o que descobriram? Um total de 86% de todas as partículas do vírus da covid-19 detectadas no grupo de voluntários contaminados vinha de… duas pessoas.

Vírus transmitidos por ar não seguem a Regra dos Eleitos. Seguem a Regra dos *Poucos* Eleitos.

6.

O fenômeno identificado pelos aerossolistas não era algo que acontecia aleatoriamente, de vez em quando, com uma pessoa ou outra. "Por motivos que não ficaram claros, certos indivíduos são 'superemissores de fala' – emitem partículas aerossóis uma ordem de magnitude acima da média", escreveram Ristenpart e seus colegas no trabalho publicado no *Aerosol Science and Technology*. Em outras palavras, certo tipo de pessoa – como a garotinha em Rochester – produz muitas partículas aerossóis, e isso é genético.

William Ristenpart acredita que superdisseminadores podem ser pessoas que, devido a uma peculiaridade, produzem saliva com propriedades diferentes: ela é mais elástica e mais viscosa – mais grossa e grudenta – do que o normal. Então, quando as pontes líquidas se partem no meio das cordas vocais, mais aerossóis são produzidos.*

David Edwards, por sua vez, acredita que as diferenças individuais – pelo menos das partículas emitidas pela respiração – podem ser ampliadas por algo tão simples quanto a hidratação.

"As vias aéreas superiores são como um lava-jato", explica ele, "e o ar que entra pelas vias aéreas superiores é como um carro".

Quando o lava-jato funciona como deveria, a grande maioria dos fragmentos no ar que respiramos é removida.

"Se você permanecer bem hidratado, suas vias aéreas superiores estarão sempre capturando patógenos, enviando-os para o estômago dentro de 20 minutos a 1 hora. Ou seja, você os engole (...) e eles são eliminados assim", diz Edwards. "Mas, quando você está desidratado, não há água no lava-jato." E, com o lava-jato quebrado, as partículas de vírus passam batido pela operação de limpeza das vias aéreas superiores e chegam aos pulmões. É por isso que a desidratação nos torna mais vulneráveis a resfriados, gripes e covid-19: quando exalamos, essas partículas de vírus saem de novo, e, agora, não apenas nos tornamos mais propensos a con-

---

* Ristenpart: "É possível ver isso com muita clareza, se você quiser. Pegue um pouco de saliva entre os dedos e a separe. Você verá um fiozinho. Isso não acontece quando tentamos esticar água pura, só fluidos viscoelásticos. Então a hipótese é que, talvez, esses superemissores tenham propriedades viscoelásticas anômalas em sua saliva."

trair o vírus, como também a disseminá-lo. As partículas atingem as vias aéreas secas e se partem na forma de um borrifo concentrado, espumoso, como uma grande onda que quebra na praia. É assim que conseguimos 3.545 partículas por litro.

Então, quais pessoas tendem a ter vias aéreas superiores desidratadas? Quando Edwards analisou seus dados de respiração, descobriu que os maiores indicadores de alta produção de aerossóis eram a idade e o índice de massa corporal (IMC).

> Conforme envelhecemos, a tendência à desidratação aumenta. Quanto mais massa corporal temos, mas risco corremos de desidratar. E, quando a covid-19 nos infecta, frequentemente ficamos desidratados. Então, o denominador comum nesses três grupos é um problema de desidratação.*

Ainda não sabemos quais dessas explicações estão corretas – se é que alguma está. Mas parece provável que os cientistas *descobrirão* algum dia, e essa descoberta vai gerar uma versão maior do dilema de Donald Stedman no combate à poluição. A tentação de usar esse conhecimento para controlar o rumo de futuras epidemias será tão grande quanto foi para o bairro Lawrence e a Universidade Harvard. Só que, desta vez, as complicações serão ainda piores.

E se a idade e a obesidade forem *mesmo* os dois indicadores de superdisseminadores? Isso significará que, no meio de uma pandemia, passageiros vão se recusar a se sentar do lado de uma pessoa com sobrepeso no avião? E se a resposta for uma saliva viscosa e alguém bolar um teste de 10 segundos para avaliar quem são as exceções à regra? Restaurantes, cinemas ou igrejas

---

* Eis a conclusão de um estudo que analisou os níveis de hidratação de uma grande amostra de americanos: "Nossas descobertas (...) sugerem que indivíduos com IMCs mais elevados podem ter comportamentos que os levam a ter uma hidratação inadequada. Pessoas obesas têm mais necessidade de água do que pessoas não obesas, porque essa necessidade depende do ritmo metabólico, da área de superfície corporal e do peso. A taxa de reposição de água aumenta com o IMC, devido a maiores necessidades de energia, maior consumo de alimentos e maior produção metabólica."

poderiam pedir que todo mundo fizesse um teste de saliva na porta e recusar os que derem resultado muito alto?*

Em resposta a seus críticos, Stedman teria dito que todas essas objeções são válidas, mas em algum momento a cidade de Denver teria que decidir se queria mesmo melhorar a qualidade do seu ar. E isso também será verdade para o próximo vírus fatal transmitido por aerossóis. Teremos que decidir até onde estamos dispostos a ir para salvar vidas.

No resumo sobre suas descobertas, o grupo britânico de pesquisa escreveu o seguinte:

> Prever ou identificar pessoas que possam ser grandes emissores do vírus, talvez até antes de elas serem infectadas, seria interessante porque elas poderiam receber prioridade em intervenções para bloquear a transmissão.

Essa afirmação – de que encontrar os superdisseminadores será "interessante" na próxima vez – é um eufemismo. Com certeza será *muito* interessante.

7.

Acho que agora podemos tentar bolar uma teoria sobre o que aconteceu no Marriott Long Wharf no dia 26 de fevereiro de 2020.

Alguém, no ápice do contágio da covid-19, foi a um evento lotado. Não sabemos o nome verdadeiro do paciente zero no Marriott, mas, para simplificar, vamos partir do pressuposto de que era um homem e chamá-lo de Sr. Zero. (O termo usado para descrever a pessoa que origina qualquer surto de doença é *paciente zero*.)

---

* No livro *As regras do contágio: por que as coisas se disseminam – e por que param de se propagar*, o epidemiologista Adam Kucharski escreve: "Encarar pessoas em risco como especiais ou diferentes pode incentivar uma postura de 'eles e nós'." Segundo ele, o foco nos superdisseminadores é perigoso, "gerando segregação e estigma". Ele tem razão! O problema é que a natureza não segue o caminho politicamente conveniente.

O Sr. Zero é um superdisseminador. Ele não sabe disso. Ninguém sabe. E, no geral, isso não fez muita diferença ao longo da sua vida, ou pelo menos ninguém nunca percebeu que, por exemplo, quando ele ficava gripado, todo mundo também ficava. Só que, agora, ele carrega um vírus mortal.

A cepa C2416T – que ele carregava – foi encontrada pela primeira vez na França. Então vamos partir do princípio de que o Sr. Zero trabalhava em um dos escritórios da Biogen na Europa Ocidental. Ele foi infectado pouco antes de partir para Boston. Como o vírus ainda estava na fase de incubação, ele não infectou ninguém no avião. Mas foi um longo voo, quase nove horas, e ele não bebeu água suficiente porque não queria ficar se levantando o tempo todo para usar o banheiro. Talvez tenha tomado uma taça de vinho – o álcool acelera a desidratação – e dormido. O fato de o ar em aviões ser notoriamente seco não ajudou. Ele aterrissou. Esperou numa longa fila para passar pela imigração.

São necessárias 12 horas respirando ar seco para "desregular" os sistemas de hidratação no trato respiratório superior, e, entre o voo e a longa espera para carimbarem seu passaporte, o Sr. Zero passou desse prazo ao chegar no hotel. Ele era um senhor de idade e obeso – ou seja, precisaria beber bem mais água do que as pessoas ao seu redor, mas não sabia disso, e agora a doença em andamento e a desidratação pioraram em muito sua propensão a produzir aerossóis em excesso. Seu trato respiratório superior se tornou uma estrada longa, seca, desértica. Há tantas pontes de saliva entre suas cordas vocais que sua laringe parece o rio Tâmisa serpenteando por Londres.

Ele chega ao Marriott Long Wharf. Toma café com o grupo no Harbor View Ballroom. (Em retrospecto, ajudaria bastante se as janelas do chão ao teto do salão estivessem abertas, mas não estavam, e, além do mais, no começo da covid-19 ninguém pensava na importância da ventilação.) Após o café, o Sr. Zero segue com todo mundo para o salão no andar inferior. O corredor que dá para o salão é longo e estreito. Durante os intervalos, fica lotado. Digamos que ele faça a primeira apresentação do dia: uma atualização sobre a situação da Biogen na Europa. Ele se apresenta diante do grupo todo. Fala alto, como costumam fazer as pessoas ao se dirigir a um salão inteiro, e, como as notícias da Europa são muito boas, ele está empolgado e lança milhões de partículas aerossóis.

O Sr. Zero fala sem parar. Responde a perguntas. Depois, seus colegas se aproximam para abraçá-lo (ou para um aperto de mão, ou para um beijo nas duas bochechas) e parabenizá-lo pelo bom trabalho. O Sr. Zero sai feliz da reunião.

Isto é, até acordar dois dias depois com febre alta e uma dor de cabeça lancinante. De repente, percebe que está muito, muito doente. Logo em seguida, percebe, bem mais assustado, que, talvez como resultado disso, muitas outras pessoas estão prestes a também ficar muito, muito doentes.

PARTE TRÊS
A HISTÓRIA LATENTE

CAPÍTULO SETE

O clube dos sobreviventes de Los Angeles

"E eu não falava sobre o Holocausto
nem com minha própria filha."

1.

Após o início da Segunda Guerra Mundial, Fred Diament foi enviado para o campo de concentração Sachsenhausen, perto de Berlim, e de lá para Auschwitz. Tinha 15 anos. Era um dos chamados "números baixos", o que significava que seria um dos primeiros a serem enviados para um campo. O pai de Fred morreu espancado. Seu irmão foi enforcado. Ele aguentou cinco invernos nos campos de concentração, lutou na resistência secreta em Auschwitz, sobreviveu à marcha da morte que saiu do campo de concentração em 1945, conheceu sua futura esposa em um barco para a Palestina, serviu na guerra da independência de Israel, lutou de novo na campanha do Sinai em 1956, então se mudou para Los Angeles, fez faculdade à noite e se tornou presidente de uma empresa de roupas femininas. Tinha 1,62 metro. Comportava-se como um gigante. Todo mundo o chamava de Freddie.

"Freddie sentia muita raiva", disse Rachel Lithgow. Ela conheceu Freddie e o círculo de sobreviventes do Holocausto que o cercava em Los Angeles durante um trabalho para a Fundação Shoah, de Steven Spielberg. "Ele era hilário. Tinha um senso de humor incrível. Ácido. Chamava Auschwitz de 'country clube'."

O melhor amigo de Freddie era Siegfried Halbreich. Eles estiveram em Sachsenhausen e Auschwitz juntos. "Sig" era um dos líderes da resistência em Auschwitz e, por ser farmacêutico antes da guerra, atuava como médico dos prisioneiros. Mudou-se para Los Angeles em 1960 e abriu uma loja de molduras em Santa Monica. Ele e Freddie eram inseparáveis. "Era como assistir a uma briga de série de comédia. Eles passavam o dia inteiro discutindo", disse Lithgow. "Era ridículo. Sig era um alemão muito sério, distinto. A coisa mais despojada que já o vi fazer foi deixar de usar gravata um dia."

Freddie morreu em 2004.

> Fomos ao funeral, e o lugar estava lotado. Todo mundo estava lá. A comunidade inteira. Até as pessoas que detestavam Freddie e que ele detestava de volta apareceram para prestar condolências. E Sig Halbreich, seu melhor amigo, fez o elogio fúnebre. (…) Sig subiu ao púlpito com um ar dramático. Estava usando seu melhor terno. E, com seu forte sotaque alemão, perguntou: "O que podemos dizer sobre Fred Diament?"

Aí ele se virou para se dirigir ao caixão do seu grande amigo.

> E começou a acenar para ele com as duas mãos. Ele acenava e apontava, mas de costas para nós. Gesticulava feito um louco. Não conseguíamos ouvir porcaria nenhuma. Então ele se virou de volta para nós (…), se segurou no púlpito e, muito sério, disse: *E esse era o Fred.* O lugar veio abaixo. Não conseguíamos parar de rir.

Também havia Masha Loen, da Lituânia, sobrevivente de Stutthof, campo de concentração que os nazistas construíram nas proximidades de Gdańsk, na Polônia. Teve tifo duas vezes. (Ela se referia à experiência como "os tifos".) Quando o campo foi liberado, Masha estava embaixo de uma pilha de cadáveres, mas foi encontrada porque estava com a mão erguida, acenando. Casou-se com o amor de sua vida e se mudou para Los Angeles após a guerra. Era imbatível.

"Você não faz ideia", disse Lithgow. "Ela era minha secretária, e estávamos organizando a correspondência em um Pessach, com todo mundo lá."

Pessach é a Páscoa judaica, quando os judeus não comem pães fermentados. Masha era judia praticante.

"Cadê a Masha? Cadê a Masha? Então eu entro numa sala vazia, no meio do Pessach, e lá está ela, com um cheesebúrguer."

Um cheesebúrguer é basicamente a comida menos kosher do mundo.

"Eu fiquei assim", Lithgow faz cara de horrorizada, "e ela disse: 'Fecha a porta.' Então entrei e fechei a porta, e ela soltou: 'Escuta. Eu sou uma boa judia. Sobrevivi à marcha da morte e aos tifos. (...) Preciso passar duas semanas com prisão de ventre só porque nossos ancestrais atravessaram o deserto?' Fiquei parada, olhando, e ela continuou: 'Agora some daqui. E se contar para alguém que me viu aqui, incluindo meu marido, eu te mato.' Eu saí bem devagar, sem dar as costas para ela".

Freddie, Sig e Masha eram o coração do clube dos sobreviventes de Los Angeles. Faziam aulas noturnas de inglês juntos na Hollywood High School. A notícia começou a correr. Mais e mais sobreviventes pela cidade se juntaram a eles. Um professor notou e ofereceu o espaço da sala de aula para o grupo.

"Aos poucos, eles começaram a se identificar uns com os outros", disse Lithgow.

> Eles ficavam batendo papo ao fim das aulas. Aos poucos, começaram a aparecer com coisas. Tipo "Essa foi a última foto tirada da minha mãe", "Esse é o uniforme de prisioneiro que eu usava quando fui libertado de Bergen-Belsen. Não consigo jogá-lo fora, mas não suporto mais guardá-lo em casa. Não sabemos o que fazer".
>
> Então Fred Diament ligou para um conhecido [na Federação Judaica de Los Angeles] e perguntou: "Podemos pegar um armário emprestado para deixarmos nossas coisas? Porque queremos guardá-las, mas não em casa."

Mas a pessoa para quem Diament ligou – Lithgow nunca descobriu quem foi – disse que, em vez disso, eles deviam fazer uma pequena exibição de suas lembranças.

> Eles pegaram todos aqueles pertences e pagaram por um anúncio pequeno no *L. A. Times* com as palavras: "Pessoas do Holocausto

estão montando uma mostra. Se você quiser vir à Federação no domingo, entre tal e tal hora, as coisas delas estarão em exibição." Milhares de pessoas apareceram. E então os sobreviventes pensaram: "Nossa, fizemos algo promissor."

A Federação Judaica de Los Angeles cedeu aos sobreviventes um espaço no térreo do prédio no Wilshire Boulevard. Eles o chamaram de Martyrs Memorial Museum. A inauguração aconteceu em 1961. Foi o primeiro museu do Holocausto nos Estados Unidos. Anos depois, Lithgow se tornaria sua diretora-executiva.

Ao longo das décadas seguintes, eles se tornaram, nas palavras de Lithgow, os "nômades do Wilshire Boulevard", se mudando de um espacinho para outro. Nunca tinham dinheiro, viviam atrasando o aluguel, mas persistiam. Com o tempo, sua ideia se espalhou pelos Estados Unidos, a ponto de hoje haver memoriais ou museus do Holocausto em praticamente todas as grandes cidades americanas: Nova York, Dallas, Chicago, Houston, Miami e assim por diante.

O Martyrs Memorial Museum agora se chama Holocaust Museum LA. Fica em um belo prédio novo no Pan Pacific Park, na região de Fairfax, em Hollywood. Se um dia você for a Los Angeles, visite. Participe de um dos eventos. Os eventos do museu, como explicou Lithgow, "não terminam com o hino nacional e não terminam com 'Hatikvah' [o hino nacional de Israel]. Eles cantam…". E ela começou a cantar, em iídiche, "Zog nit keyn mol", o hino não oficial dos sobreviventes do holocausto, composto em 1943 por Hirsh Glick, prisioneiro do gueto Vilna.

> *Zog nit keyn mol, az du geyst dem letstn veg,*
> *Khotsh himlen blayene farshteln bloye teg.*
> *Kumen vet nokh undzer oysgebenkte sho,*
> *S'vet a poyk ton undzer trot: mir zaynen do!**

---

* *Nunca diga que chegou seu fim / Ainda que nuvens de chumbo cubram o azul do céu / Nossa hora prometida chegará em breve / Nossa marcha ecoa: "Aqui estamos!"*

"Era o que eles cantavam nas florestas ou à noite nas barracas, para se animarem."

Quando você sair do museu, talvez lhe ocorra uma questão – trivial em comparação com o que acabou de testemunhar, mas ainda importante ao seu modo: *Por que demorou até 1961 – quase 15 anos após o fim da Segunda Guerra Mundial – para que o primeiro monumento ao Holocausto fosse montado nos Estados Unidos?* E outra, ainda mais estranha: *Por que demorou tanto tempo para a ideia se espalhar pelo país?* Quer dizer, veja a lista dos museus inspirados pela criação de Freddie, Sig e Masha, e preste atenção no ano de criação.

DATA DE CRIAÇÃO	ESTADO	NOME
1961	Califórnia	Martyrs Memorial Museum
1984	Illinois	Illinois Holocaust Museum and Education Center
1984	Michigan	The Zekelman Holocaust Center
1984	Texas	Dallas Holocaust and Human Rights Museum
1984	Texas	El Paso Holocaust Museum and Study Center
1986	Flórida	Holocaust Memorial Resource and Education Center of Florida
1989	Washington	Holocaust Center for Humanity
1992	Flórida	The Florida Holocaust Museum
1992	Nova York	Holocaust Memorial and Tolerance Center of Nassau County
1993	Califórnia	Museum of Tolerance
1993	Washington, D.C.	United States Holocaust Memorial Museum
1995	Indiana	CANDLES Holocaust Museum and Education Center
1995	Missouri	St. Louis Kaplan Feldman Holocaust Museum
1996	Texas	Holocaust Museum Houston
1997	Nova York	Museum of Jewish Heritage – A Living Memorial to the Holocaust
1997	Virgínia	Virginia Holocaust Museum
1998	Novo México	New Mexico Holocaust and Intolerance Museum
2000	Texas	Holocaust Memorial Museum of San Antonio

O primeiro abriu em 1961. O segundo, em 1984. Mas foi só nos anos 1990 – meio século após o fim do Holocausto – que a ideia de marcar a memória do evento ganhou força pelo país. Por quê?

Até aqui, exploramos o conceito de que somos responsáveis pelas febres e pelos contágios que nos cercam, de que nossos atos – propositais ou não, escondidos ou não – determinam a forma de uma epidemia. Porém, os casos que analisamos até agora estavam associados a um lugar ou uma comunidade: Miami, Poplar Grove, o bairro Lawrence, Harvard. Todos esses lugares tinham suas próprias histórias latentes muito específicas.

Nos próximos dois capítulos, quero expandir a discussão para as histórias latentes que pairam sobre culturas e países inteiros. Esse tipo de história latente tem o significado próximo daquilo que os alemães chamam de *zeitgeist*, cuja tradução literal é *espírito do tempo*. Histórias latentes do zeitgeist são mais abrangentes. E as perguntas que quero fazer são: *O que é necessário para mudar uma história latente do zeitgeist? É possível reescrever, reimaginar uma história nessa escala, de forma a mudar a maneira como as pessoas influenciadas por ela pensam e se sentem?*

Acredito que a resposta seja *sim*. Podemos até dar nome às pessoas que foram responsáveis por uma das maiores revisões de histórias latentes do último século.

Mas não vamos colocar o carro na frente dos bois.

2.

Nossas memórias do Holocausto – nas palavras do historiador Peter Novick – têm um "ritmo estranho".* O romance que definiu a Primeira Guerra Mundial talvez tenha sido *Nada de novo no front*, de Erich Maria Remarque. Lançado em 1928, 10 anos após o fim da guerra, vendeu milhões de cópias e foi traduzido para dezenas de idiomas. Esse "ritmo" da memória é comum. Os Estados Unidos saíram do Vietnã em 1973. Os dois filmes mais influen-

---

* Lançado em 1999, o livro de Novick sobre o assunto, *The Holocaust in American Life* (O Holocausto na vida americana), foi um enorme sucesso de crítica.

tes sobre a guerra – *O franco-atirador* e *Apocalypse Now* – foram lançados em 1978 e 1979, respectivamente. Em 1982, havia um memorial enorme dedicado à Guerra do Vietnã no National Mall de Washington, D.C.

Só que não foi assim com o Holocausto. Houve uma produção popular – mesmo que estranhamente animada – na Broadway de *O diário de Anne Frank*, que ficou em cartaz por quase dois anos na década de 1950, seguida por uma versão cinematográfica. Nos anos 1960, Sidney Lumet dirigiu um longa aclamado pela crítica chamado *O homem do prego*, sobre um sobrevivente dos campos de concentração. Mas o filme não fez muito sucesso de bilheteria, e alguns grupos judeus defenderam que fosse boicotado. Houve mais alguns livros e filmes, mas nada de grande impacto cultural. O problema não era que as pessoas negassem o Holocausto, alegando que ele nunca havia acontecido, e sim que não sabiam nada sobre ele. Ou sabiam, mas não queriam tocar no assunto.

Em 1961, o renomado historiador H. Stuart Hughes, que trabalhava em Harvard, lançou *Contemporary Europe: A History* (Europa contemporânea: uma história), um longo relato sobre o que aconteceu na Europa entre 1914 e o fim dos anos 1950. Ao longo de 524 páginas, Hughes não usa a palavra *holocausto* uma vez sequer. Menciona o que aconteceu nos campos de concentração apenas três vezes: em uma frase na página 229, em um parágrafo na página 237 e em dois parágrafos na página 331. Hughes dedica bem mais espaço ao compositor clássico Arnold Schoenberg e ao surgimento da atonalidade e da escala de 12 tons.

No ano seguinte, 1962, Samuel Morison e Henry Commager lançaram a edição atualizada de sua obra de dois volumes, *História dos Estados Unidos da América*. Ao longo de sua carreira, Morison ganhou dois prêmios Pulitzer. Commager era considerado um dos historiadores americanos mais importantes do pós-guerra. Se você fosse estudante universitário nos Estados Unidos entre os anos 1950 e 1960, muito provavelmente *História dos Estados Unidos da América* era o livro usado em suas aulas de história. Como dá para imaginar, Morison e Commager tinham muito a dizer sobre a Segunda Guerra Mundial. Eles já eram vivos quando ela aconteceu. Mas sobre o Holocausto? Ele é mencionado em algumas frases em um único parágrafo, sem qualquer ênfase no antissemitismo explícito que o motivara. "Tais campos de atrocidades foram estabelecidos em 1937 para judeus, ciganos, e alemães e austríacos que faziam críticas ao regime nazista", escrevem eles. "Com o início da guerra, os nazistas passaram a usá-los como prisões para pessoas de todas as nacionalidades, civis e soldados, homens, mulheres e crianças, e para judeus presos na Itália, na França, na Holanda e na Hungria."

Então seguem algumas frases mais descritivas:

> Porém, há evidências conclusivas de que o número total de civis levados à morte por ordem de Hitler supera 6 milhões. E a história deprimente de uma dessas pessoas, o diário da jovem alemã Anna Frank, provavelmente ajudou mais a convencer o mundo a ter um ódio inerente à doutrina nazista do que os solenes julgamentos após a guerra.

E assim eles concluem o assunto e passam para uma descrição do presidente Roosevelt se mudando para sua casa de inverno em Warm Springs, no estado da Geórgia. Não importa que o nome de "Anna Frank" na verdade fosse *Anne* Frank. E, embora tecnicamente seja verdade que ela nasceu na Alemanha, ela vivia em Amsterdã na época em que escreveu em seus diários, porque a família havia fugido dos nazistas, o que parece ser uma informação um tanto importante. E o mais importante: ela era *judia*. Quando você omite essa parte, a história de "Anna" Frank perde todo o sentido.

"Referências a 'Auschwitz' ou a 'campos de concentração' são raras", escreveu Gerd Korman, historiador e sobrevivente do Holocausto, em 1970, após ler mais de dez dos principais livros de história contemporânea do pós-guerra.

> O autor de um livro de história americana se deu ao trabalho de acrescentar "(cubanos)" ao lado de "campos de concentração", depois não mencionou uma vez sequer o termo ou os nomes de campos ao recontar os eventos americanos e europeus durante a Segunda Guerra Mundial. Outro livro reproduz a imagem da vitrine de uma loja de judeus, cheia de símbolos e da palavra-chave Dachau, mas nem as notas nem o texto revelam que Dachau significava que o comerciante "saíra de licença".

Até a comunidade judaica – e a de sobreviventes em específico – relutava em falar publicamente sobre o que havia acontecido.*

Eis o que disse Renée Firestone, do clube dos sobreviventes de Los Angeles, em depoimento para a Fundação Shoah sobre o longo caminho que percorreu até conseguir reconhecer abertamente tudo que sofrera.

> Eu tinha uma vida muito glamourosa como designer de moda até o dia em que recebi uma ligação do Simon Wiesenthal Center pedindo que eu contasse minha história. Eu sorri para o rabino Cooper e disse: "Fala sério. Depois de tantos anos, por que agora eu começaria a falar sobre aqueles dias, semanas e anos terríveis?"
>
> E ele me contou que, naquela noite, um cemitério judaico tinha sido vandalizado e… e um templo havia sido pichado com suásticas. Quando eu ouvi a palavra "suástica", surtei, falei que precisava pensar e desliguei na cara dele.
>
> Naquela noite, passei o tempo todo presa em um pesadelo, de volta ao campo. Na manhã seguinte, acordei, retornei a ligação e disse: "Estou pronta para falar."
>
> Quero que vocês entendam que, quando chegamos aqui e comecei meu negócio, percebi que teria que me concentrar muito na minha família, um grupinho único de pessoas com idades entre 15 e 40 anos sem filhos ou parentes idosos. Tivemos que recriar uma nova nação. Esse era o nosso foco, e foi o que fizemos.
>
> E eu não falava sobre o Holocausto nem com minha própria filha.

Eis o que disse outra participante do clube de Los Angeles, Lidia Budgor. Ela sobreviveu ao gueto Lodz, a Auschwitz, a Stutthof, à marcha da morte e a um surto de tifo e viu sua família ser praticamente dizimada por

---

* Novick escreve: "Em 1957, a revista *New Leader* publicou uma série de 18 ensaios pessoais para ver 'o que estava acontecendo na mente dos 5 milhões de americanos que se formaram na faculdade desde Hiroshima'. Pelo menos dois terços dos participantes eram judeus. Ao citarem os fatos que moldaram sua forma de pensar, eles mencionaram diversos eventos históricos, da Grande Depressão à Guerra Fria. Nenhum colaborador mencionou o Holocausto."

nazistas. Teve a experiência de guerra mais angustiante possível. O entrevistador pergunta sobre o filho dela, chamado Beno.

> **Entrevistador:** Quando Beno era mais novo, a senhora contou a ele sobre o Holocausto?
> **Budgor:** Sim, nós falamos sobre isso. Sim.
> **Entrevistador:** Ele estava com quantos anos?
> **Budgor:** Foi no ensino médio.
> **Entrevistador:** O que ele disse?
> **Budgor:** Ele sabia que eu estava envolvida. Ele sabia...
> **Entrevistador:** Como a senhora acha que ele lidou com isso? Com o fato de ser filho de uma sobrevivente?
> **Budgor:** Não houve reação. Isso não o afetou.*

Não houve reação? Que versão dos eventos ela contou para ele?
"Quando comecei a falar do assunto", contou Masha Loen, sobrevivente de Stutthof, "havia pessoas que nem sabiam que houvera um Holocausto".

> Alguns judeus não sabiam, como eu falei. (...) Eles pareciam surpresos. Ficavam chocados com o fato de o Holocausto ter acontecido. E eram grandes amigos meus.

Hoje nos referimos ao genocídio que aconteceu na Europa durante a Segunda Guerra Mundial como o "Holocausto" com H maiúsculo. A atro-

---

* Antes de Budgor falar sobre Beno e sobre o que contou (ou deixou de contar) a respeito de sua experiência, ela falou o seguinte sobre o filho. (Ela é uma mãe judia, afinal de contas.)

> **Budgor:** E eu sabia que meu filho conseguiria a melhor educação, que seu cérebro iria... iria funcionar. E, como esperado, ele terminou a yeshivá com notas ótimas, com honrarias, foi orador da turma, essas coisas. Ele entrou na UCLA. Seu futuro estava traçado. Ele com certeza teve muitas conquistas.
> **Entrevistador:** O que ele faz agora?
> **Budgor:** Ele é físico nuclear, muito...
> **Entrevistador:** Casado?
> **Budgor:** Casado, tem dois filhos lindos. E se casou com uma moça muito legal de Santa Barbara, uma judia.

cidade tem *nome*. É uma tradução livre da palavra hebraica *shoah*, termo há muito tempo usado em Israel para descrever o genocídio nazista. Porém, nos anos após a guerra, se o assunto fosse mencionado, os acontecimentos nos campos de concentração eram chamados de "atrocidades nazistas" ou "os terrores", ou usava-se o termo que os próprios nazistas adotaram, "A Solução Final" (sempre entre aspas, para estabelecer certa distância moral). Se você usasse a palavra *Holocausto* em uma conversa corriqueira nos anos pós-guerra, ninguém entenderia do que estava falando.

Veja o quadro a seguir tirado da *The New Republic*, que mostra a frequência com que os termos *holocausto* e *Holocausto* apareceram na imprensa nos últimos 200 anos. A versão genérica com letra minúscula vai de um filete de água para um córrego. A com letra maiúscula quase nunca era usada até o fim dos anos 1960.

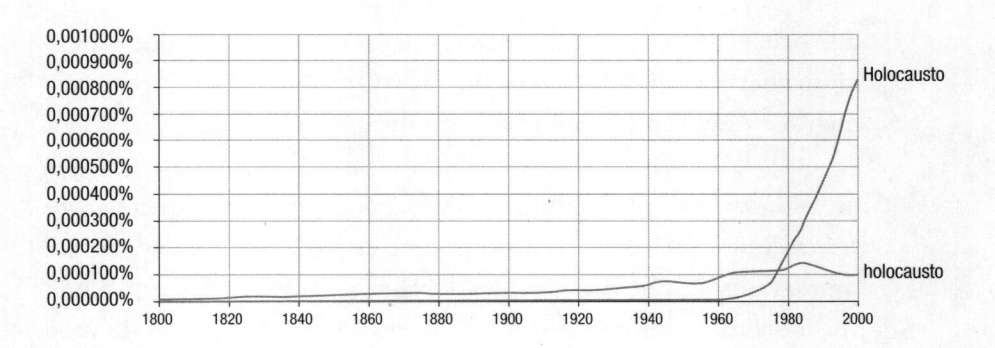

Mas espere um pouco. Por volta de 1978, algo drástico acontece. A linha de *Holocausto* sobe de forma quase vertical. O que houve em 1978 para que ocorresse a virada?

3.

Em 1976, dois executivos do alto escalão da rede de televisão NBC passavam por uma livraria quando notaram um livro na vitrine sobre a experiência dos judeus na Segunda Guerra Mundial. Um dos executivos era Paul Klein, que cuidava da programação da NBC. O outro era seu chefe, Irwin

Segelstein, que comandava o grupo de planejamento da empresa. Eram as duas pessoas que decidiam o que ia ao ar na rede.

Segelstein olhou para o livro, se virou para Klein e perguntou:

– Por que não produzimos isso?

– Devíamos fazer isso – respondeu Klein.

Segelstein tinha barba ruiva e usava óculos quadrados, grandes. Era parrudo e exuberante. Usava ternos de passeio com blusas florais abotoadas só até o meio do peito. Havia começado no marketing. Uma vez, no começo da existência de *Saturday Night Live*, o criador do programa, Lorne Michaels, tinha procurado Segelstein e ameaçado pedir demissão. Michaels estava frustrado e exausto após inúmeras batalhas com seus chefes sobre o que podia ou não fazer. Segelstein ouviu em silêncio. Então, numa das maiores falas da história da televisão, informou a Michaels que ele não iria a lugar algum:

> Se você ler seu contrato com atenção, vai ver que lá diz que o programa deve ter 90 minutos de duração. Que deve custar X. O orçamento é esse. Em nenhum lugar do documento diz que ele precisa ser bom. E, se você é tão robótico e determinado a ponto de se sentir pressionado a torná-lo bom, não venha reclamar com a gente sobre ter recebido tratamento injusto porque está se esforçando para que o programa seja bom e nós não deixamos. Porque a verdade é que em momento nenhum pedimos que ele fosse bom. O fato de você ser neurótico é uma vantagem para nós. Nosso trabalho é mentir, trapacear, roubar, e o seu é fazer o programa.

Klein buscava Segelstein toda manhã em sua Mercedes. (O porteiro achava que Klein era motorista de Segelstein.) "Eu e Paul concordamos em tudo, menos nas coisas básicas", disse certa vez Segelstein sobre Klein. Dos dois, Klein era o mais intelectual. Era conhecido por dizer que metade dos espectadores americanos era "idiota"; quando pressionado sobre essa estimativa, dobrou a aposta e sugeriu que talvez *todos* fossem idiotas. Era conhecido por promover aquilo que chamava de teoria da Programação Menos Ofensiva, segundo a qual o sucesso de um programa de televisão dependia de quantas pessoas ele ofendia. Klein também cunhou o termo *jiggly* ("balançante") para descrever o conteúdo excessivamente sexualizado de sua concorrente, a ABC.

Não estamos falando de homens com pautas ideológicas cheias de princípios. Eram pessoas que entendiam o contexto americano de seu tempo. Seu trabalho era saber o que o público queria, e eles eram ótimos nisso. Segelstein também tinha perdido um tio, uma tia e três primos de primeiro grau em Auschwitz. *Sabia* o que tinha acontecido na Europa. O que Irwin Segelstein queria dizer ao apontar para o livro na vitrine era: *Nós achamos que o público americano finalmente está pronto para saber também?* E a resposta de Klein foi: *Acho que sim.*

O resultado dessa conversa foi uma minissérie chamada *Holocausto* (no original, *Holocaust: The Story of the Family Weiss*). Ela contava a história dos Weiss – uma próspera família de judeus de Berlim – e de Erik Dorf, um oficial nazista em ascensão. Estrelada por James Woods e uma jovem Meryl Streep, a produção custou 6 milhões de dólares – uma pequena fortuna na época – e exigiu mais de 100 dias de filmagens. Boa parte foi gravada no campo de concentração Mauthausen, na Áustria.

Tempos depois, Meryl Streep revelaria que filmar em um campo de extermínio real tinha sido "demais para mim". Foi duro. Ela continuou:

> Na esquina havia um *hofbrau*, e, quando os velhos soldados bebiam e já era tarde, eles mostravam seus souvenirs da guerra; era muito esquisito e excêntrico.

O diretor, Marvin Chomsky, contratou um grupo de figurantes para interpretarem os detentos do campo e os alertou de que teriam que tirar as roupas e ser fuzilados. Ele relembrou um detalhe da gravação da cena:

> Um dos câmeras mais novos, um rapaz muito jovem, veio até mim e disse: "Seu Marvin, o senhor está inventando isso para o filme, não aconteceu de verdade." Então fui até um senhor que tinha porte de arma e estava com a gente, um militar, e, com todo o meu alemão, perguntei: "*Herr Graff, ist das war oder nicht war?*" (Isso é verdade ou não é?). Todos o encararam. Ele pensou um pouco e respondeu:

"*Ja, das ist war*" (Sim, é verdade). Todos os garotos saíram correndo se debulhando em lágrimas.

Por diversas vezes Chomsky precisou lidar com a descrença da equipe local. Eles viajaram até o norte da Áustria para gravar em um campo de concentração real, mas nem assim a equipe conseguia acreditar na veracidade da história. As pessoas olhavam para as fotos tiradas quando os campos foram liberados e balançavam a cabeça. Chomsky se lembra de dizerem:

> Isso foi tudo forjado por fotógrafos americanos ou britânicos. Tudo forjado, inventado, nunca aconteceu. As pilhas de corpos em Bergen-Belsen nunca existiram.

A versão final da minissérie teve nove horas e meia, muito mais do que a NBC pretendia. A rede estava nervosa porque tinha exibido outra minissérie longa no mesmo ano, sobre Martin Luther King Jr., e a audiência fora um fracasso. *Holocausto* foi transmitida na NBC por quatro noites seguidas. A cena a seguir é do segundo episódio e mostra como a série não dourou a pílula da Solução Final nazista.

Dois oficiais alemães caminham por um gramado onde um grande buraco foi cavado. Vemos um grupo de 12 homens aglomerados, nus e tremendo.
Um soldado se vira para um dos oficiais, o coronel Blobel.

Soldado: Quase nada hoje, senhor. Os vilarejos foram esvaziados.

O capitão Erik Dorf aponta para um grupo de pessoas paradas perto dali. Ele tem um cargo elevado na SS e veio de Berlim para fazer uma inspeção.

Dorf: Sargento, eles são civis?
Soldado: Ucranianos, senhor. Gostam de assistir.
Dorf: E o fotógrafo e o homem gravando imagens, quem são?
Coronel Blobel: Para os arquivos do batalhão...
Dorf: Não gosto disso, não gosto de nada disso.

Blobel: Não gosta? Que diabo acha que estamos fazendo, dançando balé? Você vai conseguir sua Rússia livre de judeus, não vai?
Dorf: Não há ordem.
Blobel: "Não há ordem." Pois bem: eu vou te mostrar ordem.

Blobel se vira para os soldados.

Blobel: Alinhe-os.

Dois soldados alinham os homens em uma fileira. Escutamos tiros e choro antes de vermos o que está acontecendo. A câmera enfoca um atirador disparando sem parar, e em seguida vemos os homens caindo no chão.

Escrevendo para o *The New York Times*, o sobrevivente do Holocausto e ativista Elie Wiesel chamou a série *Holocausto* de "mentirosa, ofensiva, barata" e "um insulto aos que pereceram e aos que sobreviveram". De certa forma, ele tinha razão – era a versão televisiva da história. Mas Wiesel não entendeu a questão: aquela era a primeira vez que a maioria dos americanos ouvia falar do Holocausto.

A cena com Blobel e Dorf é desconfortavelmente longa. Vemos os soldados casualmente saqueando os cadáveres e os espectadores bebendo e fumando como se assistissem a uma partida de futebol. Dorf se vira para Blobel.

Dorf: As ordens foram discrição e ordem nessas questões, e você está fazendo estardalhaço.

Blobel responde pegando a arma de Dorf e pressionando-a contra a mão dele.

Blobel: Dane-se. Vá você limpar lá embaixo.

Dorf vai até a beira do buraco.

Blobel: É como comer macarrão, Dorf. Depois que você começa, não consegue mais parar.

A câmera mostra uma pilha de corpos sem vida, o sangue escorrendo.

Blobel: Pergunte aos homens como é, capitão. Depois que você atira em 10 judeus, os 100 seguintes se tornam mais fáceis. Depois de 100, você quer atirar em 1.000.

Enquanto Blobel continua seu discurso, Dorf desce o buraco. Escutamos um gemido. Pelo menos um homem está vivo e agonizando. Um soldado aponta para ele, mas não o vemos.

Soldado: Aquele ali, senhor.

Dorf ergue a arma, baixa-a, olha ao redor, então dispara duas vezes.

Blobel: Ótimo, ótimo. Dois tiros bastam... Capitão Dorf. Os guerreiros da tribo zulu dizem que um homem não é homem até banhar sua lança com sangue.

O gráfico que mostra o uso do termo *Holocausto* foi de praticamente inexistente para usado o tempo inteiro em algum momento no começo de 1978. Quando a minissérie *Holocausto* foi exibida? Em 16 de abril de 1978.*

---

* O pesquisador que fez a maior parte do trabalho para tentar acompanhar o uso do termo *holocausto* em referência às atrocidades nazistas é Jonathan Petrie. Ele encontrou o uso esporádico do termo a partir de novembro de 1938, na correspondência pessoal de líderes judeus e entre acadêmicos. Em 3 de outubro de 1941, a edição da *The American Hebrew*, por exemplo, exibia uma imagem de dois judeus franceses carregando um pergaminho da Torá com a legenda "Antes do Holocausto". Depois disso o uso do termo foi aumentando cada vez mais, principalmente em revistas judias ou trabalhos acadêmicos. Mas quando foi o ponto da virada? Petrie escreve:

> No primeiro semestre de 1978, mais de 100 milhões de americanos assistiram pelo menos a uma parte da minissérie da NBC intitulada *Holocausto*. A transmissão foi um grande evento cultural. Como consequência imediata, o termo "Holocausto", em letra maiúscula e sem modificações, se tornou a referência reconhecida pela sociedade americana para o genocídio dos judeus praticado por Hitler, gerando uma nova sensibilização pela tragédia.

4.

Sei que hoje é difícil aceitar a ideia de que o mundo pode ser transformado por um programa de televisão. As audiências foram divididas em mil por canais a cabo, serviços de streaming e video games. A comédia mais popular dos anos 2010, por exemplo, era *The Big Bang Theory*, série sobre um grupo de jovens inteligentíssimos que morava em Pasadena. Foi exibida por 12 temporadas e foi a sitcom mais assistida em sete delas. Quando seu episódio final foi exibido em 2019, 18 milhões de espectadores assistiram, número equivalente a 5,4% do público americano. Mas só 5,4%? A mesma quantidade de americanos acredita que a ida do homem à Lua foi uma farsa.

Porém, uma geração atrás, a televisão era algo completamente diferente. O último episódio da sitcom *M*A*S*H* – a *The Big Bang Theory* da época – atraiu *106 milhões de espectadores*. Era mais de 45% do público americano. Se você saísse na rua em qualquer cidade durante o horário nobre de 28 de fevereiro de 1983, quando *M*A*S*H* se despediu das telinhas, tudo estaria às moscas.* *Isso* é poder.

"Era a época em que a cultura popular era dominada por três canais, e todos rotineiramente conseguiam audiências, em seus programas principais, que esmagariam qualquer coisa atual", explica Larry Gross, acadêmico da Universidade do Sul da Califórnia que passou meio século estudando o poder da televisão.

> Os programas mais populares tinham mais audiência do que o Super Bowl tem hoje. Era comum que eles reunissem um público imenso – jovens e idosos; pessoas escolarizadas e sem estudo; homens, mulheres, minorias e assim por diante. Era uma mistura. (...)

---

* Programa / Ano / Espectadores (em milhões) / Proporção de audiência no último episódio em relação ao total da população americana:
M*A*S*H / 1983 / 106 / 45,5%
Cheers / 1994 / 80,4 / 30,9%
Seinfeld / 1998 / 76 / 27,5%
Friends / 2004 / 52,5 / 17,9%
The Big Bang Theory / 2019 / 18 / 5,4%

Era como uma religião antes da Revolução Industrial: comunidades inteiras reunidas para absorver as mesmas mensagens.

Gross e vários colegas realizaram um estudo fascinante para demonstrar o poder da televisão na época. Ele analisou as reações de um grande grupo de pessoas que foram questionadas sobre o que achavam das questões raciais mais polêmicas dos anos 1970, como: *Alunos devem ser inscritos em escolas de distritos diferentes de onde moram para incentivar a integração entre pessoas de várias etnias? Deveria ser permitido discriminar etnias na hora de vender ou alugar imóveis? Deveria haver leis contra casamentos entre pessoas de cores diferentes?* Progressistas, moderados e conservadores tinham opiniões bem diversas sobre cada um desses temas. Isso era esperado. Mas então Gross separou as respostas dos membros desses grupos que viam TV com muita frequência. Isso mudou tudo. Na maioria das vezes, progressistas, moderados e conservadores discordavam enfaticamente em questões polêmicas *apenas se não vissem TV com muita frequência*. Porém, quanto mais televisão pessoas de todas as tendências políticas assistissem, mais começavam a concordar umas com as outras. Quando um grande grupo de pessoas assiste às mesmas histórias, noite após noite, elas se unem.

"Isso não acontece porque a mídia está tentando gerar esse efeito", diz Gross. "Na verdade, a mídia está criando a consciência cultural sobre como o mundo funciona (...) e quais são as regras." As histórias contadas na televisão moldaram o que as pessoas pensavam, as conversas que tinham, as coisas que valorizavam ou não. E essa experiência compartilhada era tão poderosa e transformadora que a frequência com que uma pessoa via TV era um indicador melhor de como ela enxergava as questões de seu tempo do que saber em quem tinha votado na última eleição. "Sempre gosto de citar uma frase do escritor escocês Andrew Fletcher", disse Gross. "'Se eu puder escrever as canções de uma nação, não me interessa quem escreverá suas leis.'"*

Precisamos prestar mais atenção nas canções que cantamos.

---

* A frase exata é: "Permita-me criar as canções de uma nação, e não me importarei com quem criará suas leis."

5.

Voltemos ao clube dos sobreviventes de Los Angeles na escola em Hollywood no fim dos anos 1950. Eles formavam um grupo de pessoas ainda jovens que tinham sobrevivido a uma experiência terrível. Seria natural que os integrantes desse grupo tivessem as mais diversas reações a tudo que passaram. Alguns poderiam querer contar para o mundo; outros achariam melhor seguir em frente. Mas não havia essa variação: nos anos do pós-guerra, meio que existia um consenso sobre não tocar no assunto.

Era a isso que o historiador Novick se referia ao falar sobre o "ritmo" estranho da memória do Holocausto. Ele estava falando sobre os efeitos de uma história latente. O que dizia essa história latente? Novick escreveu sobre uma conferência organizada pelo Comitê Judaico Americano (AJC, na sigla em inglês) perto do fim da Segunda Guerra Mundial. Eles convidaram alguns dos maiores acadêmicos da época para tentar descobrir como enfrentar o antissemitismo que tivera consequências terríveis por toda a Europa. O consenso do comitê especialista foi de que esse ódio era motivado por uma percepção de fraqueza nos judeus: o antissemita era um valentão vingativo que se aproveitava de pessoas indefesas. Como explicou o líder do AJC, organizações judaicas deviam, por causa disso:

> evitar representar o judeu como fraco, vitimizado e sofredor. (...) É preciso que aconteça uma eliminação, ou pelo menos uma redução, das histórias terríveis em que o judaísmo é vitimizado. (...) Devemos normalizar a imagem do judeu. (...) Histórias de heróis de guerra são excelentes. (...) O judeu deve ser representado como *semelhante* aos outros, não como diferente. A imagem da fraqueza judaica deve ser eliminada.

No fim dos anos 1940, foi proposta a construção de um memorial do Holocausto em Nova York. "Em três ocasiões – em 1946, 1947 e 1948 – os representantes do (...) Comitê Judaico Americano, da Liga Antidifamação, do Congresso Judaico Americano, do Comitê Judaico de Trabalho e dos Veteranos de Guerra Judeus rejeitaram a ideia por unanimidade e vetaram a iniciativa", escreve Novick. "Eles temiam que um monumento do tipo fizesse os americanos pensarem nos judeus como vítimas: seria um 'memorial perpétuo à fraqueza e ao desamparo do povo judeu'; seria 'contra os interesses do judaísmo'."

Dá para entender essa postura. Ela era *necessária*.* Sig Halbreich se mudou de Cleveland para Los Angeles em 1959, em parte para se afastar daquilo que acreditava ser um interesse opressivo em seu passado. "Perguntas, perguntas, tantas perguntas. Eu não queria ficar falando sobre o que passei", disse ele certa vez. Não é compreensível? Quando o clube dos sobreviventes começou a se reunir, suas conversas sobre o Holocausto eram particulares. Eram o tipo de conversa que você só consegue ter com alguém que passou pela mesma experiência.

"Eles conversavam entre si", disse Lithgow, diretora do museu. "Mas ainda havia um resquício de medo e ainda havia um... Odeio dizer, mas eles sentiam certa vergonha da situação como um todo. Tinham vergonha de seus sotaques. Tinham vergonha de suas tatuagens. Tinham vergonha do fato de seus filhos não terem avós nem parentes presentes nas peças escolares, como as outras crianças. Não sei por que eles se achavam culpados dessas coisas, mas era o que acontecia. Por algum motivo, eles sentiam vergonha."

Esta era a história latente dos sobreviventes: os acontecimentos nos campos de concentração tinham sido tão avassaladores, tão mais horríveis e dramáticos do que aquilo que se imaginava ser possível, que o único caminho emocional disponível era seguir em frente. Ao mesmo tempo, as pessoas que não tinham passado por aquela experiência tinham a própria história latente. Os livros dos anos 1960 que resumiam o Holocausto a um punhado de frases eram escritos por historiadores que sabiam falar sobre política, economia, estatística e outros temas de sua profissão, mas não tinham a linguagem nem a experiência para captar a experiência dos campos de concentração.

---

* Nos anos 1950, havia um programa de televisão extremamente popular chamado *Queen for a Day* (Rainha por um dia), em que mulheres contavam uma história sofrida para a plateia, que então votava na "vencedora" e a coroava rainha. Em um episódio, a vencedora foi uma sobrevivente do campo de concentração Birkenau, que disse: "Sempre que olho para meu braço esquerdo e vejo minha tatuagem, me lembro do meu passado terrível. (…) Queria poder removê-la." Ela venceu, e o programa pagou pela remoção da tatuagem.

Após a guerra, Halbreich trabalhou como intérprete para o general Dwight Eisenhower – então Supremo Comandante dos Aliados na Europa. Eisenhower notou que Halbreich tinha uma tatuagem de campo de concentração – *68233* – e perguntou: "Doeu muito quando tatuaram esse número no seu braço?"

Halbreich pensou: "Caramba, que tipo de pessoas são esses americanos? Eles estão vendo o que acontece aqui, pilhas de cadáveres, pessoas mortas, e ele me pergunta se doeu quando me tatuaram? Só que, mais tarde, entendi que ele nem imaginava como era. Os americanos achavam estranho passar por algo assim." Eisenhower não sabia como falar sobre o que via ao seu redor.

O silêncio era mais profundo na Alemanha. Os alemães precisavam lidar com a própria vergonha. No campo de concentração Bisingen, perto da fronteira com a França, autoridades locais tiveram um longo debate após a guerra sobre o que escrever na placa diante do cemitério que abrigava algumas vítimas do campo de concentração. Eles se decidiram por *Ehrenfriedof – cemitério honorário –*, já que, como o governo local explicou, "era apropriado manter viva a memória dos crimes do Nacional-Socialismo entre a população local". No entanto, continuou o governo, não fazia sentido destacar "os crimes do Nacional-Socialismo para os estrangeiros que passavam em grande número pela rodovia federal 27, que serve como passagem internacional".

A comunidade então plantou milhares de árvores e cercas vivas, que logo se espalharam por partes do campo de concentração. E o clube de futebol Bisingen construiu um campo sobre um forno de carvão que os prisioneiros eram forçados a encher com xisto. Uma pequena pirâmide de pedra foi colocada nas proximidades com a inscrição: *Viajante, ao passar por aqui, lembre-se das vidas que foram ceifadas antes de serem vividas de forma plena*. Ou seja, eles podiam dar pistas sobre o que havia acontecido, mas não falar com todas as letras.

Imagine como deveria se sentir nos anos 1970 uma pessoa que quisesse mostrar ao mundo como foi o Holocausto. Trinta anos tinham se passado desde o fim da guerra. O intervalo de tempo que se costumava dar para eventos difíceis de digerir tinha passado. Historiadores ignoravam o assunto. Os sobreviventes não queriam falar a respeito. Hollywood permanecia em silêncio. Na Alemanha, times de futebol treinavam sobre campos de concentração abandonados. Tudo que os Estados Unidos tinham era um museu improvisado no Wilshire Boulevard, em Los Angeles, onde um grupo de refugiados guardava as lembranças que não suportava manter em casa. O Holocausto não tinha nem *nome*. Os acontecimentos relativos ao que aconteceu com o povo judeu durante a guerra pareciam fadados a se tornar uma nota de rodapé, e a impressão era de que não havia muito a se fazer para mudar isso.

Por outro lado, Miami passou por três choques em 1980 e nunca mais foi a mesma. Poplar Grove era um porto seguro até deixar de ser. O cardiologista de Boulder vai para Buffalo e de repente se torna um profissional muito diferente. Talvez a melhor pergunta a ser feita naquele momento não fosse *se* o mundo podia mudar a forma de encarar o Holocausto, e sim *como* fazer isso.

6.

Assim, naquela esquina do Wilshire Boulevard, o clube dos sobreviventes abriu as portas para seu pequeno museu.

"Acho que eles se chocaram com o interesse das pessoas", disse Lithgow. "Acho que se impressionaram de verdade ao ver que as pessoas se importavam e que havia gente interessada no que tinham a dizer."

Então as pessoas *estavam* interessadas, e os sobreviventes do Holocausto descobriram que era possível descrever o indescritível. Os números tatuados em seus antebraços não eram motivo de vergonha. Reviver uma memória não era sinal de fraqueza.

Ao longo das duas décadas seguintes, esse conceito foi se espalhando aos poucos, saindo do Wilshire Boulevard e atravessando o país. Nas redondezas de Chicago, um sobrevivente de Auschwitz chamado Zev Weiss começou a tentar convencer faculdades a oferecer cursos sobre o Holocausto. Mais tarde, ele recordaria que as primeiras reações tinham sido "desculpas, postergações e desinteresse geral". Mas ele não desistiu. Viajava pelo país para falar com as faculdades, às vezes até dormindo no carro. Entrava na sala de professores, insistindo para falarem sobre o Holocausto em sala de aula. "Alguns dos seus pedidos eram um pouco exagerados", lembra um amigo de Weiss, "e não era fácil discutir com ele. Com Zev, era mais fácil dizer sim antes mesmo de ele fazer a pergunta".

No meio dos anos 1970, grupos judaicos colaboraram com o Congresso americano para aprovar a Emenda Jackson-Vanik, lei que pressionava a União Soviética a fazer algo antes impensável: afrouxar suas leis de emigração, permitindo que centenas de milhares de judeus russos se mudassem para Israel e para os Estados Unidos. Era, nas palavras de um historiador, um triunfo para um "particularismo judaico orgulhoso, forte". Então, em 1977, um grupo de neonazistas pediu permissão para organizar uma marcha por Skokie, Illinois, cidade-satélite de Chicago amplamente povoada por judeus. Em vez de ignorar a marcha – seu primeiro impulso –, a cidade resistiu. Algo na comunidade judaico-americana havia mudado, e foi essa mudança que levou Paul Klein e Irwin Segelstein a parar diante da vitrine da livraria e tomar sua memorável decisão.

Os dois executivos não esperaram para ver se conseguiriam encontrar sinais dessa mesma inquietação fora da comunidade judaica. Não pisaram em ovos ao falar sobre o assunto. Criaram um dos seminários mais devastadores e agressivos da história moderna. A minissérie foi exibida por quatro noites consecutivas, começando no dia 16 de abril de 1978, e 120 milhões de pessoas – *metade do país* – assistiram.

Na Alemanha, onde *Holocausto* foi transmitida em janeiro do ano seguinte, o efeito foi ainda mais eletrizante. A minissérie era exibida tarde, terminando perto da meia-noite, em uma rede de canais regionais pouco popular – e, *ainda assim*, 15 milhões de alemães ocidentais, cerca de um quarto do país, assistiram. A série foi considerada "*o evento da televisão alemã dos anos 1970*". Revistas e jornais publicaram edições especiais e dedicaram seções a *Holocausto*. Milhares de espectadores, alguns aos prantos, ligaram para as estações locais de televisão. Grupos neonazistas plantaram bombas em estações de televisão em Koblenz e Münster para tentar impedir a exibição. Um antigo oficial da SS contou que sua esposa e seus quatro filhos o chamaram de "velho nazista" depois de assistirem ao segundo episódio e pararam de falar com ele. Na Alemanha, o tempo de prescrição dos crimes de guerra estava prestes a acabar. Após *Holocausto*, o parlamento da

Alemanha Ocidental mudou de ideia e aboliu o prazo. Nas palavras de um jornalista alemão:

> *Holocausto* abalou a Alemanha pós-Hitler de um jeito que intelectuais alemães jamais conseguiram fazer. Nenhum outro filme tornou tão vívida a jornada de sofrimento dos judeus rumo às câmaras de gás. (...) Só após *Holocausto* a maioria da nação passou a saber o que estava por trás da fórmula terrível e vazia da "Solução Final da Questão Judaica".

Hoje, em Bisingen, existe um museu de verdade no local do antigo campo de concentração, um dos milhares de memoriais e museus do Holocausto que foram construídos por toda a Alemanha desde então.

7.

Muitos anos após a exibição de *Holocausto*, Herbert Schlosser, ex-presidente da NBC e então chefe de Klein e Segelstein, foi entrevistado sobre a minissérie. Schlosser deu aos dois os merecidos créditos – ele era apenas o cara no andar de cima –, exceto por um detalhe. Nas primeiras conversas sobre a série, o roteiro era intitulado *Holocausto*. Só que, quando os roteiros foram concluídos, a palavra tinha sido abandonada. Afinal, em meados dos anos 1970 não tinha qualquer significado especial.

"Um dia, eles bateram à minha porta com uma pilha de roteiros que vinha até *aqui*", lembrou Schlosser. "E contribuí com uma coisa. (...) Li os roteiros, mas notei que a minissérie não se chamava *Holocausto*, e sim *A família Weiss*, que é o nome da família que sofre o Holocausto. Então liguei para o produtor e falei: 'Você não vai chamá-la de *A família Weiss*.'"

Schlosser quis voltar com o título original do roteiro.

"Use *Holocausto*", instruiu ele ao produtor.

E é por isso que todo mundo chama o holocausto de *Holocausto*. Volte para a lista de museus americanos: após 1978, *todos* passaram a usar o termo *Holocausto* no nome. Até o museu original no Wilshire Boulevard foi de

Martyrs Memorial Museum para Los Angeles Museum of the Holocaust. As atrocidades em massa sobre as quais ninguém sabia falar agora tinham nome. E por quê? Porque um executivo da televisão achou que soaria melhor do que *A família Weiss*.

É isto que contadores de história são capazes de fazer: eles conseguem mudar a história latente.

CAPÍTULO OITO

Casos de família

"Tirei o carro da pista de propósito."

1.

Em 1995, apenas quatro anos após o colapso da União Soviética, o cientista político Timur Kuran escreveu um famoso ensaio intitulado "A inevitabilidade de futuras surpresas revolucionárias".

"Intelectuais discordam sobre muitas coisas, então não há nada de estranho nas muitas controvérsias que se seguiram à queda do comunismo no Leste Europeu", começava Kuran. "O que impressiona é nosso consenso quase unânime sobre o fato de que essa transformação monumental pegou o mundo de surpresa."

Kuran fez uma lista de todos que podiam ter previsto a revolução, mas não o fizeram. Os primeiros foram "jornalistas, diplomatas, estadistas, futurologistas e acadêmicos", os especialistas cujo trabalho era entender questões mundiais. Eles foram pegos desprevenidos. E os cidadãos comuns do Leste Europeu? Pouco depois da queda do Muro de Berlim, foi feita uma pesquisa na Alemanha Oriental: "Um ano atrás, você esperava uma revolução tão pacífica?" Cinco por cento – uma migalha – das pessoas disseram que sim. Dezoito por cento responderam: "Sim, mas não tão rápido." E três quartos dos entrevistados disseram que ficaram totalmente surpresos.

Kuran seguiu em frente: e quanto aos líderes comunistas que precisavam compreender a situação de seus próprios países para manter o poder e o cargo? Eles nem imaginavam aquilo. Até os dissidentes – as pessoas que lutavam para tirar os soviéticos do poder havia uma geração – foram surpreendidos. Kuran apontou que o dramaturgo Václav Havel, que se tornaria um dos primeiros líderes da República Tcheca, escreveu em 1978 um ensaio chamado "O poder dos impotentes", no qual previa – corretamente – que o império soviético não era tão impenetrável quanto parecia. Ele poderia ser derrubado, nas suas palavras, por um "movimento social", uma "explosão de revolta civil" ou um "conflito brusco dentro de uma estrutura de poder aparentemente monolítica". A conclusão de Havel foi de uma presciência impressionante: "E se o futuro melhor já estiver aqui há muito tempo, mas nossa cegueira e nossa fraqueza estiverem nos impedindo de enxergá-lo dentro de nós e ao nosso redor e de torná-lo realidade?"

Mas o que aconteceu quando a revolução prevista por Havel de fato começou? Ele não percebeu. Quando o líder soviético Mikhail Gorbachev foi à Tchecoslováquia para dar um discurso, naquele que foi um dos primeiros sinais reais de que a Rússia estava disposta a relaxar seu controle sobre seus estados-satélite, Havel ficou indignado por seus compatriotas receberem Gorbachev com alegria.

"Estou triste; nossa nação nunca aprende. Quantas vezes ela colocou toda a sua fé numa força externa, acreditando que ela solucionaria nossos problemas? (...) Ainda assim, aqui estamos, cometendo o mesmíssimo erro. Eles parecem acreditar que Gorbachev veio libertá-los (...)."

Essas eram as pessoas que conheciam a história e a cultura do Leste Europeu melhor que qualquer um; os intelectuais que liam todos os livros importantes, que avaliavam tudo que havia para ser avaliado. O povo do Leste Europeu vivia sob o regime soviético. Os dissidentes lutavam por liberdade desde que se entendiam por gente. Não havia nada, enquanto grupo, que não soubessem. Só que o argumento de Kuran era que, nas revoluções, existe um elemento – grande ou pequeno – que nos desnorteia: quando um grupo de pessoas se reúne, em meio a um momento de febre, e de repente muda de comportamento ou de crença, ficamos sem chão, sem entender, sem saber o que falar. Segundo Kuran, poucas semanas antes da Revolução Russa de fevereiro de 1917, o mentor da luta, Vladimir Lênin, "deu a entender que a grande explosão da Rússia aconteceria em um futuro distante e que ele mesmo não viveria para testemunhá-la". E foi ele quem acabou fazendo a revolução!

A meu ver, as histórias de Miami e da minissérie *Holocausto* nos oferecem uma resposta parcial sobre o motivo de nos surpreendermos. Histórias latentes são bem mais voláteis do que parecem. Porém, neste capítulo, quero falar sobre um segundo motivo – que, a meu ver, explica melhor por que sempre somos pegos de surpresa. Nós ignoramos os sinais de mudança porque os procuramos nos lugares errados. E qualquer um que tenha crescido no começo do século XXI testemunhou um exemplo quase perfeito dessa cegueira: a batalha em prol do casamento homoafetivo.

2.

Após se matricular na faculdade de direito no começo dos anos 1980, Evan Wolfson leu um livro acadêmico escrito pelo historiador John Boswell chamado *Christianity, Social Tolerance, and Homosexuality* (Cristianismo, tolerância social e homossexualidade). Wolfson tinha 20 e poucos anos e havia acabado de voltar de uma temporada com o Corpo da Paz na África Ocidental. Lá, ele havia se assumido gay. "Quer dizer, eu sempre soube que era gay", contou ele, "mas foi lá que comecei a ter relações sexuais e a imaginar de verdade como seria a vida sendo abertamente gay". O livro de Boswell abriu seus olhos. "Coloquei uma sobrecapa nele e o levei comigo para a praia na Flórida, onde fui visitar meus avós."

Com Boswell, Wolfson aprendeu que "nem sempre havia sido assim para pessoas gays, que cada sociedade lidava com a homossexualidade, entendia a sexualidade e apresentava a sexualidade de uma forma". Na leitura ele se deparou com um trecho que achou especialmente promissor: "Se já foi diferente, pode voltar a ser." E começou a pensar no que seria necessário para mudar a maneira como o mundo enxergava os homossexuais.

> Eu me perguntei: *Por que gays sofrem discriminação e opressão em nossa sociedade de um jeito que não acontecia em outras?* E concluí que isso podia ser entendido como uma rejeição – rejeição da maneira como amamos, de quem amamos (...).
>
> E então me perguntei: *Tudo bem, então qual é a estrutura central*

> (...) *que baseia a forma como nossa sociedade ensina, entende e apoia o amor?* E, óbvio, na nossa sociedade, como praticamente em todas as outras, a resposta é o casamento. Foi aí que decidi que lutar pelo casamento, imaginando que ter esse direito seria a maneira mais poderosa de mostrarmos que somos iguais, importantes e merecedores.

Wolfson acreditava que o casamento seria o "motor da transformação que mudaria a forma como pessoas não gays enxergariam a realidade das pessoas gays".

Isso foi no começo da década de 1980. Hoje talvez seja difícil conceber como a conclusão de Wolfson era radical para a época. O casamento homoafetivo simplesmente não fazia parte de qualquer pauta ou política social. A história latente estava a quilômetros de distância da ideia de que o casamento deveria ser uma possibilidade para pessoas do mesmo sexo. Se você conversar com seus pais (ou avós), por exemplo, é quase certo que eles se lembrem de um livro chamado *Tudo que você queria saber sobre sexo (mas tinha medo de perguntar)*, escrito pelo psiquiatra californiano David Reuben e o primeiro manual de sexo moderno. Virou best-seller em 51 países e permaneceu na lista dos mais vendidos do *The New York Times* por mais de um ano. Woody Allen fez um filme extremamente bem-sucedido baseado no livro. Reuben fez mais de dez aparições no programa *Tonight Show*, de Johnny Carson, interpretando o papel do terapeuta sexual simpático da nação. *Tudo que você queria saber sobre sexo* foi uma febre, e eis o que Reuben disse em seu capítulo dedicado à "Homossexualidade masculina":

> Em suas caças, a maioria dos homens gays dispensa a paquera. Eles não têm tempo para joguinhos ou bilhetes amorosos em guardanapos. A homossexualidade parece carregar uma urgência frenética.

Reuben descreveu encontros às escondidas em banheiros como algo típico. Afirmou que homens frequentemente tinham até cinco encontros sexuais por noite, cada um durando "cerca de seis minutos". Homossexuais "gostam do perigo", afirmou. Eles "têm compulsão por ostentar suas relações sexuais em público". O capítulo se alongou sobre como eles adoravam fantasias, eram obcecados por comida, tinham propensão a fazer chantagens e mantinham práticas sexuais aventureiras.

O método narrativo de Reuben no livro era fazer uma série de perguntas e oferecer respostas curtas. Veja o exemplo a seguir:

> *E quanto aos homossexuais que vivem juntos e são felizes por anos?*
> O que tem eles? Esses são pássaros raros em meio à revoada homossexual. Aliás, a parte do "felizes" é questionável. A briga mais amargurada entre marido e mulher é um soneto de amor apaixonado em comparação com um diálogo entre gays. Viverem juntos? Sim. Felizes? Dificilmente.
>
> A outra parte do motivo de esses "casamentos" não serem felizes tem a ver com o fato de que seus participantes nunca abandonam a caça. Eles podem brincar de casinha juntos, mas a enxurrada de pênis costuma permanecer inabalável. Apenas nesse contexto o ciúme, as ameaças, as crises histéricas e a traição mútua fazem sentido. Para a sorte dos dois, a expectativa de vida do relacionamento é curta.

Se era isso que uma geração inteira pensava sobre homens gays, como seria possível lutar pelo direito ao casamento homoafetivo com os mesmos direitos dos heterossexuais? Por que o restante da sociedade deixaria você usufruir da instituição social mais importante se achasse que você faria isso com ela? Wolfson decidiu escrever seu trabalho de conclusão de curso sobre o casamento gay, mas não conseguiu encontrar um orientador disposto a trabalhar com ele.

"Procurei alguns progressistas conhecidos e membros mais solidários do corpo docente. Sem exceção, todos disseram não", lembra ele. Todas aquelas pessoas tinham crescido expostas a David Reuben. A ideia de Wolfson parecia ridícula. "Achavam que seria difícil demais (...) ou um objetivo inadequado."* Wolfson terminou a faculdade e por anos lutou para

---

* Wolfson finalmente encontrou um orientador, um "professor comum, não progressista, que não se identificava como gay (...), chamado David Westfall, que era basicamente um cara normal, especializado em direito de família". Westfall lhe deu nota 8 pela tese.

mudar as leis estaduais. Mas todo progresso dos ativistas gays era alvo de críticas, culminando com um dos discursos mais famosos da presidência de George W. Bush, em fevereiro de 2004:

> **Presidente Bush:** A união entre um homem e uma mulher é a instituição humana mais duradoura, honrada e incentivada em todas as culturas e fés religiosas. Séculos de experiência ensinaram à humanidade que o compromisso entre marido e esposa de amar e servir um ao outro promove o bem-estar das crianças e a estabilidade da sociedade.

Bush se apresentou diante do país e disse "chega".

> O casamento não pode ser separado de suas raízes culturais, religiosas e naturais sem enfraquecer a boa influência da sociedade.
> Hoje, peço ao Congresso que aprove e envie aos estados a ratificação de uma emenda à nossa Constituição que defina e proteja o casamento, apontando-o como a união entre um homem e uma mulher que querem se tornar marido e esposa.

Uma a uma, as assembleias legislativas dos estados aprovaram emendas a suas constituições para impossibilitar o casamento homoafetivo. Entre os ativistas, o clima foi desolador. "Muitos sugeriram que era melhor recuarmos, desistirmos, pararmos, irmos mais devagar, inclusive alguns dos principais participantes do movimento", lembra Wolfson. Os líderes do Human Rights Campaign pediram cautela, assim como a senadora Dianne Feinstein, da Califórnia, aliada de longa data do movimento. "A questão foi pressionada demais, rápido demais, cedo demais", disse ela.

Anos de trabalho foram por água abaixo em 2004.

"Muita gente no movimento entrou em desespero", conta Matt Coles, um dos líderes da luta pelos direitos dos homossexuais na época.

> As organizações focadas principalmente no Congresso americano ou nas assembleias legislativas dos estados acharam de verdade que não chegaríamos a lugar algum.

Os ativistas organizaram um encontro em Jersey City, Nova Jersey, na margem oposta do rio de Manhattan. Juntos, bolaram um plano de longo prazo para seu movimento. Meticuloso. Cauteloso. Ponderado. Foi decidido que iriam devagar, trabalhando em nível estadual e começando pelas regiões em que achavam que seriam recebidos com alguma boa vontade. Começariam com ideias menos polêmicas – o reconhecimento das uniões estáveis, depois dos direitos civis. Só quando vencessem essas duas batalhas seguiriam para o prêmio mais importante: a liberdade de poder se casar.

Coles conta que, se alguém lhe perguntasse quanto tempo levaria para conseguirem a legalização do casamento igualitário em todos os estados americanos, ele responderia sem hesitar.

"Em 2005 (…), eu teria dito que em 20 a 25 anos." Ele fez uma pausa. "Mas talvez de 30 a 40."

Ele e todos os seus companheiros de ativismo estavam errados. Em menos de uma década a oposição ao casamento homoafetivo murchou. Sasha Issenberg, que escreveu *The Engagement* (O noivado) – a história definitiva sobre a luta pelo casamento igualitário nos Estados Unidos –, chama a vitória de "a mudança mais importante na opinião pública americana da minha geração". Ele continua:

> Em 15, 16 anos, o apoio aumentou demais. E aconteceu em todos os grupos demográficos e políticos. Eram jovens, idosos, brancos, negros, latinos, evangélicos, todo mundo.

No calor da batalha, os ativistas não entenderam que a vitória estava próxima. Parafraseando Timur Kuran: *Intelectuais discordam sobre muitas coisas, então não há nada de estranho nas muitas controvérsias que se seguiram à batalha pelo casamento homoafetivo. O que impressiona é nosso consenso quase unânime sobre o fato de que essa transformação monumental pegou o mundo de surpresa.*

Eles procuraram sinais de mudança nos lugares errados. Então vamos voltar e procurar por conta própria.

3.

O filme *Casos de família*, feito para ser exibido na televisão, estreou em 1992 no canal Fox. Foi indicado a três Emmys, o que significava que era considerado acima da média das produções televisivas. A história fala dos Carter, uma família rica que mora em uma bela vizinhança. O pai tem um restaurante de sucesso. Ele e a esposa têm três filhos adultos: uma mulher casada e dois homens, sendo o mais jovem, Matt, o perfeitinho da família, lindo e brilhante, estudante de Yale. Nas primeiras cenas do filme, vemos Matt levando a noiva à casa da família para apresentá-la. Ela é linda, rica e apaixonada por ele.

Caso você já tenha assistido a um filme feito para a televisão daquela época, sabe o que está prestes a acontecer. Os Carter não são tão perfeitos quanto parecem. O irmão mais velho é alcoólico. O pai é controlador e autoritário. A mãe vive em negação. A filha casada tenta fazer um aborto sem contar para o marido. E logo descobrimos que Matt esconde um segredo terrível.

A primeira a descobrir a verdade é a noiva de Matt, ao encontrar uma carta incriminadora no quarto dele. Aos prantos, ela o confronta, então entra na sua BMW e vai embora. Nunca mais a vemos. A despedida de solteiro de Matt é na mesma noite. Ele finge que está tudo bem, mas, voltando de carro da festa para casa, de repente ele sai da estrada e bate em um poste. Inventa uma história detalhada para os pais sobre como tentou desviar de um animal na estrada, só que as perguntas começam a se acumular, até que a mãe de Matt o confronta na elegante sala de estar dos Carter.

> **Mãe:** É melhor você começar a se explicar, rapaz. Você me deve uma explicação!
> **Matt:** Você já sabe o que houve. Sabe exatamente o motivo. Quer que eu diga com todas as letras?
> **Mãe:** Não fale desse jeito comigo.
> **Matt:** Não! Você quer que eu diga com todas as letras? Quer que eu diga, mãe? Eu não saí da estrada para desviar de um cachorro, eu saí da estrada para fugir desta vida!

Acho que já dá para imaginar qual é o segredo de Matt, não dá?

Matt: Porque eu achei que era melhor morrer do que contar para vocês...
Mãe: Certo, já ouvi o suficiente...
Matt: Não ouviu, não, mãe! Não ouviu. Eu tentei me matar.
Mãe: Não tentou, não. Você sofreu... você sofreu um acidente.
Matt: Não! Não! Não! Achei que seria melhor morrer...
Mãe: Não! Não, você sofreu...
Matt: Mãe! Eu achei que seria melhor morrer do que...
Mãe: Não...

A essa altura, os milhões de espectadores estão com os olhos marejados.

Matt: Sim! Do que contar para vocês que sou gay! Tirei o carro da pista de propósito. Eu fiz de propósito, mãe. De propósito.

O que todos os espectadores aprenderam com *Casos de família*?
No caso de *Holocausto*, é fácil entender como um evento cultural é capaz de mudar a história latente. Ao longo de quatro noites, no mesmo horário, metade dos Estados Unidos assistiu a uma aula de história poderosa e inflexível. *Holocausto* deu ao mundo permissão para debater algo que até então era considerado proibido. Mas acredito que esse tipo de processo também acontece de formas sutis. No capítulo anterior, descrevi o trabalho do acadêmico Larry Gross, e acho que vale a pena repetir aqui algo que ele disse: "Isso não acontece porque a mídia está tentando gerar esse efeito. Na verdade, a mídia está criando a consciência cultural sobre como o mundo funciona (...) e quais são as regras." Quando se trata de histórias latentes, regras do tipo estão sendo constantemente reescritas e revisadas.

Por exemplo, na mesma época de *Holocausto*, uma enxurrada de programas "feministas" foi veiculada na televisão. *Mary Tyler Moore* foi o pioneiro. Então vieram *Phyllis*, *Maude*, *Rhoda*, *One Day at a Time*, *Cagney & Lacey*, *Murphy Brown*, etc. A mensagem explícita dessas séries era clara. Elas mostravam mulheres duronas, competentes, profissionais. Deixavam claro que elas eram tão capazes quanto os homens. Mas lembre-se de que o poder da televisão não está em nos dizer *o que* pensar, e sim em nos mostrar *como* pensar. E quais eram as regras implícitas dessas séries? Que uma mulher bem-sucedida quase sempre é mais velha, branca, heterossexual e *solteira*.

"Então, se você fosse feminista, não podia ser casada", argumenta a acadêmica Bonnie Dow, que escreveu um livro brilhante analisando essa onda de programas televisivos.

> Se você fosse feminista, não podia ter filhos. (...) Partia-se do princípio de que, se você seguisse esse tipo de filosofia (...), se estivesse disposta a se expor como alguém que acreditava na igualdade entre mulheres e homens, teria muita dificuldade em manter um relacionamento funcional. Essa é uma das regras.

Nessas séries, o progresso feminino estava atrelado apenas ao sucesso na carreira, a "vencer como um homem". Segundo Dow:

> Trata-se de ter as mesmas oportunidades que um homem. De conquistar as mesmas coisas que homens podem conquistar, e isso, claro, meio que acaba com todas as possibilidades de reconhecer de que formas as mulheres são diferentes, porque elas engravidam e têm filhos, para começo de conversa, e talvez precisem de um ambiente de trabalho diferente.

A história latente criada por essas séries era confusa e ambivalente, uma forma de pensar nos direitos das mulheres que enfatizava os grandes sacrifícios que precisavam fazer para alcançar o sucesso profissional. Assistir a *Mary Tyler Moore* ou *One Day at a Time* não tornava ninguém feminista, mas poderia gerar a crença de que a mulher não podia ser feminista se quisesse ter filhos e família.

Voltemos a *Casos de família*. Temos aqui um filme lançado na época em que pessoas como Evan Wolfson estavam começando a batalha pelo casamento homoafetivo. Histórias como essa ajudavam ou prejudicavam a causa? Vale lembrar que na época uma quantidade surpreendente de filmes feitos para a televisão falava sobre homossexualidade.

Bonnie Dow também analisou essa questão e concluiu que havia um conjunto de regras embutidas nas narrativas gays dos anos 1980 e 1990, assim como as regras encontradas nas sitcoms feministas.

Regra nº 1: *Gays nunca são protagonistas de histórias que falam principalmente sobre gays.* Ou seja, o personagem gay faz uma aparição – um papel pequeno – em um seriado. Ou então, segundo Dow, quando ele tem um papel maior, "as narrativas tendem a falar sobre como a revelação de sua sexualidade afeta as relações com personagens, amigos, parentes e colegas de trabalho heterossexuais".

Regra nº 2: *A sexualidade da pessoa gay não é um fato secundário. É o único fator que define e complica sua vida.* Segundo Dow, personagens gays "se tornam meio que um problema que deve ser solucionado na vida de seus amigos héteros". O historiador cinematográfico Vito Russo compilou uma lista de como todos os personagens gays morriam em filmes lançados entre a década de 1910 e o início dos anos 1980. Somou 43 personagens gays mortos. Deles, 27 foram assassinados. Treze cometeram suicídio. Um foi executado. Um morreu após ser castrado, e outro, de velhice. É isso que leva a crer que a homossexualidade deve ser *um problema a ser solucionado.*

Regra nº 3: *Personagens gays só são vistos isolados.* "Os personagens gays raramente são retratados em uma comunidade com outros personagens gays", diz Dow. "Eles tendem a não ter amigos gays. Tendem a não ir a eventos gays." Talvez essa seja a regra mais importante das três, porque é o grande obstáculo contra o qual Evan Wolfson e os outros ativistas passaram anos lutando: personagens gays eram retratados apenas de forma isolada porque a cultura não aceitava que gays fossem capazes de manter relacionamentos reais. Como disse David Reuben, a vida gay era apenas uma "enxurrada de pênis".

E o que encontramos em *Casos de família*? À primeira vista, o filme pareceria ajudar a causa do casamento homoafetivo: falava sobre uma família que lidava com a identidade secreta de Matt de um jeito sincero, sofrido e amoroso. Mas, na verdade, não ajudou, porque ele era a personificação das três regras de Bonnie Dow.

Primeiro, *Casos de família* não é um filme sobre o que significa ser gay. É um filme sobre o que significa ser hétero e descobrir que alguém que você conhece é gay. Após Matt sofrer o acidente, o enredo é basicamente ele contando para todos, um por um, sobre sua identidade secreta. E a história é motivada pela forma como *eles* reagem à revelação de Matt, e não como Matt reage a eles.

Segundo, ser gay é um problema a ser resolvido. Matt tenta se matar porque não consegue lidar com sua sexualidade. Em uma cena, ele diz para a mãe: "Não escolhi isso. Eu sou isso." E continua:

> Você acha que eu escolheria ser tão diferente de todo mundo? Que eu escolheria trazer tanto sofrimento para você e o papai? Que eu escolheria perder uma pessoa tão linda e maravilhosa como a Allison? E a aids? Quer dizer, imagine que alguém quisesse ser gay. Por que essa pessoa escolheria ser gay hoje?

Até Matt acha que ser gay é um problema que precisa de solução! Quem escolheria ser gay?

Aliás, essa fala sobre a aids é a única menção ao que poderia estar acontecendo com outros homens gays no mundo lá fora – cumprindo a terceira regra de Dow, "Personagens gays só são vistos isolados". O espectador é informado de que Matt teve um namorado, Kyle. Mas o único vislumbre que temos de Kyle é breve, quando ele visita Matt no hospital.

O argumento de Dow é que, nos anos 1970, 1980 e 1990, era assim que o meio de comunicação mais poderoso da cultura popular encarava a homossexualidade. Filmes como *Casos de família* não eram tão abertamente hostis à vida gay como *Tudo que você queria saber sobre sexo*, mas ainda negavam que pessoas gays fossem capazes de ter relacionamentos verdadeiros. Se você quisesse saber se o mundo estava pronto para pensar sobre pessoas homossexuais – e o casamento homoafetivo – de forma diferente, não bastaria olhar para o resultado de eleições, os veredictos jurídicos ou as pesquisas de opinião pública.

Todas essas coisas são muito úteis a seu modo, mas não chegam ao âmago da questão. *Era necessário checar se as regras da história latente estavam mudando.* No fim das contas, estavam. Talvez você já tenha ouvido falar do instigador. Ele se chamava *Will & Grace*.

4.

Will & Grace foi uma série criada por dois roteiristas que cresceram juntos em Los Angeles: David Kohan e Max Mutchnick. Eles eram veteranos do mundo das sitcoms, mas havia um problema que nunca conseguiam resolver. Eis o que disse Mutchnick:

> Sydney Pollack, que era mentor de David, nos ensinou muita coisa sobre como escrever (...) histórias de amor. Sabendo que nós estávamos escrevendo sitcoms na época, certo dia Pollack nos disse: "Histórias de amor acabam depois que o garoto e a garota se beijam. Então, se vocês conseguirem encontrar um jeito de contar uma história de amor em que eles não se beijem, terão uma série duradoura."

Pollack era um dos maiores diretores de cinema da sua geração. Ele argumentava que histórias de amor exigem *atrito*. Segundo Kohan:

> O valor da história está nos obstáculos que impedem os dois de ficarem juntos. Eu me lembro de Sydney tendo dificuldade com isso. De ouvi-lo dizer: "A cor da pele não é mais um obstáculo. A classe social não é mais um obstáculo." Não daria mais para fazer um *Adivinhe quem vem para jantar* em 1990. E onde estão os obstáculos? Quando eu e Max começamos a trabalhar juntos, foi tipo "Já sei".

A ideia deles era explorar o relacionamento que Mutchnick tinha com sua "namorada do ensino médio", Janet Eisenberg.

> **Max:** Foi uma garota que conheci na escola hebraica. Um pequeno adendo: estranhamente, o pai dela foi o cirurgião que amputou as pernas do meu avô diabético. Então, nós tínhamos uma conexão bem bizarra; foi uma amizade instantânea.
> **David:** Ele entrava na casa dela e perguntava ao pai dela: "Cadê as pernas? O que o senhor fez com elas?"

Max: O Dr. Eisenberg nunca gostou muito disso. Mas era uma coisa inegável. Janet estava muito, muito envolvida e interessada por mim, e eu a adorava. E não estava pronto para lidar com a minha verdade na época. (…) Então eu e Janet… Eu escondi dela, e, na época, em geral os gays no armário costumavam pensar: "O que faço? Vou ter uma vida dupla?" (…) Enfim, quando contei que era gay, ela disse: "Tenho que repensar tudo."

Hollywood sempre tinha resolvido histórias entre homens gays no armário e mulheres héteros da forma padrão. Segundo Mutchnick: "Quando o gay revela para a mulher que é isso que ele é, que ele ama o que ama, ele é banido e punido, e ela se torna a vítima."*

Mas, quando Mutchnick e Kohan pararam para pensar, perceberam que havia outra forma de contar a história sobre o homem gay e a mulher hétero que se amavam: e se a mulher não fosse a vítima e o homem não fosse punido?

Will & Grace foi transmitida pela NBC, em sua versão original, de 1998 a 2006, em seu cobiçado horário nobre nas noites de quinta-feira.** Foi uma das séries mais populares e assistidas de sua geração. Will era um advogado gay. Grace era uma decoradora hétero. Eles dividiam um apartamento em Nova York e na série também havia a assistente de Grace, a irrefreável Karen, e o amigo gay de Will, Jack. Juntos, os quatro brigavam, iniciavam namoros, terminavam namoros e se beijavam em inúmeras

---

* Aliás, foi exatamente isso que aconteceu em *Casos de família*. A carta que a noiva de Matt, Allison, encontra é do ex-namorado dele, Kyle. É uma carta de *amor*. Arrasada, ela o confronta aos prantos:
    Allison: Não sei como começar esta conversa. Matt, eu te amo.
    Matt: Eu também te amo.
    Allison: Mas não podemos ficar juntos. Não dormi a noite toda. Fiquei acordada… fiquei inquieta, pensando… estou remoendo as coisas, e sinto muito, mas não dá.
    Matt: Calma, Allison…
    Matt tenta consolá-la. Não adianta.
    Allison: Sabe, a parte engraçada é que, no fundo… sempre achei que… sempre achei que você podia ser gay. E eu me odiava por pensar assim… porque achava que a culpa era minha.
** O seriado teve uma continuação menos bem-sucedida de 2017 a 2020.

combinações cômicas, tudo baseado na premissa determinada no primeiro episódio: Grace está prestes a se casar, e Will a convence a desistir. Ela abandona o noivo no altar. Ela e Will vão a um bar afogar as mágoas. Ela ainda usa o vestido de noiva – e os clientes do bar os atiçam.

Cliente nº 1, para Will: Ei, que tal um brinde para sua noiva linda?
Multidão, gritando feliz: É! Isso aí!

Os dois improvisam votos de casamento.

Cliente nº 1: Vamos lá, pessoal, cadê o beijo?
Multidão, cantarolando: Beija! Beija! Beija! Beija! Beija! Beija!

Os dois se olham e pensam: *Pode dar certo*. Will beija Grace.

Grace: E aí? Sentiu alguma coisa?
Will: Hummm... Lamento, mas não.

Veja bem, se você já assistiu a *Will & Grace*, tenho certeza de que concordará que a premissa de Kohan e Mutchnick era inteligente. E o seriado em si era muito engraçado. Porém, olhando por alto, não parece haver nada de revolucionário nele. É uma sitcom sobre um monte de gente solteira em um apartamento de Manhattan – igual a *Seinfeld* e *Friends*, as duas outras sitcoms extremamente populares da época. No planejamento e na execução da série, Kohan e Mutchnick podaram todas as partes problemáticas para não ofender anunciantes nem o público. Eric McCormack foi escalado como Will, o protagonista gay. Na vida real, McCormack é hétero. Tem uma beleza convencional. Seu personagem, Will, é advogado corporativo – segundo os estereótipos do fim dos anos 1990, dificilmente uma profissão típica de gays.*

---

* "Carson Kressley não poderia ter interpretado Will", diz Max. Kressley é a personalidade televisiva expansiva, hilária e extravagante que ganhou fama no reality *Queer Eye for the Straight Guy*.

O diretor da primeira temporada foi Jimmy Burrows, veterano de Hollywood que havia dirigido episódios de praticamente todas as sitcoms desde os anos 1970: *Phyllis, Rhoda, Uma família do outro mundo, Friends, Frasier*. Mais tarde, Burrows se recordaria:

> Eu sabia que o americano médio teria dificuldade com a homossexualidade. Então falei para Max e David: *Acho que, no primeiro ano, devemos tentar fazer os Estados Unidos acreditarem que Will vai mudar de ideia e se casar com Grace*. Porque a série é isso. A série é um relacionamento, um relacionamento sexual sem sexo. Vamos fazer cenas com Will e Grace em que eles conversam e (…) parecem marido e mulher. Vamos ter um beijo no primeiro episódio. (…) Vamos ter um beijo no último episódio, debaixo de uma chupá, a tenda onde se realiza o casamento judaico.

Will & Grace era uma série sobre um homem gay. Mas Burrows queria garantir que, no começo, Will não parecesse gay *demais*.

Quando *Will & Grace* estreou, algumas pessoas na comunidade gay detestaram a série exatamente por esse motivo. Os críticos desdenharam dela. Uma crítica num periódico acadêmico foi intitulada "Nada gay na televisão gay", argumentando que nunca veríamos Will na cama com outro homem. Inclusive, a série raramente mencionava a epidemia da aids, apesar de ter iniciado quando ela estava no auge. Após o primeiro episódio, o *The New York Times* a chamou de "completamente normal". A crítica continuou:

> Os atores são muito agradáveis, mas são limitados por roteiros que acham divertido que Will e Grace sejam ótimos parceiros de jogo. E eles estão cercados por companheiros irritantes, incluindo o amigo gay de Will, Jack (Sean Hayes), um bobo da corte que canta enquanto joga pôquer. Jack exibe todos os maneirismos estereotipados possíveis para que Will possa evitá-los por completo. Isso é ousado?

Exatamente. O veredito sobre *Will & Grace* foi de que a premissa ousada da série tinha sido tão amenizada que se tornara indistinguível de qualquer outra sitcom boba de televisão. Só que o consenso sobre *Will & Grace* estava errado. Na verdade, a série era profundamente subversiva. Por quê? *Porque quebrava todas as regras de Dow sobre a história latente.*

Personagens gays são a parte principal da narrativa? Sim. A história seria impossível sem Will e Jack.

A homossexualidade é um problema a ser solucionado? Não.

A mensagem de *Will & Grace* era, na prática: *Observem o Will. Um homem engraçado, bem-sucedido, cativante. Ele é capaz de amar e ser amado. Ele é definido pela força duradoura dos relacionamentos que tem com as pessoas a seu redor. Ele é normal. E, por acaso, é gay.*

"Nós sabíamos que era uma vitória termos um homem gay assumido no centro da série", disse Mutchnick. "E foi assim que, bem aos poucos, vendemos a conspiração gay para o público americano."

Ele estava brincando. Só até certo ponto.

5.

No Capítulo 4, falei sobre a dinâmica estranha dos pontos de virada encontrados no jogo dos nomes de Damon Centola, pesquisador que queria saber quantos "dissidentes" seriam necessários para reverter o consenso de uma maioria. E sua resposta foi: *Poucos*. Depois que 25% dos membros de qualquer grupo começavam a insistir em um novo nome, o restante das pessoas rapidamente cedia e as acompanhava. Só que a mudança não é gradual. Não era que, com 20%, alguns desertavam, com 22% mais alguns, e finalmente, com 25%, todos desertavam de vez e iam para o outro lado. Na verdade, nada acontecia até que se alcançassem 25%, então tudo mudava.

Reflita sobre a psicologia desse tipo de mudança. "Se você está um pouco abaixo do ponto da virada – com 20% –, nem imagina o quanto está perto", diz Centola. Em uma das versões de seu jogo, com 20 pessoas, ter quatro desertores não fazia a menor diferença. Mas, quando ele adicionou mais um – elevando o total de dissidentes à marca mágica de 25% –, o consenso mudou de repente. "Você não sabe que bastam uma ou duas para acionar esse ponto da virada", explica ele. Se a mudança acontecesse aos poucos, conseguiríamos ver que estamos nos aproximando do objetivo e não nos surpreenderíamos ao alcançá-lo. Porém, se nada acontece por um tempo, aí de uma hora para outra tudo muda, ficamos na estranha posição de nos sentirmos desmotivados durante o longo tempo em que nada acontece, e então chocados quando o jogo vira.

Era exatamente nessa situação que estavam os ativistas pelo casamento homoafetivo após o desanimador encontro em Jersey City. Eles se aproximavam cada vez mais da vitória, mas *parecia* que estavam perdendo. Eles não conseguiam enxergar que, na história latente, as coisas silenciosamente se alinhavam a seu favor. A ironia, óbvio, era que muitos desses mesmos ativistas – assim como milhões de pessoas – ligavam suas televisões nas noites de quinta para assistir a *Will & Grace*. O sinal de mudança de maré estava sendo exibido diante dos seus olhos. Mas é preciso ser capaz de ligar os pontos entre a história na tela e o comportamento das pessoas que a assistem. Os ativistas não conseguiram fazer isso – e eu entendo, porque acho que *ninguém* fez isso na época. A ideia de que a pista para essa história latente poderia ser encontrada em uma sitcom parece inaceitável. Mas, se quatro noites da minissérie *Holocausto* conseguiram mudar o *zeitgeist*, por que o mesmo não poderia acontecer com 11 temporadas de Will sendo apenas um cara normal?

Evan Wolfson, o líder da luta pelo casamento gay, diz que o ponto da virada para a causa aconteceu em 2012. Até então, em todas as 30 vezes que o casamento homoafetivo havia aparecido em referendos estaduais, eles tinham perdido. Só que, naquele ano, começaram a ganhar.

> Nós finalmente entendemos o que fazer e tivemos quatro vitórias em quatro referendos, inclusive no Maine. O Maine era um estado em que tínhamos perdido um referendo (...) em 2009, e decidimos não aceitar essa resposta. Passamos três anos focados lá, batendo às portas, convencendo as pessoas – identificando quem não estava do nosso lado mas podia ser convencido, entendendo como trazer gente para o nosso lado.

Eles lançaram outro referendo perguntando aos cidadãos do Maine se estariam dispostos a mudar sua opinião de três anos antes e legalizar o casamento entre pessoas do mesmo sexo. Desta vez, venceram. Em seguida, a equipe de Wolfson começou a conduzir grupos focais. Eles conversavam com pessoas que tinham votado contra a causa em 2009 e a favor em 2012 para entender como mudaram de ideia tão rápido.

> Nós perguntamos às pessoas onde elas tinham ouvido falar sobre o assunto, qual foi a fonte que as fez pensar e se informar sobre a questão. E a maioria absoluta respondeu que tinha sido a televisão.

Todos aqueles anos assistindo a *Will & Grace* tinham começado a fazer diferença.

"Passei 16 anos na política e percebi algo especial sobre questões morais e culturais (…)", disse o senador republicano Rick Santorum em um discurso após a poeira baixar. "É que a política não molda essas questões. A *cultura popular* molda essas questões, especialmente a questão do casamento homoafetivo (…) Por 30 anos não houve qualquer mudança na questão do casamento, na definição de casamento. E então um seriado chamado *Will & Grace* surgiu na televisão."

O casamento gay teve uma *virada*. Ela nos surpreendeu, mas não deveria.

PARTE QUATRO
CONCLUSÃO

CAPÍTULO NOVE

Histórias latentes, superdisseminadores e proporções de grupo

"O OxyContin é nossa passagem para a Lua."

1.

A papoula do ópio é uma bela flor de caule longo. Quando florescem, as pétalas caem e revelam uma cápsula do tamanho de um pequeno ovo, cheia de uma seiva espessa e amarelada que há milhares de anos é alvo do fascínio humano – uma cornucópia química que, nas palavras de um historiador, "contém açúcares, proteínas, amônia, látex, gomas, cera vegetal, gorduras, ácidos sulfúrico e lático, água, ácido mecônico e vários alcaloides".

Se secarmos a seiva e fumá-la, temos ópio, motivo da ascensão e da queda de reinos inteiros. Mas a extração dos alcaloides do coquetel de compostos gera algo ainda mais valioso. No começo do século XIX, o farmacêutico alemão Friedrich Sertürner foi o primeiro a isolar um alcaloide da papoula. Ele o batizou de *morphium*, ou *morfina*, em homenagem a Morfeu, deus grego dos sonhos. A morfina diminui a dor e produz uma euforia agradável. E é extremamente viciante.

O segundo presente da papoula foi a codeína, isolada em 1832 por um francês chamado Pierre Jean Robiquet. Cerca de 40 anos depois disso, o químico inglês C. R. Alder Wright ferveu uma mistura de morfina e anidrido acético em um fogão por várias horas, em busca de um ópio que não fosse viciante. Sua poção acabou sendo batizada de *heroína* e, por um tempo, foi considerada uma alternativa ótima e segura à morfina.

Em 1916, dois químicos alemães pegaram um alcaloide semelhante à codeína, chamado tebaína, ressintetizaram-no e criaram algo que chamaram de *oxicodona*. A oxicodona nunca alcançou a mesma fama que suas primas heroína e morfina – isto é, até 80 anos após sua descoberta, quando foi repaginada por uma empresa chamada Purdue Pharma. A Purdue transformou a codeína em um comprimido com alta dose e liberação prolongada. A empresa anunciou sua invenção pelo mundo com mais entusiasmo e audácia do que qualquer outra já tinha feito para a venda de um analgésico, chamando sua criação de *OxyContin*. Aposto que você já ouviu falar desse medicamento. Ele se tornou o remédio controlado mais infame da história.

Este livro começou com o depoimento de três executivos de uma empresa perante um comitê do Congresso. Se você ainda não adivinhou, os executivos eram membros da família que criou a Purdue e deu ao mundo o OxyContin: os Sackler. E foi Kathe Sackler, a filha de um dos três irmãos fundadores da Purdue, que, ao ser questionada sobre o papel de sua família na crise dos opioides, disse:

> Tentei entender se... havia algo que eu pudesse ter feito diferente, sabendo o que sabia na época, não o que sei agora. E devo dizer que não. Não consigo pensar em nada que teria feito de outra forma (...).

O outro Sackler que prestou depoimento diante do comitê do Congresso foi David, neto de um irmão fundador. E o que David Sackler disse após Kathe negar qualquer responsabilidade pela crise dos opioides?

> Assumo uma profunda responsabilidade moral por tudo, porque, apesar de termos as melhores intenções e nos esforçarmos ao máximo, acredito que nosso produto foi associado a abuso e vício.

Foi associado.
Ele usou a voz passiva.

Ao longo de *O outro lado do ponto da virada*, argumentei que esse tipo de distanciamento e negação é bem comum. Nós recuamos e adotamos a postura de que epidemias são misteriosas, de que não temos o poder de mudá-las e não somos responsáveis pelos rumos que elas tomam. Os pais em Poplar Grove recuam em seu luto. Ao olharmos para Miami, nos convencemos de que ela não é diferente de qualquer outra cidade. Ficamos surpresos com a transformação radical da opinião do público norte-americano sobre a questão do casamento homoafetivo. Porém, em cada um desses casos, nós estamos errados.

Então vamos voltar para o ponto de partida, a crise dos opioides. E vamos usar as lições de Poplar Grove, Miami, bairro Lawrence, Harvard, *Holocausto* e *Will & Grace* – as lições de superdisseminadores, proporções de grupo e histórias latentes – para tentar dar sentido ao caos gerado pelo OxyContin.

Será que hoje somos capazes de entender as decisões e circunstâncias que levaram a uma epidemia de opioides? Acho que sim.

2.

Na edição de março de 2019 do periódico acadêmico *Population and Development Review*, há um trabalho de uma especialista em demografia chamada Jessica Y. Ho: "A epidemia contemporânea americana de overdose de drogas sob uma perspectiva internacional." No meio dele, há um gráfico que mostra quantas pessoas morreram por overdose de drogas em países de alta renda entre 1994 e 2015. Cada número equivale ao índice de mortalidade de homens para cada 100 mil homens.

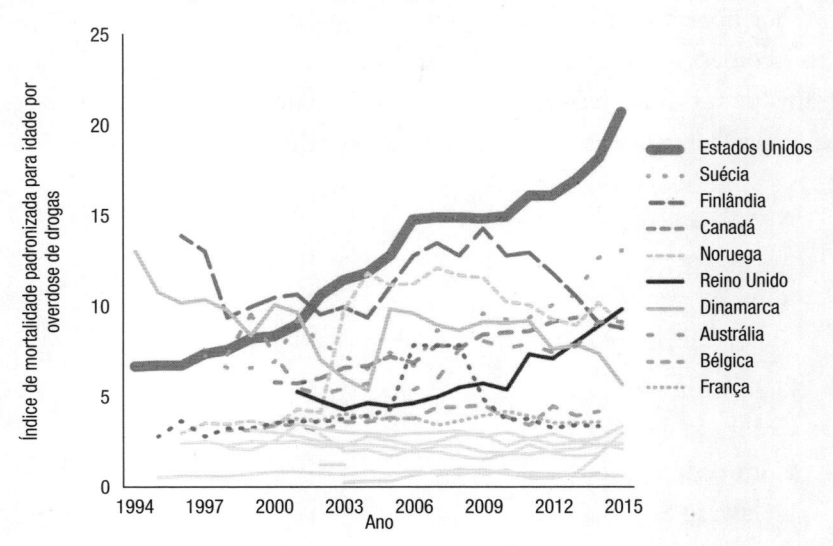

O gráfico nos diz que no começo a Dinamarca e a Finlândia eram os países com mais problemas, mas então a situação melhorou. O Canadá, o Reino Unido e a Austrália têm uma crise que vem piorando consistentemente, mas seus números gerais ainda ficam atrás dos líderes mundiais. E você viu aquele emaranhado de linhas cinza lá embaixo, que quase não sai do zero? São Áustria, Itália, Alemanha, Japão, Holanda, Portugal, Espanha e Suíça. Esses países não chegaram a ter uma crise de opioides. Apenas um país teve uma experiência verdadeiramente catastrófica – o país representado pela linha grossa que se destaca muito acima das outras.

Os Estados Unidos.

O gráfico de Jessica Ho mostra que a crise de opioides não é um problema internacional, e sim *americano*. É uma variação de pequena área – uma epidemia que age dentro de fronteiras específicas –, só que, no caso, a área envolvida não é tão pequena assim. Talvez seja melhor chamá-la de variação de grande área.

Mas calma aí. Nós temos certeza de que não é mesmo uma variação de pequena área? Vamos dar uma olhada em uma análise da crise dos opioides publicada em março de 2019 por um grupo liderado por Lyna Z. Schieber, dos Centros de Controle de Doenças (CDC, na sigla em inglês): no apêndice do trabalho há um quadro que detalha a quantidade anual de analgésicos opioides receitados em cada estado norte-americano entre 2006 e 2017. Para simplificar, vamos nos concentrar nos valores de 2006, porque foi nesse ano que a epidemia começou a ganhar força. Os números representam "equivalentes de miligrama de morfina" per capita, jeito rebuscado de dizer quantas doses, por pessoa, foram consumidas por ano. Aqui vão as primeiras fileiras do gráfico.

Alabama 808,8
Alasca 614,4
Arizona 735,0
Arkansas 765,7
Califórnia 450,2
Colorado 495,4
Connecticut 648,3
Delaware 881,5

Há *muita* variação de estado para estado. O valor do Alabama é quase o dobro do da Califórnia. O de Delaware é estratosférico, mas o do Colorado, não. Agora o fenômeno está bem parecido com aquele que o pai da variação de pequena área, John Wennberg, descobriu em Vermont, ou com a diferença entre Miami e o restante do país quando se trata de fraudes contra o sistema de saúde. E, quanto mais descemos na lista, maiores se tornam as variações.

Illinois 366,0
Indiana 756,6

Illinois e Indiana são estados vizinhos. Têm índices de pobreza, níveis de desemprego e médias salariais muito parecidos. Por que em Indiana o problema é duas vezes maior do que em Illinois?

A epidemia dos opioides costuma ser descrita como resultado de uma mistura das crises sociais e econômicas que afligem as classes trabalhadoras americanas: a perda de empregos em indústrias, o esvaziamento de comunidades, a separação de famílias e a confluência dos níveis elevadíssimos de depressão, doenças mentais e desespero. Todas essas questões são importantes, mas nenhuma explica o gráfico de Ho. A Itália é bem mais pobre que os Estados Unidos e tem muito mais desemprego. Cadê a crise de opioides deles? O Reino Unido tem um monte de problemas sociais. Por que sua linha é tão mais baixa que a americana? E essas teorias certamente não explicam por que o estado de Indiana foi arrasado pelos opioides enquanto seu vizinho de porta, Illinois, não.

O que aprendemos até aqui é que a melhor maneira de entender variações é observando a história latente. Miami tinha sua história latente. A maneira como falamos sobre o Holocausto mudou quando a minissérie da NBC transformou a história latente. Assim, será que existe uma história latente que nos ajude a entender esse padrão de variação esquisito no uso de opioides? Existe, sim. Ela envolve um homem quase esquecido pela história. Seu nome era Paul E. Madden.

3.

Paul E. Madden foi um advogado de San Francisco que trabalhou na promotoria da cidade. Em 1939, foi nomeado diretor do Departamento de Repreensão aos Narcóticos da Califórnia, uma secretaria estadual dedicada ao controle do uso de drogas perigosas.

Madden tinha 40 e poucos anos e era um homem cheio de uma energia virtuosa. Tinha cabeção e queixo duplo e usava o cabelo louro penteado para trás. Era imponente, parrudo e puritano. Foi crescendo no meio político pela força de sua ambição e sua convicção moral.

> Uma pessoa sob a influência de marihuana [sic] pode acreditar que é tão pequena a ponto de ter medo de sair para a rua, ou pode se sentir enorme, tomada por uma força e uma paixão sobrenaturais, cometendo, nessa condição, crimes que seriam estranhos à sua natureza.

Aqui, Madden escreve sobre um dos seus assuntos favoritos: os perigos dos narcóticos ilícitos.

> Tempo, espaço e distância desaparecem; a pessoa pode estar dirigindo um veículo a 130 quilômetros por hora e acreditar que está indo a 30, um sinal vermelho pode parecer verde, e o carro que está à sua frente ou vindo em sua direção pode parecer estar a 2 quilômetros de distância. É fácil imaginar os possíveis resultados de alguém conduzindo uma máquina nessas condições.

Madden era dado a hipérboles. As coisas nunca eram *ruins*; eram *demoníacas*. Drogas ilegais não *comprometiam* o usuário; elas o *destruíam*. O viciado em ópio e heroína "perde toda noção de asseio e o poder mental de diferenciar o certo do errado". Na Califórnia, Madden tinha o mesmo papel de seu contemporâneo famoso, J. Edgar Hoover, o chefe do FBI. Ele era a personificação da lei para o público. Os jornais estavam sempre exibindo fotos dele, posando ao lado de grandes pilhas de cocaína contrabandeada. Também era possível ouvi-lo no rádio, alertando que a Califórnia estava sendo invadida por drogas ilícitas que vinham do México, da China ou do Japão.

> Boa noite, senhoras e senhores. Pode ser que existam trabalhos mais difíceis do que acabar com um cartel de drogas, não sei. Nunca encontrei um. A verdade é que o trabalho de prender um bando de traficantes de narcóticos, incluindo o cérebro da gangue, é especialmente difícil.

Madden prendia pessoas por comprar medicamentos veterinários com base de morfina em grandes quantidades, sob a suspeita de que estavam revendendo nas ruas. Fazia batidas em navios de carga japoneses ancorados no porto de San Francisco, confiscava sacos de cocaína e implorava aos poderosos de Washington que tomassem atitudes diplomáticas. Ouvia falar de fazendeiros que cultivavam sementes de papoula e se perguntava: E se essas sementes *não forem* para fazer bisnaguinhas? E se estiverem sendo desviadas para a produção de ópio? Madden era imparável, um fanático, um dos primeiros no que se tornaria um grande grupo de guerreiros dramáticos americanos no combate às drogas.

A verdadeira obsessão de Paul E. Madden, no entanto, não eram drogas ilegais importadas, e sim analgésicos receitados por médicos. Sua maior preocupação era o desvio de drogas legais por motivos ilegais. Médicos inescrupulosos distribuíam opioides como se fossem balas. Criminosos forjavam receitas e revendiam as drogas na rua. Diante desse quadro, Madden bolou uma solução engenhosa: fez uma lista de todos os frutos da papoula – morfina, ópio, codeína, além de alguns outros – e convenceu a assembleia legislativa da Califórnia a acrescentar uma emenda ao Código de Saúde e Segurança do estado, chamada de Proposta 2606, que foi aprovada no dia 6 de junho de 1939. O trecho principal pode ser encontrado na seção 11166.06. Sempre que um médico receitasse algum desses opioides, precisaria usar um bloco de receitas especial fornecido pelo Departamento de Repreensão a Narcóticos de Madden:

Os formulários da receita serão impressos em papel diferenciado, com número de série do bloco em todas as folhas, que também terão número de série.

Cada formulário será impresso em três vias: uma presa ao bloco de forma facilmente removível, enquanto as outras duas deverão ser perfuradas para remoção.

As palavras-chave são *três vias*. Cada formulário de receita no bloco especial de Madden vinha com duas cópias carbono. A última precisava ser guardada pelo médico que fazia a receita por um período mínimo de dois anos. A do meio ficava com a farmácia, para registro. E a primeira deveria ser enviada para o Departamento de Repreensão a Narcóticos até o fim do mês.

Pouco após a medida se tornar lei, Madden encontrou seu primeiro grande caso. Envolvia um médico de San Francisco chamado Nathan Housman. Housman era um playboy de família rica que tinha um consultório no sofisticado Flood Building na Market Street – até hoje, um dos prédios mais bonitos no centro de San Francisco. Housman era um sujeito de caráter duvidoso. Seu nome havia sido citado em um caso sensacionalista meses antes, envolvendo uma grande herança e uma viúva rica abandonada na rua após um atropelamento forjado. Porém, o caso que chamou a atenção de Madden era focado em Alma Elizabeth Black, que os jornais descreviam como "uma paciente que Housman tratou por 17 anos, devido a um problema que a autópsia – executada a pedido dele próprio – não detectou". O "tratamento" de Nathan Housman para Black era morfina, e ela havia deixado tudo que tinha – e que, em valores atuais, totalizava mais de 1 milhão de dólares – para... Nathan Housman.

Os agentes de Madden fizeram uma busca na farmácia que Housman indicava a seus pacientes. Lá dentro encontraram Housman copiando freneticamente a lista do farmacêutico com suas receitas de morfina. "Nossos agentes encontraram 345 receitas feitas pelo Dr. Housman para 200 pacientes diferentes", anunciou Madden. "Uma checagem dos nossos registros mostrou que apenas quatro delas foram informadas ao nosso departamento. É uma situação intolerável." Assim, Housman foi preso e indiciado, não por homicídio ou negligência, e sim por não registrar as receitas de morfina da Sra. Black em três vias.

"Pedi várias vezes que o Dr. Housman fornecesse seus registros, e todas as vezes ele disse que não havia registro algum", contou um investigador de Madden em depoimento no tribunal. "Ele alegou que não sabia que deveria guardá-los."

Housman acabou na penitenciária San Quentin, e sua condenação serviu de alerta a todos os médicos da Califórnia: Paul Madden estava falando *sério*. Ele não achava que todos os médicos da Califórnia eram tão ruins quanto Nathan Housman, mas achava que alguns tinham práticas nocivas semelhantes às de Housman e queria usá-los para espalhar a seguinte mensagem: "Vocês não vão escapar do olhar atento do governo." Havia fileiras e mais fileiras de arquivos com cópias carbono de todas as receitas de opioides do estado da Califórnia. Tudo que precisava fazer era abrir a pasta de *Housman, Nathan*. Se a pasta estivesse gorda, estava na hora de fazer uma visitinha ao Dr. Housman. E, se Madden descobrisse que um dos pacientes do médico tinha morrido de overdose da morfina receitada, procurasse em *H* e não encontrasse absolutamente nada na pasta do médico, então o Dr. Housman teria um problema maior ainda.

Até aqui, falamos sobre como histórias latentes podem surgir de inúmeras maneiras. Em Poplar Grove, a história latente veio de anos de pais de classe média alta pressionando os filhos para terem sucesso. Miami se tornou Miami devido a uma confluência extraordinária de eventos no fim dos anos 1970: a chegada de refugiados cubanos, o aumento do tráfico de cocaína e uma revolta motivada por questões raciais. Uma minissérie de televisão parece ter tido um papel determinante na nossa compreensão sobre o Holocausto.

À primeira vista, as fileiras de arquivos de Paul Madden não parecem se enquadrar na mesma categoria. Só que, quanto mais Madden falava sobre seu novo plano em seus muitos discursos e aparições públicas, mais sua ideia simples ia se transformando em algo maior. Antes, o ato de prescrever um medicamento era uma transação particular entre médico e paciente. A partir de então, passou a ser um ato público, com consequências reais. Conforme ele escreveu em carta para o periódico da Sociedade de Medicina da Califórnia, "a maior vantagem desse sistema é que o Departamento de Repreensão a Narcóticos se comprometerá, a cada 30 dias, a apresentar um relatório completo dos narcóticos distribuídos" no estado. Ao instituir a obrigatoriedade das duas cópias carbono, Madden fez os médicos pararem para pensar.

Em 1943, o estado do Havaí aprovou uma versão da regra de obrigatoriedade de três vias de Madden. Illinois fez o mesmo 18 anos depois, seguido pouco tempo depois por Idaho, Nova York, Rhode Island, Texas e Michigan. O que começou como a cruzada particular de um homem se transformou em um fenômeno nacional. Estados por todo o país começaram a investigar os armários de remédios de seus médicos e dizer que, dependendo do medicamento, *Você não pode tomar decisões sozinho*. A regra se transformou em uma história latente.

Cinquenta anos se passaram. E então surgiu uma segunda história latente.

4.

Russell Portenoy cresceu em Yonkers, bem perto de Nova York, em uma família da classe trabalhadora. Foi o primeiro da família a fazer faculdade e era brilhante: carismático, motivado, inovador. Pouco após terminar o curso de medicina, fez residência na Faculdade de Medicina Albert Einstein em Nova York, onde um dos seus mentores foi um médico chamado Ron Kanner.

"Eu me lembro muito bem de quando o conheci. Era um cara muito dinâmico", disse Portenoy em 2003, durante uma história oral para a Associação Internacional para o Estudo da Dor, anos depois. "Perguntei com que ele trabalhava, e ele respondeu que com dor. Eu ri e falei: 'Que bobagem! A dor é um sintoma, não uma doença. Não dá para trabalhar com isso.' Ele me garantiu que dava."

A reação inicial de Portenoy a Kanner era a postura padrão da medicina na época. Se alguém estivesse sofrendo dores intensas nas costas, a solução era resolver o problema nas costas. Se um paciente com câncer sentia dor, o foco era tratar o câncer. A dor era apenas uma manifestação de um problema subjacente. Mas Kanner fazia parte de um grupo que acreditava que a abordagem deveria ser inversa: se alguém sente dor, independentemente do motivo, *é necessário tratar a dor*.

Para Portenoy, esse primeiro encontro com seu mentor foi uma epifania. Ele se convenceu de que, como a medicina encarava a dor como um sintoma, e não como um problema por si só, sua profissão estava permitindo que pacientes sofressem sem necessidade. Médicos precisavam levar a dor a sério, o que, para Portenoy, significava que não deviam ter medo de receitar opioides.

Em entrevistas, Portenoy contava histórias como a seguinte, sobre um paciente que sofria com um grave caso de cefaleia em salvas:

> Ele passou oito anos totalmente incapacitado, sentindo dores intensas. Fez inúmeras visitas a emergências hospitalares, foi internado várias vezes. Quando foi encaminhado para mim, receitei um opioide, aumentei a dose, e as dores sumiram. Faz dois anos que ele não sente mais nada. É como se antes sua vida tivesse sido um inferno e depois deixado de ser.
>
> Uma das emoções que ele não consegue conter é a raiva. Ele vive falando do neurologista anterior, que, inclusive, é especialista em dores de cabeça e tem muito conhecimento, mas não entende nada sobre opioides e não sabia que podia receitá-los. Eu conheço essa pessoa, é um ótimo profissional, que de forma alguma queria que aquele homem sofresse, que jamais disse que ele deveria apenas aguentar firme. Mas a verdade é que ele simplesmente contava com ferramentas limitadas e não sabia que poderia recorrer a outras. Acho que esse é um fenômeno muito comum por aí.

Portenoy *adorava* opioides. Dizia que eram um "presente da natureza". Esses medicamentos, disse ele ao *The New York Times* em 1993, "podem ser usados por muito tempo, têm poucos efeitos colaterais e (...) não criam problemas de vício e abuso". Mais tarde, ele conteria esse entusiasmo, mas não muito. Sua crença básica era que tratar dor não era a mesma coisa que tratar, por exemplo, uma faringite – não havia um protocolo listado em um manual. A dor era amorfa, subjetiva e idiossincrática. Tratar a dor é "um pouco de ciência, muita intuição e muita arte", dizia. Ele achava que doses elevadas de opioides, tomadas por um longo período, ofereciam um risco de vício? Óbvio, mas só em *alguns* pacientes. Segundo ele, esse era um grupo muito pequeno – menos de 1% dos pacientes –, e um médico cuidadoso era capaz de diferenciar o tipo de paciente que responderia bem ao tratamento.

A história oral de Portenoy gravada em 2003 pela Associação Internacional para o Estudo da Dor durou quase três horas e meia, e, sabendo o que aconteceria nas duas décadas seguintes, hoje a leitura da transcrição se torna fascinante.

> Digamos, por exemplo, que um paciente entre no seu consultório. Ele tem 22 anos e sente uma dor pós-traumática nos joelhos desde que passou por uma cirurgia há um ano.
>
> Você faz a anamnese. Descobre que ele foi viciado em maconha na faculdade e ainda fuma nos fins de semana, que o pai e o irmão têm um histórico de alcoolismo, que tem tatuagens nos braços e nas costas, que sente dores muito fortes. Você vai preferir receitar opioides ou tentar outros tratamentos para a dor?
>
> Por outro lado, se você atende a uma senhora de 75 anos que se queixa de dor, úlcera gástrica e osteoartrite avançada em várias juntas, que é abstêmia há 60 anos, não tem histórico familiar de vícios e afirma que evita ao máximo tomar analgésicos, você cogitaria tentar um tratamento com opioides?
>
> Só um médico muito burro diria *Sim, os dois casos são iguaizinhos*. Não faz sentido.

Essa era a história latente de Portenoy. A velha história latente, segundo ele, não entendia o problema. Pessoas como Madden se preocupavam demais com a possibilidade de um problema que poderia ser causado por um pequeno grupo de médicos irresponsáveis – os Nathan Housmans da vida –, impondo restrições que praticamente impossibilitavam que o restante dos profissionais lidasse com a grave questão da dor. "O que estamos tentando dizer", argumentou ele, "é que os médicos precisam se sentir completamente empoderados e confortáveis para receitar esses medicamentos de modo a tratar questões reais de saúde". Madden se preocupava com o perigo que poucos ofereciam. Portenoy se concentrava no bem que muitos poderiam fazer.

Portenoy se tornou um astro. Para recrutá-lo, o Beth Israel Medical Center em Manhattan criou um departamento especial para o tratamento de dor. A lista de espera para uma consulta com ele era de quatro meses. Ele vivia nos noticiários ou dando palestras. Passou a ser chamado de Rei da Dor. Enquanto isso, os discípulos de Madden estavam horrorizados. No que Portenoy estava pensando? Havia debates acalorados em encontros de farmacêuticos, conferências de sociedades de medicina e em seminários em think tanks. Os políticos de Washington se posicionavam. Assembleias legislativas escolhiam lados.

No primeiro semestre de 1991, o Instituto Nacional do Abuso de Drogas (NIDA, na sigla em inglês) organizou uma pequena reunião no interior de Maryland. Alguém na Casa Branca queria saber se as três vias deveriam se tornar um requisito nacional, e o NIDA tinha sido incumbido de investigar a questão. O instituto procurou todos que podiam saber algo sobre o assunto e os convidou para um hotel próximo à sua sede. Russell Portenoy estava lá, obviamente. (Na época, seria impossível fazer uma conferência sobre analgésicos sem sua presença.) Ele fez um longo discurso. Temia que os analgésicos passassem a ser receitados *de menos*. Também estavam presentes representantes da indústria farmacêutica, de conselhos de medicina estaduais e de grupos de saúde pública. Pesquisas foram apresentadas, participantes de mesas-redondas brigaram. Por fim, um homem chamado Gerald Deas, um médico negro que trabalhava em um bairro perigoso de Nova York, balançou o punho para o pessoal de Portenoy e exclamou:

– Eu queria que qualquer um que seja contra as receitas de três vias viesse dar uma volta comigo no mundo real, onde essas medidas salvam vidas!

A discussão pegou *fogo*.

No fim das contas, o plano de expandir a obrigatoriedade das três vias não chegou a lugar algum. As ideias de Portenoy ganharam novos seguidores. No meio dos anos 1990, o número de estados com receitas triplas se limitava a cinco, ou quase um terço da população americana: Texas, Califórnia, Nova York, Illinois e Idaho. Todos os outros acompanharam Portenoy.

E esse era o X da questão – uma diferença obscura de legislatura entre estados num mar de diferenças obscuras de legislatura. Nessa época, se você perguntasse a um norte-americano médio em que lado seu estado se encontrava, era bem provável que ele não soubesse responder. Esta é a natureza da história latente: a maioria de nós não se dá conta de sua existência.

Com exceção, é claro, de uma obscura fabricante de medicamentos de Connecticut chamada Purdue Pharma.

5.

Havia anos que a Purdue estava no mercado dos analgésicos com um comprimido de liberação prolongada de morfina chamado MS Contin. O MS Contin era usado sobretudo por pacientes em estágio terminal de câncer, em cuidados paliativos no hospital ou em casa. A empresa dava bons lucros, ainda que fosse pequena. No entanto, a família Sackler, dona da Purdue, tinha ambições maiores. Mudou o foco para a oxicodona. No geral, a oxicodona era misturada com paracetamol ou ácido acetilsalicílico, criando o Percocet e o Percodan, respectivamente. Essa mistura dificultava o uso abusivo, porque, em altas doses, o paracetamol causa danos graves ao fígado. Alguns pesquisadores chamam isso de "botão de controle". (É por isso que o opioide difenoxilato – que costuma ser usado no tratamento da diarreia – sempre é misturado com atropina, que é venenosa em doses elevadas: quem tenta ficar doidão com difenoxilato paga um preço caro.) A primeira inovação da Purdue foi remover o botão de controle paracetamol da oxicodona.

Então a Purdue aumentou a dosagem do medicamento. O Percocet e o Percodan têm 5 miligramas de oxicodona. A Purdue resolveu que seu medicamento com a menor dose teria o *dobro* dessa quantidade, então criou um comprimido especial de liberação prolongada. Assim, em vez de precisar se medicar em intervalos de algumas horas e lidar com os altos e baixos que acompanham o uso de opioides, o paciente ficaria sob o efeito tranquilizante do medicamento com uma dose estável, equilibrada, ao longo do dia inteiro. A empresa chamou esse novo analgésico reformulado de OxyContin e imediatamente quebrou a antiga norma médica que determinava que analgésicos fortes seriam reservados para pacientes com câncer. A Purdue queria vender seu produto para *todos*. Está com dor nas costas? OxyContin. Tirou os sisos? OxyContin.

Na sede da Purdue, o novo medicamento empolgava: "O OxyContin é nossa passagem para a Lua", disse um dos irmãos Sackler originais.

No primeiro semestre de 1995, a Purdue contratou uma empresa de pesquisa de marketing chamada Groups Plus. Ainda faltavam alguns meses para o OxyContin ser aprovado pela vigilância sanitária, e a Purdue queria bolar uma estratégia de marketing. A Groups Plus organizou cinco rodadas de encontros com médicos em Fort Lee, Nova Jersey; Houston, Texas; e Westport, Connecticut. Esses médicos eram uma mistura de clínicos gerais, cirurgiões e reumatologistas, e todos prescreviam analgésicos com regularidade. A Purdue queria saber o que os médicos achavam da ideia de um opioide de alta dosagem e liberação prolongada.

Primeiro vieram as boas notícias. As dores não associadas a câncer – esse mercado gigantesco não explorado em que a Purdue queria se lançar – eram uma questão importante para os médicos. Eles queriam mais opções de tratamento. "Ao debater o conceito da analgesia 'ideal'", anunciou o relatório da Groups Plus, "houve um consenso de que os médicos gostariam de ter a eficácia dos narcóticos sem precisar se preocupar com efeitos colaterais ou vício". A parte sobre efeitos colaterais e vício não incomodou a Purdue: eles simplesmente mandariam seus representantes mentirem e dizerem que o OxyContin não era tão viciante assim. "Pela nossa percepção", continuava o relatório, "certamente há oportunidade para a Purdue (...) construir um grande mercado para o OxyContin".

Então vieram as más notícias. As reuniões com os médicos de Houston foram um desastre. Por quê? O Texas era um estado com obrigatoriedade de três vias. Os médicos de Houston viviam sob a história latente de Madden.

> A lei da obrigatoriedade das três vias causa um efeito drástico na propensão dos médicos a receitar o medicamento. Especificamente, os grupos no Texas revelaram que quase não utilizam narcóticos de Classe 2 para o tratamento de dores não associadas ao câncer.

Classe 2 ou *Tabela 2* é o termo técnico para medicamentos que são potencialmente prejudiciais se não for respeitada a posologia indicada, como o Percocet, o Percodan e a codeína. O OxyContin também seria *Classe 2*, e os médicos de Houston prescreviam esses medicamentos "menos de 5 vezes por ano, se muito". O relatório continuava:

> Os médicos de Houston não querem dar motivos ao governo para questionar seus protocolos relacionados ao tratamento de dores. A simples menção a questionamentos de autoridades sobre suas decisões causou grande ansiedade entre os médicos do grupo focal.
> O preenchimento das receitas em três vias dá mais trabalho do que o normal, devido aos detalhes solicitados pelos formulários e às várias pessoas que precisam recebê-las. Para tentar evitar o esforço extra, eles preferem seguir protocolos alternativos.

O relatório sobre os grupos focais tinha 70 páginas, e esse argumento era repetido com frequência. Os estados com obrigatoriedade de três vias e os sem eram completamente opostos.

> Os clínicos gerais e cirurgiões no estado sem três vias (Nova Jersey) indicaram uma alta propensão a receitar o OxyContin como tratamento seletivo para dores não associadas ao câncer, e os reumatologistas em Connecticut também se mostraram dispostos a usá-lo. No entanto, os médicos do estado com três vias não se entusiasmaram com o produto (...).

E então:

> Sobre os médicos nos estados de três vias que usam narcóticos Classe 2 no tratamento de dores não associadas ao câncer, nossa pesquisa sugere que a quantidade total de receitas que eles fariam por ano seria baixa, provavelmente não o bastante para justificar esforços diferenciados de marketing.

A gerência da Purdue levou o relatório da Groups Plus a sério. O lançamento do OxyContin – uma das campanhas de marketing mais sofisticadas e agressivas que o mundo farmacêutico já testemunhou – teve mais marketing em estados sem a lei das três vias. Então, no estado de Nova York, não houve grande insistência, mas na Virgínia Ocidental, sim. Em Illinois, não, mas em Indiana, sim. Na Califórnia, não, mas em Nevada, sim. No Texas e em Idaho, não, mas em Oklahoma e no Tennessee, sim. Resultado: a epidemia de opioides não afetou igualmente *todos* os Estados Unidos. Em vez disso, ela se tornou um exemplo perfeito da variação de pequena área. Os opioides só viraram febre nos estados em que não havia a regra da obrigatoriedade de três vias nem a história latente de Madden para controlá-los.

Vamos dar outra olhada nos cinco maiores consumidores de opioides. São todos "estados de Portenoy", sem a lei das três vias.

Nevada 1.019,9
Virgínia Ocidental 1.011,6
Tennessee 938,3
Oklahoma 884,9
Delaware 881,5

E, a seguir, o consumo de opioides per capita no mesmo ano nos "estados de Madden".

Illinois 366,0
Nova York 441,6
Califórnia 450,2
Texas 453,1
Idaho 561,1

Illinois teve *um terço* do uso de opioides de Nevada e Virgínia Ocidental. Nova York teve *metade* da incidência do Tennessee. Entre os estados com obrigatoriedade de três vias, só Idaho chegou perto da média nacional. Se você se aprofundar nos números, verá que as diferenças são ainda mais impressionantes. A seguir, a distribuição geográfica de cirurgiões ortopédicos propensos a receitar opioides aos pacientes. O período é de 2013 a 2016 – muito depois de todos tomarem ciência de como esse tipo de medicamento é perigoso. Sobre a distribuição geográfica dos 8.510 médicos que compõem os 10% de profissionais que mais prescreveram opioides, os dados são os seguintes:

Oeste 741 (8,7%)
Nordeste 745 (8,8%)
Meio-Oeste 1.854 (21,8%)

A maior parte do Oeste é a Califórnia – o estado de Paul E. Madden. Estatisticamente, pouquíssimos ortopedistas prescrevem muitos opioides por lá. O Nordeste é dominado pelo estado de Nova York. A mesma coisa. Mas dê uma olhada no Sul – a região livre da obrigatoriedade das três vias, a terra da história latente de Portenoy:

Sul 5.170 (60,8%)

Nossa. Mais da metade dos médicos que mais prescrevem opioides está nesses estados.

Pense um pouco em quanto isso é impressionante. Nos anos após a Segunda Guerra Mundial, um petulante e vaidoso guerreiro antidrogas de San Francisco teve a ideia de obrigar os médicos da Califórnia a usar um bloco de receitas especial para analgésicos, com duas cópias carbono. Essa simples intervenção burocrática se transforma numa história latente – uma narrativa que diz que opioides são diferentes, fazendo médicos pararem para pensar antes de os receitarem. E essa história latente é *tão* convincente que, quando a Purdue testa seu novo analgésico nos estados com obrigatoriedade de três vias meio século depois, encontra uma barreira.

Histórias latentes *fazem diferença*. Você pode criá-las. Elas podem se espalhar. São poderosas. E podem durar décadas.

Hoje há economistas dedicados a entender por que os estados com três vias são diferentes de todos os outros. Vejamos Massachusetts e Nova

York: a economista Abby Alpert estima que, se Nova York tivesse os mesmos índices de overdose de opioides que Massachusetts apresentou entre 2000 e 2019, teriam morrido 27 mil nova-iorquinos a mais. *Vinte e sete mil.* Massachusetts não é mais pobre que Nova York. Não tem um índice de desemprego maior. Não tem um problema maior com gangues, crime organizado ou tráfico de drogas. Os dois estados são bem semelhantes. A *única* diferença relevante é que, meio século atrás, Nova York obrigou seus médicos a fazer duas cópias carbono de todas as receitas, e Massachusetts, não. E essas cópias carbono salvaram milhares de vidas.

Ou vejamos a crise de opioides atual, que há muito tempo deixou o OxyContin de lado e passou para o fentanil, que pode ser criado em laboratório e é fácil de produzir ilegalmente. As leis de obrigatoriedade de três vias não se aplicam a traficantes. Então, seria de esperar que não haveria diferença entre estados com três vias e estados sem três vias, certo? Errado! Se os representantes de vendas da Purdue jogaram você em determinado caminho entre o fim dos anos 1990 e o começo dos 2000, a tendência é que você permaneça nele por muito tempo depois de irem embora.

"Vemos um aumento muito rápido nas mortes por overdose nos estados sem três vias", disse Alpert, "e um crescimento bem mais lento nos estados com três vias, e essas tendências continuam mesmo 20 anos após o lançamento do OxyContin".

O crescimento econômico foi maior em estados com obrigatoriedade de três vias durante a crise dos opioides. A saúde dos bebês foi melhor. A negligência infantil foi menor. A participação da força de trabalho foi maior. Ah, e lembra o que Paul Madden disse sobre o viciado perder "o poder mental de diferenciar o certo do errado" – um dos maddenismos indignados que faria todo mundo revirar os olhos hoje em dia? Pois leia a conclusão do economista Yongbo Sim após comparar os índices de criminalidade em estados com e sem três vias:

> Observei que estados sem três vias na época da introdução do OxyContin tiveram aumento no número de crimes patrimoniais (12%) e violentos (25%), em comparação com estados que seguem a política das três vias.

Em suas análises, os economistas estão acostumados a ver diferenças de 1% ou 2%. É uma anomalia encontrar 25%. "É um impacto absurdo", continuou Sim. "Para ser sincero, quando vi esse resultado, não acreditei."

Onde quer que esteja agora, Paul Madden está olhando para nós e dizendo: *Eu avisei*.

6.

Agora vamos nos voltar para o segundo elemento das epidemias: os superdisseminadores.

Em 2002, o periódico da prestigiosa firma de consultoria McKinsey & Company publicou um longo ensaio escrito por um de seus principais consultores, Martin Elling. O título era "Como aproveitar melhor a equipe de vendas da indústria farmacêutica", e o tema era a forma como essas empresas vendem seus produtos para médicos. Por anos, os fabricantes simplesmente dividiram o país por regiões e mandaram representantes de vendas para consultórios de médicos dentro do seu território. Se você fosse uma empresa com dois medicamentos para o coração, organizaria uma equipe de vendas que cobrisse cardiologistas em todos os hospitais do país. Na época que Elling escreveu seu ensaio, havia quase 90 mil representantes de vendas de empresas farmacêuticas nos Estados Unidos, e esse número havia dobrado nos seis anos anteriores. A indústria tinha montado um exército para influenciar médicos, e, segundo Elling, a estratégia não estava funcionando: "Há décadas as empresas farmacêuticas americanas utilizam o modelo de vendas 'máquina de pinball': representantes pulam de consultório em consultório na esperança de conseguir alguns momentos com o médico e influenciá-lo a receitar seus medicamentos."

Elling achava esse *modus operandi* aleatório demais. Os médicos estavam ficando atordoados. Hospitais vinham dificultando cada vez mais o acesso dos representantes. Os velhos truques – bajular médicos, enchendo-os de presentes e viagens – eram criticados. Os representantes estavam se cansando. O sistema, escreveu Elling, é "caro, ineficiente e carregado de insatisfação".

Ele continuou:

(...) os médicos se sentem sitiados. Aqueles que mais receitam medicamentos dizem que hoje recebem entre três e cinco vezes mais telefonemas de representantes de vendas do que recebiam há 10 anos. (...) Um médico reclamou que a situação está "se tornando insuportável" e que os representantes "têm menos conhecimento e são mais insistentes". De acordo com nossa pesquisa, quase 40% dos consultórios hoje limitam a quantidade de representantes atendidos por dia.

O que fazer? Elling disse que a solução seria os representantes entenderem que nem todo médico era igual. Empresas farmacêuticas precisavam aprender a "segmentar" profissionais. Dois cirurgiões ortopédicos que trabalhavam em consultórios vizinhos no mesmo hospital podiam ser muito diferentes em termos de quantidade e variedade de medicamentos receitados. Alguns médicos simplesmente valiam mais do que outros. Um médico com 35 anos era bem mais valioso do que um de 65, mesmo que o mais velho receitasse muitos medicamentos. Motivo: o de 65 não mudaria seus hábitos de trabalho e estava prestes a se aposentar. Por que incomodá-lo? O de 35 ainda podia ser moldado.

Em vez disso, a proposta de Elling era que farmacêuticas descobrissem os hábitos de prescrição de cada médico para desenvolver uma estimativa do "valor útil" deles individualmente. Ainda mais importante era "determinar o comportamento do médico sobre uma série de questões (...)". Ele foi vago em relação ao significado da "série de questões", mas qualquer um que entendesse um pouco do mercado saberia o que isso queria dizer. Em geral, os representantes de vendas eram jovens e bonitos. Alguns médicos gostavam de receber esse tipo de atenção. Uma empresa que soubesse quais médicos fazem parte desse "público-alvo" iria longe. Era uma ideia radical, que mudava uma prática de décadas na indústria farmacêutica. E uma empresa, acima de todas as outras, prestou atenção nesse fator: a Purdue Pharmaceutical.

A Purdue ligou para a McKinsey em 2013.* Uma equipe de consultores foi de Nova York para a sede da Purdue em Connecticut. Os Sackler ex-

---

* Não foi a primeira vez que trabalharam juntas. A Purdue contratou a McKinsey pela primeira vez em 2004.

plicaram que a empresa estava em crise. As vendas do OxyContin tinham disparado de 49 milhões de dólares no primeiro ano do medicamento no mercado para mais de 1 bilhão em 2005. Mas o crescimento havia empacado. O Departamento de Justiça estava acusando a Purdue Pharma de enganar os médicos sobre a dependência gerada pelo OxyContin e cobrou uma das maiores multas da história da indústria farmacêutica. A reputação do OxyContin sofreu um abalo. Sua patente estava prestes a vencer. Outros fabricantes planejavam versões mais baratas e genéricas do analgésico da Purdue. O que eles poderiam fazer para reverter o quadro?

A McKinsey colocou a mão na massa. Uma de suas consultoras mais brilhantes foi enviada para acompanhar um representante de vendas do OxyContin em Worcester, Massachusetts. Os comentários da consultora foram deprimentes:

> Se antes ele organizava almoços nos hospitais, conversava com residentes, caminhava pelas alas, agora os hospitais dizem: "Deixe seu material conosco, e retornaremos o contato."
>
> Ele tentou usar abordagens mais criativas, como criar um "catálogo" dos médicos proeminentes do hospital que deseja conhecer e passar um tempo nas cafeterias próximas para conhecer a equipe, etc. No entanto, recebeu uma série de respostas negativas de sistemas hospitalares, incluindo uma carta do maior conglomerado de Worcester proibindo-o de voltar lá depois que ele entrou na fila da recepção para pedir a chance de se apresentar à secretária-geral.

Era sobre isso que Martin Elling havia alertado. A Purdue brincava de pinball, e não estava dando certo. Então a McKinsey bolou um novo plano e o batizou, sem ironia, de "Evolução para Excelência". Quando o copresidente da empresa, Richard Sackler, ouviu a apresentação da McKinsey, mandou um e-mail para sua prima. "As descobertas da McKinsey são impressionantes." Ao longo da década seguinte, a Purdue pagaria 86 milhões de dólares à McKinsey por seus conselhos sobre como "turbinar" as vendas do OxyContin.

No âmago do plano de recauchutagem do OxyContin bolado pela McKinsey estava o seguinte quadro.

Prescritores de janeiro-julho de 2013				
Decil de receitas	Número de médicos	Porcentagem de médicos em relação ao total	Número de receitas	Média de receitas mensal por médico
10	358	0,2%	617.887	246,6
9	778	0,5%	617.624	113,4
8	1.300	0,8%	617.149	67,8
7	2.182	1,4%	617.248	40,4
6	3.613	2,3%	617.056	24,4
5	5.668	3,5%	617.075	15,6
4	8.668	5,4%	617.056	10,2
3	13.636	8,5%	617.048	6,5
2	24.399	15,2%	617.331	3,6
1	99.825	62,2%	620.667	0,9

Esse quadro conta uma história impressionante. Ele acompanha o período entre janeiro e julho de 2013, durante o qual 6,17 milhões de receitas de OxyContin foram feitas. Esse número, então, é dividido em 10 grupos iguais – *decis* –, que são classificados do maior para o menor. Veja o Decil 1, no final do quadro. Esse é o maior grupo de médicos: 99.825. Em média, eles receitaram OxyContin uma vez no período de seis meses. É uma quantidade insignificante.

O Decil 2 é formado por 24.399 médicos. Eles fizeram 3,6 receitas cada, entre janeiro e julho. O Decil 3 tem pouco mais de 13.500 médicos. Cada um fez uma média de 6,5 receitas nesse período. Quanto mais subimos na tabela, menos médicos há nos grupos, porém mais vezes eles receitam o OxyContin. Veja o Decil 10. Tem apenas 358 médicos nesse grupo, mas eles prescreveram o medicamento em média 247 vezes nesse intervalo. O sucesso do OxyContin não dependia da *maioria* dos médicos americanos nem de *alguns* médicos. Essa epidemia era impulsionada pela minúscula fração de médicos nos Decis 8, 9 e 10 – menos de 2.500 profissionais que, no total, prescreviam o medicamento uma quantidade absurda de vezes.

Na linguagem do plano de marketing da McKinsey, os médicos nesses três grupos eram "Núcleo" e "SuperNúcleo".

O primeiro conselho da McKinsey foi direto: "Mais de 50% das ligações para vender OxyContin são feitas para prescritores em decis baixos (0-4)." Não fazia sentido. Esse grupo enorme de médicos no final da tabela, que só prescrevia OxyContin uma ou duas vezes por semestre, era formado por profissionais que atuavam nos estados de Madden ou que intuitivamente desconfiavam de grandes doses de opioides sem um botão de controle. Ou talvez fossem velhos emburrados, cheios de manias, que não queriam começar a usar um novo medicamento. *Ignore-os*, disse a McKinsey. *Concentrem-se nos superdisseminadores no topo.* A Purdue obedeceu.

"A Purdue criou um sistema de pontuação que dava bônus e recompensava representantes que tivessem a maior porcentagem total de vendas com prescritores 'Núcleo' ou 'SuperNúcleo'." Isso veio de uma das muitas denúncias criminais feitas contra a Purdue, quando a empresa finalmente foi cobrada por seu comportamento. Em repetidas ocasiões, a Purdue enfatizou para a equipe de vendas: "Concentrem-se apenas nos prescritores identificados como Núcleo e SuperNúcleo."

Então a McKinsey disse: *Vocês precisam se concentrar ainda mais nos médicos Núcleo e SuperNúcleo e descobrir quais são os mais receptivos aos representantes de vendas.* A firma estava falando de médicos mais jovens que tentavam se estabelecer no mercado, de médicos ocupados demais para se preocupar com os detalhes mais inquietantes da reputação do OxyContin, ou simplesmente de médicos que por algum motivo gostavam de passar tempo com representantes.

Veja o gráfico a seguir, que mostra como a Purdue mudou de tática nos anos após receber os conselhos da McKinsey. Ele mostra o número total de vendas do OxyContin no Tennessee, um estado sem lei das três vias que era um mercado fértil para a Purdue havia muitos anos.

Entre 2007 e 2016, a quantidade de visitas de representantes do OxyContin a médicos quase *quintuplicou*. Mas esse número não abrange todos os médicos do Tennessee; o aumento de cinco vezes era relacionado aos superdisseminadores.

Ligações de vendas da Purdue no Tennessee

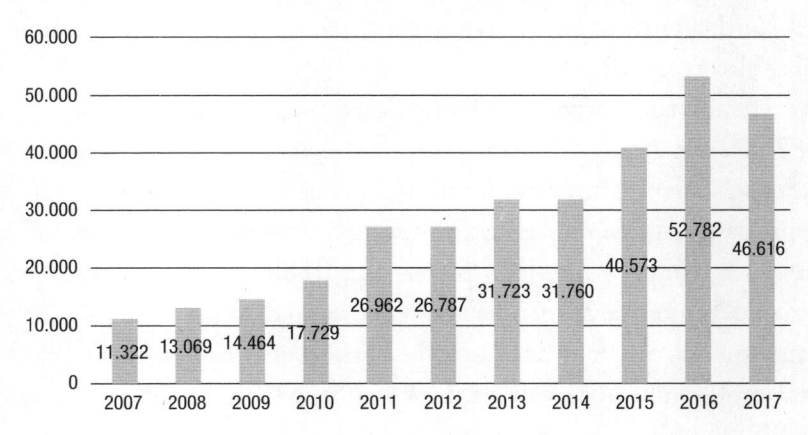

Ano	Ligações
2007	11.322
2008	13.069
2009	14.464
2010	17.729
2011	26.962
2012	26.787
2013	31.723
2014	31.760
2015	40.573
2016	52.782
2017	46.616

No Capítulo 6, falamos sobre como superdisseminadores são profundamente diferentes do restante de nós: algo inerente à sua fisiologia os torna capazes de produzir vírus em ordens de magnitude diferentes das outras pessoas. A Purdue descobriu que o mesmo vale para os *próprios* superdisseminadores: eles não funcionavam como a maioria dos médicos. Quando os representantes minimizavam os riscos de vício – fazendo a alegação ilógica de que o ritmo demorado, constante e tranquilo com que o medicamento entrava na corrente sanguínea não produzia os picos de euforia que geravam dependência –, o superdisseminador acreditava. Depois que ficou claro que o OxyContin era usado de forma abusiva – que as pessoas trituravam os comprimidos e inalavam o pó, conseguindo uma dose de 12 horas de opioides em uma só tacada –, o superdisseminador se mantinha indiferente ou não prestava atenção nesse dado, acreditando que receitar medicamentos a torto e a direito é a *função* do médico.

Um dos alvos da Purdue no Tennessee era um médico chamado Michael Rhodes, que tinha uma clínica de tratamento de dores no norte de Nashville. Em 2007, ele fez 297 receitas de OxyContin. Isso o classificou como Núcleo. Então o representante de vendas local da Purdue começou a ligar para ele, levá-lo para jantar, enchê-lo de presentes. Antes de finalmente perder o registro profissional, Rhodes se encontrou 126 vezes com um representante da Purdue – *isso até onde sabemos*, porque, conforme explica a acusação feita pela Promotoria do Tennessee contra a Purdue, "há indícios de que a Purdue entrava em contato com ele com mais frequência do que a indicada pelos registros".

E, recebendo tanta atenção, Rhodes desabrochou como uma rosa. Emitiu 1.082 receitas de OxyContin em 2008 e deixou de ser Núcleo para se tornar *Super*Núcleo. Em 2009, foram 1.204 receitas; em 2010, 1.307 – e assim por diante, numa crescente constante. A acusação continua: "A Purdue chegou a telefonar 31 vezes para o Dr. Rhodes após o Conselho de Medicina do Tennessee suspender seu registro no dia 22 de maio de 2013."

A maioria dos médicos ficaria irritada em receber essa atenção obsessiva de um representante de vendas. Eles são ocupados. Têm pacientes para atender. Têm famílias. Por que iriam querer passar o tempo todo almoçando ou jantando com alguém que quer lhes dizer como trabalhar *sem nem ter estudado medicina*? Rhodes, porém, tinha a reação oposta.

Em certo ponto, a Purdue fez uma análise de como os médicos Núcleo e SuperNúcleo reagiam aos telefonemas de vendas. Se deixassem de fazer as visitas a eles, o número de receitas de OxyContin despencaria. Ao contrário da maioria dos médicos, os SuperNúcleo não gostavam de ser ignorados por vendedores. Caso você os visitasse entre uma e quatro vezes por ano, seu número de receitas cairia. Mesmo se fossem 8, 12, 16 visitas por ano, elas ainda caíam. Os SuperNúcleo queriam amor, e essa frequência simplesmente não bastava.

Mas se você os visitasse duas vezes por mês – todo santo mês – o que acontecia? *O número de receitas dava um salto.* O ponto da virada era 24 visitas por ano. Se você bajulasse o SuperNúcleo, ele seria seu melhor amigo para sempre.

Então os representantes continuaram visitando Michael Rhodes. Pelos registros de venda da Purdue, fica claro que o consultório de Rhodes ia mal das pernas. Ele era acusado de fraude contra planos de saúde. Havia relatos de mortes por overdose entre seus pacientes. Ele estava carente e indefeso. "Em uma das vezes em que fui ao seu consultório, havia dois pacientes brigando de faca do outro lado da porta", contou um dos representantes. "Rhodes explicou que muitos pacientes são encaminhados a ele por outros médicos que não podem prescrever narcóticos, mas ele pode e me perguntou por que os outros têm essa limitação. Falou que tinha atendido 40 pessoas naquela manhã (...)."

Quarenta pacientes em uma única manhã?

Em maio de 2014, o representante de vendas e o gerente regional da Purdue "ligaram para o Dr. Rhodes (...) e continuaram a incentivá-lo a receitar mais, apesar das objeções dele". O gerente regional fez um relatório elogioso sobre o representante depois disso:

> Boa entrega do Insight 16; desenvolveu tensão construtiva. Médico deu a desculpa de estar saindo da área de Tratamento da Dor. Bom trabalho em devolver o foco do médico para pacientes candidatos ao OxyContin porque ele ainda atende a Pacientes de Dor.

No total, entre 2006 e 2015, Rhodes prescreveu 319.560 comprimidos de OxyContin. Michael Rhodes era o Nathan Housman do Tennessee.

A Purdue construiu toda a sua estratégia em torno de pessoas assim. O médico que mais receitava OxyContin no país era um profissional de Connecticut pago pela Purdue para dar palestras. Se a empresa parasse, ele ameaçava: "O amor pode acabar." O *amor*. A ligação da Purdue com seus melhores clientes era mais do que comercial; o representante de vendas e o médico tinham um relacionamento. Em outro caso, um representante da Purdue conversou com um farmacêutico sobre uma de suas prescritoras SuperNúcleo:

> O gerente da farmácia diz que a médica é chamada de vendedora de balas (...) porque imediatamente coloca todo paciente na dose de narcóticos mais elevada possível. (...) Ele diz que, quando vai a encontros locais de farmacêuticos, todo mundo se retrai ao ouvir o nome dela, devido a suas práticas profissionais. Ele diz que ela prescreve doses e posologias absurdas (...).

Entre janeiro de 2010 e maio de 2018, alguém da equipe da Purdue fez 300 visitas à "vendedora de balas". Nos últimos oito anos, você encontrou seu melhor amigo 300 vezes?

O epidemiologista Mathew Kiang calculou que, durante a epidemia de opioides, 1% dos médicos "era responsável por 49% de todas as doses de opioides". Pessoas como a "vendedora de balas" e Michael Rhodes receitavam 1.000 vezes mais doses de opioides do que outros médicos, na média. A Purdue estimulou uma epidemia que acabaria com a vida de centenas de milhares de americanos e para isso só precisou seduzir alguns milhares de médicos concentrados em um punhado de estados.

A grande lição da covid-19 é que, para um vírus transmitido por ar se transformar em epidemia, não são necessários muitos recrutas. Basta um único superdisseminador, armado com propriedades fisiológicas raras no meio de um salão. A lição da crise dos opioides é exatamente a mesma. E você percebe quanto isso nos torna vulneráveis? A *grande* maioria dos médicos tomou os cuidados apropriados ao lidar com analgésicos opioides como o OxyContin. A comunidade médica como um todo teve um comportamento exemplar. Eles foram cuidadosos. Analisaram as evidências. Seguiram o Juramento de Hipócrates: nunca prejudicar os doentes. *Mas isso não foi suficiente para evitar a pior crise de overdoses da história americana.* Por quê? Porque uma fração minúscula de médicos não teve o mesmo cuidado. E essa fração minúscula foi suficiente para criar uma epidemia. Mais uma vez, saímos do escopo da Regra dos Eleitos. Essa é a Regra dos *Poucos* Eleitos.

7.

A crise dos opioides se desenvolveu em três atos. O primeiro foi a decisão da Purdue de evitar os estados que seguiam a história latente de Madden. O segundo começou com a diabólica reinterpretação que a McKinsey fez da Regra dos Eleitos. Mas o terceiro talvez tenha sido o mais catastrófico. Ele aconteceu quando as proporções de grupo da crise mudaram.

O capítulo final da crise dos opioides começou sem muito estardalhaço. Em meados de 2010, a Purdue emitiu um comunicado conciso. O velho OxyContin seria aposentado. Em seu lugar, viria algo que a empresa chamava de *OxyContin OP*. O OP parecia idêntico. Tinha os mesmos ingredientes. Porém, ao contrário da versão anterior, não podia ser moído e inalado como um pó.* Ele tinha a consistência de uma bala de goma. Os dias em que um viciado poderia triturar os comprimidos da Purdue e ter 12 horas de opioide em uma única dose tinham chegado ao fim.

"Acho que todo mundo pensou que essa medida ajudaria", comentou David Powell, economista do think tank RAND.

Alguns viciados poderiam tentar mudar para outro medicamento, mas muitos simplesmente parariam – e isso com certeza diminuiria o ritmo estável de novos pacientes que alimentava a epidemia. Aonde eles iriam? As pessoas que usavam OxyContin não se consideravam drogadas tradicionais. Em alguns casos, eram pessoas com emprego, casa, status social na comunidade, mas que foram irresponsavelmente apresentadas ao medicamento. A heroína daria um barato parecido, mas não estamos falando de pessoas que comprariam drogas ilícitas.

"Acho que sei como conseguir OxyContin", continuou Powell. "É só ir ao médico e inventar alguma coisa. Não tenho a menor ideia de como conseguir heroína. É preciso dar um salto muito grande para ir do medicamento à droga. Não seria normal que pessoas que abusavam do OxyContin dissessem: 'Vou dar um jeito de conseguir heroína.' Seria um salto e tanto."

Mas não era um salto tão grande assim.

Quem via com bons olhos a reformulação da Purdue imaginava que as pessoas viciadas seguiriam usando a droga de sua preferência. O alcoólico que ficava tranquilamente bêbado de cerveja no bar do bairro não começaria a usar heroína em um estacionamento. Mesmo entre os viciados em opioides havia distinções: certas pessoas cheiravam, algumas injetavam e outras simplesmente engoliam comprimidos inteiros. Resumindo, as proporções de grupo da crise dos opioides eram relativamente imutáveis – ou seja, a ideia era que, se você cortasse o suprimento de um tipo de usuário, o tamanho geral do problema diminuiria.

Só que essa ideia estava terrivelmente errada. As proporções de grupo não eram imutáveis. E o que aprendemos com o bairro Lawrence, o longo

---

* Como era típico da Purdue, havia um motivo velado para essa decisão. O OxyContin original estava prestes a perder suas proteções de patente, com isso versões genéricas mais baratas seriam lançadas e prejudicariam suas vendas. A empresa precisava de uma nova versão para se diferenciar da competição.

histórico de Harvard e o trabalho de acadêmicos como Rosabeth Kanter e Damon Centola? Que epidemias são extremamente sensíveis a mudanças nas proporções de grupo.

Veja o quadro a seguir, dos índices de morte por overdose para três classes de opioides. Na segunda coluna estão os medicamentos controlados, como o OxyContin. Na terceira, a heroína. E, na quarta, opioides sintéticos, como o fentanil.

Índices de morte por overdose de opioides, por tipo, Estados Unidos, 1999-2010
(mortes por 100 mil pessoas)

Ano	Opioides controlados por receita médica (opioides naturais e semissintéticos, e metadona)	Heroína	Analgésicos opioides sintéticos, exceto metadona
1999	1,3	0,7	0,3
2000	1,4	0,7	0,3
2001	1,7	0,6	0,3
2002	2,3	0,7	0,4
2003	2,7	0,7	0,5
2004	3,1	0,6	0,6
2005	3,4	0,7	0,6
2006	4,1	0,7	0,9
2007	4,5	0,8	0,7
2008	4,6	1,0	0,8
2009	4,6	1,1	1,0
2010	5,0	1,0	1,0

Essas são as proporções de grupo da crise dos opioides até a reformulação do OxyContin. Como você pode ver, o número de pessoas que morria devido a medicamentos como o OxyContin era cinco vezes maior do que por heroína ou fentanil. Por mais estranho que pareça, se é para ter uma epidemia de opioides, o ideal é que a maioria dos usuários seja dependente de medicamentos controlados. Uma epidemia de medicamentos controlados é abastecida por uma empresa que opera dentro dos limites da lei, presta contas a acionistas e é regulada por um órgão governamental. Quem os receita são médicos profissionais. Toda transação entre empresa e médico, e entre médico e paciente, é registrada. Planos de saúde reembolsam usuários. Quando as coisas dão errado, ficamos sabendo. Podemos acionar os controles. Podemos encontrar os médicos superdisseminadores e tentar impedi-los, buscar seus pacientes e tentar ajudá-los. No fim das contas, os processos e as acusações criminais levaram a Purdue Pharma à falência.

Mas o que a reformulação causou? Ela *mudou* as proporções. Contra todas as expectativas, os usuários de medicamentos controlados que não podiam mais triturar comprimidos de OxyContin simplesmente passaram para heroína e fentanil. Dê uma olhada nas estatísticas dos anos após a reformulação do medicamento.

Índices de morte por overdose de opioides, por tipo, Estados Unidos, 2011-2020

(mortes por 100 mil pessoas)

Ano	Opioides controlados por receita médica (opioides naturais e semissintéticos, e metadona)	Heroína	Analgésicos opioides sintéticos, exceto metadona
2011	5,1	1,4	0,8
2012	4,7	1,9	0,8
2013	4,6	2,7	1,0
2014	4,9	3,4	1,8
2015	4,9	4,1	3,1
2016	5,4	4,9	6,2
2017	5,4	4,9	9,0
2018	4,7	4,7	9,9
2019	4,4	4,4	11,4
2020	5,1	4,1	17,8

As mortes por medicamentos controlados – o menor dos três males – aumentam um pouquinho ao longo da década seguinte. Porém, a quantidade de overdoses fatais por heroína aumenta em 350% até 2017. E a quantidade de pessoas mortas por fentanil aumenta em *22 vezes*, indo do que parecia ser quase um erro de arredondamento para um problema que faz todas as crises de opioides da história parecerem inofensivas.

Os viciados se tornaram clientes de criminosos. Planos de saúde não pagavam mais por suas drogas. Os usuários precisavam encontrar dinheiro para bancar o vício. Compravam produtos fabricados em instalações suspeitas, misturados com sabe-se lá o quê. Eles não inalavam mais. Passaram a injetar, e injetar drogas é mil vezes mais perigoso. Seringas sujas transmitem HIV e hepatite, causam abscessos e infecções. No começo, a heroína era mais barata para os viciados, mas com o tempo acabou ficando mais cara, porque eles usavam doses bem maiores da droga, a qualidade variava e era muito mais difícil encontrá-la e comprá-la. Se você quisesse parar, as crises de abstinência da heroína eram muito piores do que as que são causadas por abandonar o OxyContin de repente: diarreia explosiva, vômitos, dores avassaladoras. E, se você tivesse filhos pequenos – algo muito comum entre viciados em opioides –, seria um pai muito pior usando heroína do que era quando usava OxyContin. O abuso e a negligência contra crianças dispararam. E, com o tempo, a heroína foi deixada de lado, substituída pelo fentanil, que era ainda mais mortal e viciante.

Não dá para processar o traficante local, regular o negócio dele ou inspecionar a instalação em que o fentanil é fabricado, certo? Assim, quando a epidemia passou a ser de fentanil, muitos usuários simplesmente começaram a comprar suas doses pela internet e as recebiam pelo correio. Como impedir isso? O problema dos opioides ficou tão grave que o começo da epidemia – quando era apenas o OxyContin – ficou parecendo o paraíso em comparação. Teria sido melhor dizer não para a reformulação da Purdue em 2010 e deixar as coisas como estavam.

Mas como poderíamos tomar uma decisão dessas? Ao longo deste livro, falamos sobre as escolhas difíceis que nos são apresentadas pelas epidemias. O bairro Lawrence queria combater a fuga branca, mas para isso negou um lar para uma família negra. Os superdisseminadores moldam desproporcionalmente o curso de doenças como a covid-19, mas tomar uma atitude para evitar o problema exige a segregação de uma pequena minoria. O dilema dos opioides, no entanto, era ainda mais grave. Alguém teria que se levantar lá atrás, em 2010, e dizer: *Escutem. Nós temos duas versões de uma droga muito viciante. É fácil fazer uso abusivo da versão original. Com a versão nova e melhorada, não é mais assim. Mas não queremos a versão nova e melhorada. Queremos que as pessoas continuem triturando seu OxyContin para inalá-lo, da maneira como fazem há 15 anos.* Dá para imaginar como seria a reação se oficiais de saúde tivessem tido essa postura? "Seria uma política muito louca, não acha?", disse Powell. "É uma ideia muito doida. Mas, levando em consideração o que sei agora, acho que seria a atitude certa. Nós aceitaríamos na hora."

Powell e uma colega, Rosalie Pacula, estimaram o que teria acontecido se a Purdue tivesse mantido a fórmula original de OxyContin. O gráfico a seguir mostra a conclusão. Tem duas linhas. A mais escura é o que de fato aconteceu nos Estados Unidos. Veja como os índices de overdose disparam depois de 2010, ano da reformulação. A linha "contrafactual" mais clara é a estimativa do que teria acontecido se as coisas tivessem permanecido iguais.

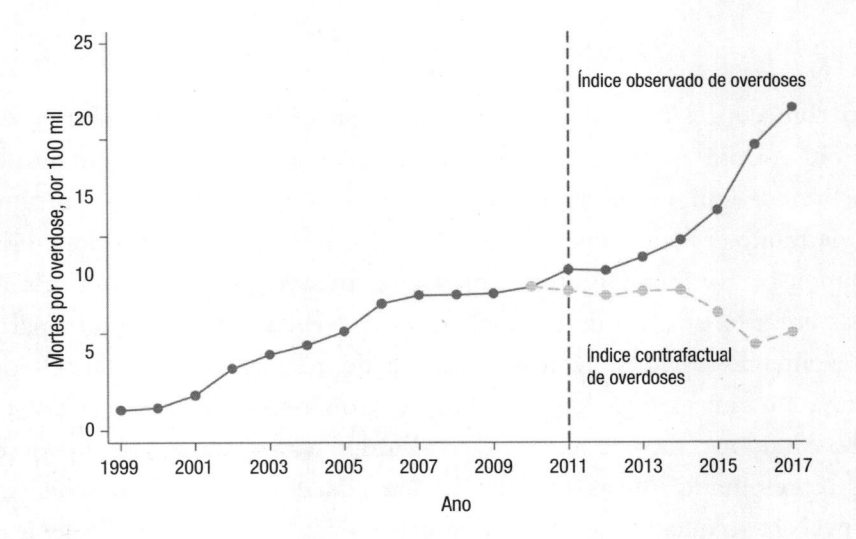

Eles explicam:

> Nossas estimativas mostram que, até 2017, a reformulação elevou o índice de overdoses em mais de 11,6 a cada 100 mil pessoas, aumento de quase 100% em relação ao índice contrafactual.

Cem por cento!

E observe que a linha da análise contrafactual de Pacula e Powell *desce*: isto é, se o antigo OxyContin tivesse sido deixado em paz, a crise dos opioides melhoraria com o tempo. Conforme eles escrevem:

> O declínio estimado seria consistente com melhorias e mudanças causadas por políticas públicas nos padrões de prescrição de medicamentos. Sem o crescimento de mercados de opioides ilícitos, essas medidas começariam a reverter os rumos da crise dos opioides.

Em outras palavras, aos poucos estávamos vencendo a guerra contra os opioides, mas nunca tivemos uma conversa sincera sobre o funcionamento de epidemias. Então surgiu o OxyContin OP e tudo degringolou.

8.

No começo deste livro, prometi fazer uma análise forense da crise dos opioides. Então aqui vai ela: uma pequena empresa de Connecticut decidiu reavivar os antigos presentes da papoula para a humanidade, mas ainda havia muitos estados americanos sob a história latente de Madden, e isso poupou os Estados Unidos de uma epidemia verdadeiramente nacional. Mas então o exército de representantes de vendas do OxyContin partiu para cima dos estados que não tinham lei de três vias, e os Estados Unidos ganharam uma variação de pequena área. Com isso, a McKinsey entrou em cena e mudou o foco do marketing da Purdue para os superdisseminadores. Os representantes de vendas da Purdue disseram aos médicos Núcleo e SuperNúcleo que o OxyContin raramente viciava e os pacientes toleravam doses elevadas por semanas seguidas. Óbvio que não era verdade, mas era muito mais fácil convencer os médicos Núcleo e SuperNúcleo do que os médicos nos Decis 1 a 7 muito mais rigorosos. Pessoas como Michael Rhodes não checavam com o *Journal of the American Medical Associaton* – revista do Conselho Federal de Medicina americano – a veracidade do que diziam seus representantes de vendas favoritos.

Com isso, o OxyContin ganhou mais uma década de vida. Muitos outros pacientes se tornaram viciados. Nas ruas, o medicamento era conhecido como o "Rolls Royce" dos opioides, porque causava um barato tranquilo. A Purdue forçou ainda mais a barra. Os médicos Núcleo e SuperNúcleo acataram. As vendas do OxyContin chegaram a 3 bilhões de dólares por ano. Então veio a reformulação, que o tornou impossível de triturar e inalar, como os usuários faziam havia uma década. Os viciados em OxyContin mudaram para heroína e então para fentanil. E finalmente passaram do fentanil para uma mistura de todas as substâncias citadas, junto com tranquilizantes, medicamentos veterinários e qualquer outra coisa que estivesse à mão. No começo dos anos 2020, a epidemia de opioides que havia começado em 1996, com a criação do OxyContin, tirava a vida de quase 80 mil americanos por ano.

Após duas décadas de epidemia, a linha devia estar descendo, não subindo.

Mortes por overdose de opioides nos Estados Unidos, 1999-2022

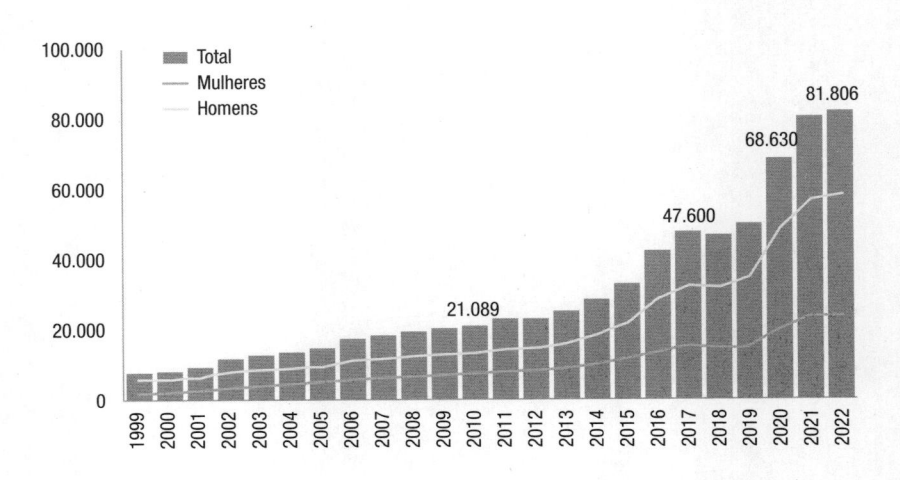

"Tentei entender se... havia algo que eu pudesse ter feito diferente, sabendo o que sabia na época, não o que sei agora", disse Kathe Sackler. Você se lembra dessa citação bem no começo do livro? Ela continuou: "E devo dizer que não."

É muito difícil aceitar algo assim. Mas também é difícil aceitar a história que contamos para nós mesmos, segundo a qual não temos nenhuma responsabilidade pelas epidemias que nos cercam – como se elas surgissem do nada, sempre de forma surpreendente.

Epidemias têm regras. Têm limites. Estão sujeitas a histórias latentes, e somos *nós* quem criamos as histórias latentes. Elas mudam de tamanho e forma quando alcançam um ponto de virada – e é possível saber quando e onde esses pontos de virada surgirão. Elas são motivadas por um certo número de pessoas, que podem ser identificadas. As ferramentas necessárias para controlar uma epidemia estão a nosso dispor, bem na nossa frente. Podemos deixar que pessoas inescrupulosas se aproveitem delas. Ou podemos usá-las para construir um mundo melhor.

Agradecimentos

O grande economista Albert O. Hirschman escreveu:

> A criatividade sempre nos surpreende; portanto, nunca podemos contar com ela e é melhor não acreditar nela até que tome forma. Em outras palavras, não encaramos tarefas cujo sucesso sabemos que obviamente vai exigir criatividade. Sendo assim, a única maneira de fazermos completo uso de nossos recursos criativos é subestimando a natureza da tarefa, apresentando-a para nós mesmos como algo mais rotineiro, simples, que não exige criatividade genuína.

Pensei muito nas palavras de Hirschman enquanto escrevia este livro. Comecei com a ideia de fazer uma revisão simples e rápida de *O ponto da virada*, na ocasião de seu aniversário de 25 anos. Pensei: *Vai ser moleza*. Mas, no meio do caminho, percebi que queria escrever um livro completamente novo. Fiz "completo uso de meus recursos criativos" porque subestimei a natureza da tarefa. Sendo assim, obrigado, Hirschman, por, como sempre, explicar como as coisas de fato funcionam.

Meu querido amigo Jacob Weisberg foi a pessoa que me sugeriu revisitar *O ponto da virada*. Obrigado, Jacob.

Ao longo do caminho, recebi a ajuda de uma longa lista de colegas generosos e perspicazes. Tali Emlen encontrou um milhão de coisas para mim. Sempre que peço uma pesquisa sobre tal assunto, escrevo no título do e-mail: "Poderes mágicos". Tali tem poderes mágicos. Nina Lawrence me ajudou em cem entrevistas. (Quando eu via Nina concordando com a cabeça, toda feliz, do outro lado da janela do estúdio, sabia que estava indo bem.) Adam Grant, Ben Naddaf-Hafrey, Eloise Lynton, Dave Wirtshafter, Mala Gaonkar, Meredith Kahn e Charles Randolph leram as versões iniciais deste livro e fizeram comentários extremamente úteis. A versão em audiolivro desta obra – que você deveria escutar, porque está incrível de verdade! – foi criada por Louis Mitchell, Alexandra Gareton e Kerri Kolen.

Asya Muchnick, minha editora na Little, Brown, leu o manuscrito tantas vezes que comecei a temer por sua sanidade, e a cada vez o livro melhorava. Obrigado, Asya. Jael Goldfine fez um trabalho brilhante na checagem das informações. Na sequência, meu texto caiu nas mãos competentes dos magos da Little, Brown: Ben Allen, Pat Jalbert-Levine, Melissa Mathlin, Allan Fallow, Katherine Isaacs, Deborah Jacobs e Kay Banning.

Minha agente atual é a mesma de quando escrevi *O ponto da virada*: Tina Bennett. Você é a melhor, Tina. Obrigado a todos os meus colegas na Pushkin Industries, que aguentaram minhas muitas ausências enquanto escrevia este livro.

E, acima de tudo, obrigado à minha família – Kate, Edie e Daisy. Vocês são o motivo de eu acordar todas as manhãs, e é por sua causa que sinto o sol mesmo nos dias mais sombrios.

NOTAS

INTRODUÇÃO: A voz passiva

Você pode ler na internet o depoimento de David Sackler, Kathe Sackler e Craig Landau (presidente da Purdue Pharma) perante o comitê da Câmara Legislativa dos Estados Unidos sobre Negligência e Reforma, durante audiência ocorrida em 17 de dezembro de 2020. Também é possível assistir à gravação completa em vídeo no YouTube, na página Oversight Committee Democrats.

A transcrição pode ser encontrada em www.govinfo.gov/content/pkg/CHRG-116hhrg43010/html/CHRG-116hhrg43010.htm. O vídeo, em www.youtube.com/watch?v=p3NgsWWzrH0.

PARTE UM: TRÊS ENIGMAS

CAPÍTULO UM: Casper e C-Dog

A maratona de seis assaltos a bancos do Bandido Ianque é detalhada no Capítulo 2 ("Everybody Likes Eddie") de *Where the Money Is: True Tales from the Bank Robbery Capital of the World* (W. W. Norton & Company, 2004), escrito por William Rehder e Gordon Dillow; veja especialmente as páginas 67-9. Rehder e Dillow também contam outras histórias sobre a onda de assaltos a bancos dos anos 1970, 1980 e 1990, incluindo relatos dos Bandidos de West Hills (pp. 121-4); Casper e C-Dog (todo o Capítulo 3, mas especialmente pp. 113-21 e pp. 124-57); os Eight Trey Gangster Crips (p. 155); e os Garotos Asquerosos (pp. 144-7). A citação de Casper sobre a economia do roubo de bancos foi tirada da página 115 do livro de Rehder e Dillow.

Também me informei sobre Casper e C-Dog em matérias de jornal como "Pair Sentenced for Bank Holdups Using Youngsters", de Jesse Katz (*Los Angeles Times*, 2 nov. 1993), e "Los Angeles 'Fagins' Admit to Series of Bank Robberies", de Robert Reinhold (*The New York Times*, 31 out. 1993). A quantidade de roubos executados pelos Garotos Asquerosos é citada em "Nasty Boys, Nasty Time", matéria escrita por John Greenwald (*Time*, 21 dez. 1993): https://time.com/archive/6721956/nasty-boys-nasty-time.

A queda no número de assaltos a banco na Califórnia após a prisão de Casper e C-Dog foi relatada em "Los Angeles 'Fagins'", de Reinholds. Também há um gráfico interessante sobre os assaltos a banco em Los Angeles entre 1983 e 1995 em "What Happened to L.A. Bank Robbers Who Did Heists in the 90s?", de Brittny Mejia (*Los Angeles Times*, 14 mar. 2024): www.nytimes.com/1993/10/31/us/los-angeles--fagins-admit-to-series-of-bank-robberies.html e www.latimes.com/california/story/2024-03-14/los-angeles-bank-robbers-la-heists-out-of-prison.

Para estatísticas de assaltos a banco por todo o território americano entre 1967 e 1980, veja a dissertação de James Francis Haran, publicada em 1982, para a Universidade Fordham, intitulada "The Losers' Game: A Sociological Profile of 500 Armed Bank Robbers": https://research.library.fordham.edu/dissertations/AAI8219245.

"Nothing to Lose: A Study of Bank Robbery in America" é uma tese de doutorado não publicada de Yale, escrita por George M. Camp em 1968: https://ojp.gov/ncjrs/virtual-library/abstracts/nothing-lose-study-bank-robbery-america.

Os dados sobre a quantidade de agências bancárias nos Estados Unidos podem ser encontrados na ferramenta "BankFind Suite" da Federal Deposit Insurance Corporation (FDIC). A quantidade de agências pelo país foi de 21.839 em 1970 para 63.631 em 1999.

Você pode ler sobre a "visita" de Willie Sutton à filial do Manufacturers Trust Company no Queens, e sobre outros detalhes de sua vida, em seu livro de memórias publicado em 2004, coescrito com Edward Linn, *Where the Money Was: The Memoirs of a Bank Robber*, especialmente as páginas 1-11. A data desse assalto é especificada na matéria do *New York Daily News* sobre o dia de sua prisão pelo crime em 1952, arquivada no site do jornal: www.nydailynews.com/2016/02/18/the-day-willie--the-actor-sutton-prolific-bank-robber-was-arrested-in-brooklyn-in-1952.

Em seu livro de memórias publicado em 1953, *I, Willie Sutton: The Personal Story of the Most Daring Bank Robber and Jail Breaker of Our Time* (escrito em parceria com Quentin Reynolds), Sutton alegou ter roubado 2 milhões de dólares de bancos – o equivalente a cerca de 20 milhões hoje.

Há um resumo excelente sobre o Programa Médico Regional do Governo Lyndon Johnson, junto ao qual John Wennberg iniciou sua pesquisa pioneira sobre a variação de pequena área, na coleção do programa "Profiles in Science", da National Library of Medicine: https://profiles.nlm.nih.gov/spotlight/rm.

O trabalho original de Wennberg sobre variação de pequena área nos serviços de saúde em Vermont foi publicado na *Science* em 1973: "Small Area Publications in Health Care Delivery" (*Science*, v. 182, 14 dez. 1973, pp. 1102-8). O trabalho está disponível no Dartmouth Digital Commons: https://digitalcommons.dartmouth.edu/cgi/viewcontent.cgi?article=3596&context=facoa. Caso não queira ler o trabalho inteiro, a pesquisa (e a carreira de Wennberg) está bem resumida em duas matérias publicadas no periódico *Dartmouth Medicine*, a primeira escrita por Maggie Mahar na edição de inverno de 2007, e a segunda, por Shannon Brownlee na edição de outono de 2013. Ambas estão disponíveis em: https://dartmed.dartmouth.edu/winter07/pdf/braveheart.pdf e https://dartmed.dartmouth.edu/fall13/pdf/from_pariah_to_pioneer.pdf.

As citações de Wennberg sobre Stowe e Waterbury foram tiradas de "Wrestling with Variation", entrevista que ele deu em 2004 ao periódico *Health Affairs*, disponível no portal Academia.edu: www.academia.edu/18579681/Wrestling_With_Variation_An_Interview_With_Jack_Wennberg.

Os dados que comparam Middlebury, em Vermont, e Randolph, em New Hampshire, foram reunidos para o trabalho de Wennberg de 1977 intitulado "A Test of Consumer Contributions to Small Area Variations in Health Care Delivery" (*Journal of the Maine Medical Association*, v. 68, n. 8, pp. 275-9). Depois, eles foram analisados no livro *Tracking Medicine: A Researcher's Quest to Understand Health Care*, de Wennberg, publicado em 2010, que é de onde tirei o quadro no Capítulo 1 que compara as cidades. Você pode acessar o trabalho aqui: https://core.ac.uk/download/pdf/231133032.pdf.

Wennberg, junto com outros pesquisadores, descobriu que "a demanda de pacientes é relativamente desimportante na explicação de variações" em relação a gastos com serviços de saúde. Seu estudo de 2019 foi publicado no *American Economic Journal: Economic Policy*, v. 11, n. 1, pp. 192-221, disponível no site da National Library of Medicine: www.ncbi.nlm.nih.gov/pmc/articles/PMC7444804.

Os índices das visitas de médicos durante os últimos dois anos de vida de pacientes são do banco de dados "Care for Chronically Ill", do Dartmouth Atlas. Você pode encontrar esses dados na planilha longitudinal de dados entre 2008 e 2019, calculada por região de referência hospitalar (HRR, na sigla em inglês). Especificamente, analisei a coluna J ("Physician Visits per Decedent During the Last Two Years of Life") em 2019 dos Estados Unidos (HRR 999), de Los Angeles (HRR 56) e de Mineápolis (HRR 251): https://data.dartmouthatlas.org/eol-chronic/#longitudinal.

Os índices de vacinação das escolas de ensino fundamental da Califórnia estão no site do Departamento de Saúde Pública do estado. Analisei os dados de imunização de alunos do sétimo ano entre 2012 e 2013: https://eziz.org/assets/docs/shotsforschool/2012-13CA7thGradeData.pdf.

Outros períodos e anos estão disponíveis em: www.cdph.ca.gov/Programs/CID/DCDC/Pages/Immunization/School/tk-12-reports.aspx.

Você pode ler o relatório do CDC sobre o surto de sarampo na Disneylândia e sobre o surto de 2014 na Califórnia no site do órgão: www.cdc.gov/mmwr/preview/mmwrhtml/mm6406a5.htm e www.cdc.gov/mmwr/preview/mmwrhtml/mm6316a6.htm.

Na Wikipédia em inglês há um bom resumo sobre a lei "anti-Waldorf" de 2015 para acabar com a dispensa de vacinação na escola por crença pessoal: https://en.wikipedia.org/wiki/California_Senate_Bill_277.

CAPÍTULO DOIS: O problema de Miami

Infelizmente, boa parte das transcrições do julgamento de Philip Esformes não foi disponibilizada para o público. Eu as comprei (paguei uma nota). E o arquivo é grande demais para copiá-lo aqui. Mas o *The New York Times* publicou vários trechos, incluindo a audiência de sentença em 12 de setembro de 2019, durante a qual Esformes deu o depoimento choroso que inicia o capítulo. O rabino Lipskar e o advogado de Esformes, Howard Srebnick, opinaram sobre o caráter de Esformes durante essa audiência: https://int.nyt.com/data/documenttools/2019-04-transcript-sentencing-show-temp/5f1878a90b593c85/full.pdf.

Alguns outros detalhes – por exemplo, sobre a acompanhante de Esformes que era modelo – foram encontrados em outro trecho publicado pelo *The New York Times*, da transcrição da audiência de 29 de março de 2019: https://int.nyt.com/data/documenttools/2019-03-29-transcript-discuss-closet-and-payment/ca95687269783a73/full.pdf.

Muitos outros trechos – incluindo detalhes sobre Esformes, seus negócios e seu julgamento – são da transcrição do julgamento, principalmente do depoimento de Guillermo "Willy" Delgado, Gabriel "Gaby" Delgado e Nelson Salazar.

Você pode assistir a vídeos dos filhos de Philip Esformes jogando basquete e treinando: www.youtube.com/watch?v=pP-nPQTxVMo e www.youtube.com/watch?v=-4JXFrWd1TCA.

Um relato sobre o automóvel diferenciado de Morris Esformes e sua entrevista tensa com os jornalistas usando o uniforme dos Lakers foi publicado no *Mother Jones*: www.motherjones.com/politics/2023/11/philip-esformes-trial-morris-medicare--fraud-prosecution-donald-trump-clemency.

Sobre o estudo de Elisa Sobo a respeito das famílias Waldorf, veja "Social Cultivation of Vaccine Refusal and Delay Among Waldorf (Steiner) School Parents". *Medical Anthropology Quarterly*, v. 29, n. 3, set. 2015, pp. 279-436.

O vídeo promocional da escola Waldorf citado no capítulo foi criado pela Chicago Waldorf School: www.youtube.com/watch?v=wLPr HJ8Ve_I.

A publicação no blog The Waldorf Mom intitulada "Vaccines: My Journey" pode ser encontrada aqui: https://waldorfmom.net/natural-health/vaccinations.

David Molitor detalha sua pesquisa sobre variação de pequena área no tratamento de infartos no trabalho "The Evolution of Physician Practice Styles: Evidence from Cardiologist Migration", publicado na edição de fevereiro de 2018 do *American Economic Journal: Economic Policy*, v. 10, n. 1, pp. 326-56. Os números sobre os índices de cateterismos em Buffalo e Boulder vieram do anexo "Table C.2: HRR cath rank" na página 21: www.ncbi.nlm.nih.gov/pmc/articles/PMC5876705/#SD1.

A proporção do PIB americano usado em serviços de saúde em 2022 é do site dos Centros de Serviços de Medicare e Medicaid: www.cms.gov/data-research/statistics-trends-and-reports/national-health-expenditure-data/historical.

Os valores respectivos do Canadá são do Instituto Canadense para Informações de Saúde: www.cihi.ca/en/national-health-expenditure-trends-2022-snapshot.

Os dados de inscrições e gastos com Medicare também foram obtidos dos Centros de Serviços de Medicare e Medicaid. Sobre as inscrições, veja data.cms.gov/summary-statistics-on-beneficiary-enrollment/medicare-and-medicaid-reports/medicare-monthly-enrollment; sobre os gastos, veja www.cms.gov/data-research/statistics-trends-and-reports/national-health-expenditure-data/nhe-fact-sheet.

Sobre estimativas dos gastos anuais de fraudes contra o Medicare, veja www.cnbc.com/2023/03/09/how-medicare-and-medicaid-fraud-became-a-100b-problem--for-the-us.html.

Os dados sobre os gastos do Medicare com equipamentos médicos duráveis na Flórida são do Dartmouth Atlas. Os dados de 2003-2010 sobre reembolsos do

Medicare, organizados por região de referência hospitalar (HRR), incluem as regiões listadas da Flórida: https://data.dartmouthatlas.org/medicare-reimbursements/#custom-state.

A história de Miami nos anos 1980 – incluindo os dados demográficos e de criminalidade, assim como o relato de Isaac Kattan Kassin – vieram de *The Year of Dangerous Days*, escrito por Nicholas Griffin (Simon & Schuster, 2021). Os detalhes adicionais sobre a economia paralela de Miami vieram da matéria "Awash in a Sea of Money", de Rebecca Wakefield, publicada no *Miami New Times* em 2005.

A citação de Maurice Ferre, prefeito de Miami, sobre a chegada de cubanos após o Êxodo de Mariel pode ser encontrada na coluna de Charles Whited no *Miami Herald*, "Oval Office Finally Gets Message on Refugee Help" (8 maio 1980), que também é citada em Griffin, *The Year of Dangerous Days*: www.newspapers.com/image/628982264/?match=1&terms=Oval%20Office%20Finally%20Gets%20Message%20on%20Refugee%20Help.

Detalhes sobre o Fontainebleau Park Office Plaza, e até a planta do lugar, podem ser encontrados em uma apresentação direcionada a atrair investimentos públicos: www.thezylberglaitgroup.com/wp-content/uploads/2020/01/Fontainebleau-Park-Office-Plaza-OM-1.pdf. (A planta usada no livro, no entanto, é um pouquinho diferente. É uma foto que tirei ao visitar o prédio.)

A lista de executivos da Columbia/HCA intimados a prestar depoimento perante o grande júri em 1997 foi publicada no *Journal Record* (de Oklahoma City): https://journalrecord.com/1997/08/allegations-lead-to-lessons-in-legal-lingo. Você pode ler mais sobre o caso de fraude contra a Columbia/HCA no comunicado de imprensa de 2003 emitido pelo Departamento de Justiça, que detalha o acordo com a empresa, chamando-o de "o maior caso de fraude contra o sistema de saúde na história dos Estados Unidos": www.justice.gov/archive/opa/pr/2003/June/03_civ_386.htm. Também há um bom relato a respeito do caso na verificação de fatos feita pelo PolitiFact sobre um anúncio que atacava os democratas e acusava Scott de fraude contra o sistema de saúde durante a campanha de 2010: www.politifact.com/article/2010/jun/11/rick-scott-and-fraud-case-columbiahca.

Você pode ler sobre a jornada jurídica de Esformes em "Behind Trump Clemency, a Case in Special Access" (Kenneth P. Vogel, Eric Lipton e Jesse Drucker, *The New York Times*, 24 dez. 2020): www.nytimes.com/2020/12/24/us/politics/trump-pardon-clemency-access.html.

A CNBC escreveu sobre como a Suprema Corte rejeitou o pedido de Esformes para impedir seu novo julgamento, e também sobre seu eventual acordo, declarando-se culpado para evitar um segundo julgamento: www.cnbc.com/2023/12/15/trump-clemency-recipient-philip-esformes-loses-supreme-court-bid.html.

CAPÍTULO TRÊS: Poplar Grove

Descobri Poplar Grove ao ler o livro *Life Under Pressure: The Social Roots of Youth Suicide and What to Do About Them*, de Anna S. Mueller e Seth Abrutyn (Oxford University Press, 2024). Citações dos moradores de Poplar Grove (e boa parte das informações sobre a crise de suicídios da cidade) foram obtidas desse livro ou de conversas com Mueller e Abrutyn.

As histórias dos programas de procriação de animais em zoológicos e da crise na manutenção da população de chitas e panteras da Flórida são de *Tears of the Cheetah: The Genetic Secrets of Our Animal Ancestors*, de Stephen O'Brien (St. Martin's Griffin, 2005), especialmente dos Capítulos 2 ("Tears of the Cheetah") e 4 ("A Run for Its Life – The Florida Panther").

Para um resumo em inglês do termo *monocultura*, consulte o Oxford English Dictionary: www.oed.com/dictionary/monoculture_n?tl=true#:~:text=The%20earliest%20known%20use%20of,Etymons%3A%20mono%2D%20comb.

A pesquisa na qual os adolescentes descreveram grupos sociais (atletas, mauricinhos, etc.) em sua escola de ensino médio no Meio-Oeste é de "Multiple Crowds and Multiple Life Styles: Adolescents' Perceptions of Peer-Group Stereotypes", trabalho conduzido por B. Bradford Brown, Mary Jane Lohr e Carla Trujillo, publicado no livro *Adolescent Behavior and Society: A Book of Readings* (McGraw-Hill, 4 ed., 1990).

O gráfico sobre a percepção dos estudantes a respeito da distância social entre vários grupos é do trabalho de Brown publicado em fevereiro de 1996, "Visibility, Vulnerability, Development, and Context: Ingredients for a Fuller Understanding of Peer Rejection in Adolescence" (*Journal of Early Adolescence*, v. 16, n. 1).

A citação sobre os criadores particulares "horrorizados" foi feita por Don Shaw, fundador do Panther Survival Project. Consta na página 28 da edição de 2 de agosto de 1993 do *The News-Press* (de Fort Myers), disponível em Newspapers.com.

PARTE DOIS: OS ENGENHEIROS SOCIAIS

CAPÍTULO QUATRO: O Terço Mágico

O mapa do bairro Lawrence pode ser encontrado no site de Nanosh Lucas, que reúne a maior parte das pesquisas públicas e dos trabalhos publicados sobre o projeto: www.lawrencetract.com.

O relato sobre a proprietária branca em Germantown, na Filadélfia, que vendeu a casa para uma família negra em 1957, incluindo citações de seus vizinhos, veio de "The Demand for Housing in Racially Mixed Areas: A Study of the Nature of Neighborhood Change", de Chester Rapkin e William Grigsby, um relatório de pesquisa para a Comissão sobre Raças e Habitação e para a Autoridade de Redesenvolvimento da Filadélfia (University of California Press, 1960), especificamente as páginas 140-1.

Os dados demográficos raciais do bairro Russell Woods em Detroit são de um relatório de alunos de pós-graduação da Escola de Design da Universidade da Pensilvânia intitulado "Russell Woods-Nardin Park: A Tactical Preservation Plan", disponível em: www.design.upenn.edu/sites/default/files/uploads/Detroit_Book_June2019-compressed-min_compressed%20%281%29.pdf.

Encontrei os dados sobre a mudança da população branca de Atlanta nos anos 1960 e 1970 (assim como o apelido da cidade) na página 5 de *White Flight: Atlanta and the Making of Modern Conservatism*, de Kevin Kruse (Princeton University Press, 2005).

O depoimento sobre habitação de Saul Alinsky, em 5 de maio de 1959, para a Comissão de Direitos Civis Americanos em Chicago é citado em vários momentos no capítulo. A citação do líder comunitário ("Sejamos diretos: nenhuma comunidade branca de Chicago quer negros") veio de Alinsky e está na página 771 da publicação intitulada "Hearings Before the United States Commission on Civil Rights: Housing", do United States Government Publishing Office.

Você pode encontrar outros comentários de Morton Grodzins sobre a fuga branca e o "ponto de virada" em seu artigo "Metropolitan Segregation", publicado na *Scientific American*, v. 197, n. 4 (1 out 1957): www.scientificamerican.com/article/metropolitan-segregation.

O estudo pioneiro de Rosabeth Kanter sobre proporções de grupo, "Some Effects of Proportions on Group Life: Skewed Sex Ratios and Responses to Token Women", foi publicado no *American Journal of Sociology*, v. 82, n. 5 (mar. 1977), pp. 965-90. Certos detalhes sobre a pesquisa são de minha entrevista com ela. www.jstor.org/stable/2777808?seq=5.

A maioria dos detalhes sobre a vida de Ursula Burns foi obtida em minha conversa com ela. Outros vêm de seu livro de memórias, *Where You Are Is Not Who You Are* (Amistad/HarperCollins, 2021).

O livro de memórias de Indra Nooyi se chama *My Life in Full: Work, Family and Our Future* (Portfolio, 2021 [Ed. bras.: *Minha vida por inteiro: trabalho, família e nosso futuro*. Rio de Janeiro: Alta Life, 2022]. O trecho sobre a reação da imprensa à sua nomeação como presidente da Pepsi está na página 192.

A contagem dos presidentes de empresas na Fortune 500 com origem indiana é de uma publicação do meio de comunicação indiano CNBCTV18, especializado em negócios: www.cnbctv18.com/business/companies/what-makes-indian-origin-ceos-rise--to-the-top-of-fortune-500-companies-14446172.htm.

O perfil escrito por Heather Haddon para o *The Wall Street Journal* sobre Laxman Narasimhan, presidente da Starbucks, em que sua origem indiana *não* é mencionada foi publicado em 27 de setembro de 2003 e intitulado "With Howard Schultz Gone, New Starbucks CEO Looks to Reset": www.wsj.com/business/hospitality/starbucks-ceo-seeks-to-improve-servicefor-baristas-a4a0bf77.

Conforme citado no site do dicionário Merriam-Webster, Homer Bigart escreveu que "alguns pais brancos podem aceitar com relutância a integração até 10% ou 15%" (*The New York Times*, 19 abr. 1959): www.merriam-webster.com/wordplay/origin--of-the-phrase-tipping-point.

O executivo do setor imobiliário entrevistado pela Comissão de Direitos Civis em Chicago foi Robert H. Pease, vice-presidente da Draper and Kramer Inc. Suas citações estão na página 761 da transcrição da audiência publicada pelo United States Government Printing Office.

O responsável pelo sistema escolar em Washington é Carl F. Hansen, superintendente da área entre 1958 e 1967. As informações relevantes estão nas páginas 67-8 de seu livro de memórias, *Danger in Washington: The Story of My Twenty Years in the Public Schools in the Nation's Capital* (Parker Publishing Company, 1968).

Alvin Rose prestou depoimento na mesma audiência da Comissão de Direitos Civis em 1959 da qual participou Robert H. Pease.

O estudo de Vicki W. Kramer, Alison M. Konrad e Samru Erkut sobre as 50 executivas observou que uma massa crítica de mulheres em uma diretoria corporativa resultava em uma dinâmica mais "aberta e colaborativa" e aumentava a "escuta". Veja

"Critical Mass on Corporate Boards: Why Three or More Women Enhance Governance", relatório de 2006 elaborado pelos Wellesley Centers for Women: www.wcwonline.org/pdf/CriticalMassExecSummary.pdf.

Uma pesquisa de 2023 conduzida com executivos e executivas pela *Harvard Business Review* concluiu que mulheres são "mais dispostas a fazer perguntas profundas e buscar esclarecer todos os detalhes": hbr.org/2023/11/research-how-women-improve-decision-making-on-boards.

Você pode ler sobre o projeto theBoardlist, de Sukhinder Singh Cassidy, aqui: www.theboardlist.com/about.

A pesquisa de Damon Centola sobre pontos de virada tem duas partes. Ele desenvolveu o jogo de adivinhar nomes (e entendeu quanto tempo levaria para o grupo chegar a um consenso) no trabalho de 2015 intitulado "The Spontaneous Emergence of Conventions: An Experimental Study of Cultural Evolution" (*PNAS*, v. 112, n. 7, fev. 2015). Em uma continuação publicada em 2018, Centola introduziu dissidentes no jogo e descobriu que seria necessária uma adição de cerca de 25% para que o grupo mudasse para outro nome ("Experimental Evidence for Tipping Points in Social Convention", *Science*, v. 360, n. 6.393, pp. 1116-9). Para o estudo de Centola de 2015, veja www.pnas.org/doi/full/10.1073/pnas.1418838112#abstract; para o estudo de 2018, veja www.researchgate.net/publication/325639714_Experimental_evidence_for_tipping_points_in_social_convention.

Sobre a análise de como a integração afeta o desempenho de estudantes negros em matemática, veja "A Critical Race Theory Test of W.E.B. DuBois' Hypothesis: Do Black Students Need Separate Schools?", de Tara J. Yosso, William A. Smith, Daniel G. Solórzano e Man Hung, em *Race Ethnicity and Education*, v. 25, n. 4, out. 2012, pp. 1-19: www.tandfonline.com/doi/full/10.1080/13613324.2021.1984099.

O estudo foi baseado nos dados do Early Childhood Longitudinal Study sobre a classe de jardim de infância de 1998-1999 (ECLS-K) e pode ser encontrado em: https://nces.ed.gov/ecls/Kindergarten.asp.

Também há um resumo útil de tudo no *Penn Today*: https://penntoday.upenn.edu/news/damon-centola-tipping-point-large-scale-social-change.

Você pode ler sobre o bairro negro de Ramona Street (e sobre a segregação habitacional em Palo Alto) em PaloAltoHistory.org: www.paloaltohistory.org/discrimination-in-palo-alto.php.

Detalhes sobre o desenvolvimento do bairro Lawrence foram obtidos da história oral com Gerda Isenberg, uma das fundadoras do Palo Alto Fair Play Committee, especialmente nas páginas 66-71. Conduzida em 1990 e 1991 pela California Horticulture Oral History Series, a pesquisa foi publicada em 1991 pelos Regents of the University of California e está disponível em: https://digitalassets.lib.berkeley.edu/rohoia/ucb/text/nativeplantsnurse00isenrich.pdf.

Muitas das citações de residentes vieram da matéria de Loretta Green publicada no *Peninsula Times-Tribune*, "A Lot Has Happened in Thirty Years" (31 mar. 1980): https://static1.squarespace.com/static/6110410394c5a42a59b83b98/t/63040fcbe009a224275e9da1/1661210572767/loretta_green.pdf.

A história da venda que abalou as proporções é contada em "Laboratory for Equality: Palo Alto's Interracial Housing Experiment", de Richard Meister (*Frontier*, 1957) e em "The Lawrence Tract: Laboratory of Interracial Living", de Dorothy Strowger, no trabalho de novembro de 1955 para sua aula de sociologia. (Não sei em que instituição Strowger estudava.)

CAPÍTULO CINCO: O misterioso caso do time feminino de rúgbi de Harvard

A partida de Harvard contra Princeton que descrevo no início do capítulo aconteceu em 14 de outubro de 2023. A transmissão ao vivo com a narração que mencionei está no YouTube: www.youtube.com/watch?v=EbIkDEn1eXE.

Você pode ver o registro da temporada de 2023-2024 do time feminino de rúgbi de Harvard em: https://gocrimson.com/sports/womens-rugby/schedule/2023-24.

Para uma lista das faculdades com maior número de equipes femininas em 2023, acesse sportsbrief.com/other-sports/35102-which-college-sports-teams-united--states-america.

A Figura 1 na matéria "Race and Privilege Misunderstood: Athletics and Selective College Admissions in (and Beyond) the Supreme Court Affirmative Action Cases" da *UCLA Law Review* (6 jun. 2023) conta com um gráfico da porcentagem de atletas em universidades de elite particulares e públicas. Ele mostra como Harvard é gigante em comparação com a Universidade de Michigan.

Em 2012, o *The Harvard Crimson* publicou um anúncio escrito por Samantha Lin e Justin C. Wong sobre a criação do time feminino de rúgbi, "Harvard Women's Rugby Named Varsity Sport". Outra matéria, esta de 2019, falou sobre o processo de recrutamento para criar o time. Veja www.thecrimson.com/article/2012/11/8/harvard-womens-rugby-varsity-sport e www.thecrimson.com/article/2019/1/23/rugby-2018-feature.

As estatísticas sobre ALDCs formarem 30% do corpo estudantil de Harvard são repetidas em vários documentos do SFFA ao longo dos anos. A juíza Sonia Sotomayor as menciona em sua opinião na página 44 da decisão da Suprema Corte em *SFFA v. President and Fellows of Harvard College*. Veja www.supremecourt.gov/opinions/22pdf/20-1199_hgdj.pdf.

Tanto Adam Mortara quanto William Fitzsimmons testemunharam na versão de 2018 do caso apresentado à Suprema Corte em um tribunal distrital de Boston. Mortara prestou depoimento no primeiro dia, enquanto Fitzsimmons defendeu o programa de esportes de Harvard no terceiro dia. Apesar de as transcrições não serem públicas, o *The Harvard Crimson* publicou um resumo completo do julgamento inteiro. O primeiro dia está em www.thecrimson.com/article/2018/10/16/admissions-trial-day-one; o terceiro, em: www.thecrimson.com/article/2018/10/18/day-three-harvard-admissions-trial.

A citação sobre Harvard recrutar um jogador de squash na Nova Zelândia é mencionada em uma matéria do *The Harvard Crimson* sobre a admissão de atletas (Delano R. Franklin e Devin B. Srivastava, "The Athlete Advantage", maio 2019). Veja www.thecrimson.com/article/2019/5/28/athlete-advantage-commencement-2019.

A história das cotas para admissão de judeus em Columbia e Harvard veio de *The Chosen: The Hidden History of Admission and Exclusion at Harvard, Yale, and Princeton*, de Jerome Karabel (Houghton Mifflin Company, 2005), especialmente o Capítulo 3: "Harvard and the Battle over Restriction". A música da fraternidade está na página 87.

As listas de americanos de ascendência asiática matriculados na Caltech e em Harvard foram obtidas do processo do SFFA contra Harvard (veja Tabela B, página 67): studentsforfairadmissions.org/wp-content/uploads/2014/11/SFFA-v.-Harvard-Complaint.pdf.

A pesquisa sociológica sobre os extraordinários índices de nigerianos pós-graduados foi obtida da matéria de Leslie Casimir publicada no *The Houston Chronicle*, "Data Show Nigerians the Most Educated in the US" (12 jan. 2018): www.chron.com/default/article/Data-show-Nigerians-the-most-educated-in-the-U-S-1600808.php.

Grande parte das citações e dos detalhes sobre os eventos do julgamento de Khoury –

incluindo o depoimento de "Jane", Meg Lysy e Timothy Donovan – foi obtida de transcrições (que não estão disponíveis para o público).

A explicação de Marianne Werdel sobre os custos de jogar tênis juvenil veio de duas publicações de blogs: "Let's Break Down the Cost of Junior Tennis Part 1" e "Part 2". Você pode encontrá-las na Wayback Machine: web.archive.org/web/20190321205917, mariannewerdel.com/2018/03/20/1471, web.archive.org/web/20180814123310 e mariannewerdel.com/2018/03/21/lets-break-down-the--cost-of-junior-tennis-part-2.

Você pode acessar o site de consultoria de tênis de Timothy Donovan aqui: https://donovantennis.com/consulting.

As biografias das jogadoras do time feminino de rúgbi de Harvard estão disponíveis no site do time: https://gocrimson.com/sports/womens-rugby/roster.

O clube de rúgbi de Sacramento que lista todas as faculdades em que suas ex-alunas jogaram é o Land Park Harlequins: www.goharlequins.com/index.cfm/alumni-colleges-elite-tournaments.

A transcrição do caso na Suprema Corte contra a Universidade do Texas está disponível na internet. Vale lembrar que o caso de Abigail Fisher foi apresentado duas vezes à Suprema Corte, primeiro em 2013, depois em 2016. Todas as citações do julgamento foram tiradas dos procedimentos de 2013: www.supremecourt.gov/oral_arguments/argument_transcripts/2012/11-345.pdf.

Sobre a demografia do corpo estudantil da Universidade do Texas em Austin na época do processo de Abigail Fisher contra a instituição, veja news.utexas.edu/2008/09/18/fall-enrollment-at-the-university-of-texas-at-austin-reflects-continuing-trend-toward-more-diverse-student-population.

Você pode ler a declaração completa de Harvard sobre a decisão da Suprema Corte no caso do SFFA em: www.harvard.edu/admissionscase/2023/06/29/supreme-court--decision.

CAPÍTULO SEIS: O Sr. Zero e a epidemia no Marriott

O relato da conferência da Biogen foi tirado de uma matéria do *The Boston Globe* escrita por Mark Arsenault ("How the Biogen Leadership Conference in Boston Spread the Coronavirus", 10 mar. 2020) e da matéria do *The New York Times* escrita por Farah Stockman e Kim Barker ("How a Premier U.S. Drug Company Became a Virus 'Super Spreader'", 12 abr. 2020): www.bostonglobe.com/2020/03/11/nation/how-biogen-leadership-conference-boston-spread-coronavirus e www.nytimes.com/2020/04/12/us/coronavirus-biogen-boston-superspreader.html.

Mais detalhes sobre a filial do surto na Carolina do Norte foram extraídos de "Biogen Sends RTP Workers Home After Employees Test Positive for Coronavirus", publicado por *News & Observer* (Zachery Eanes, 9 mar. 2020) e "Emails Show Urgency as NC Officials Grappled with Cases from Biogen Super-Spreader Conference", publicado no *The Triangle Business Journal* (Lauren Ohnesorge, 1 jun. 2021): www.newsobserver.com/news/business/article241025271.html e www.bizjournals.com/triangle/news/2021/06/01/nc-biogen-covid-cases-how-state-officials-reacted.html.

A história do primeiro caso de covid-19 em Boston veio de "UMass Boston Student Has Coronavirus; First Case in Massachusetts", escrita por Lisa Kashinsky (*The Boston Herald*, 1 fev. 2020) e de um comunicado de imprensa do site da Prefeitura de Boston: www.nbcnews.com/news/us-news/coronavirus-case-boston-1st-massachusetts--8th-u-s-n1123096 e www.boston.gov/news/first-case-2019-novel-coronavirus--confirmed-Boston.

Você pode ler sobre como o Broad Institute montou seu laboratório de diagnósticos emergenciais em grande escala numa matéria no site da instituição: www.broadinstitute.org/news/how-broad-institute-converted-clinical-processing-lab-large-scale-covid-19-testing-facility.

A pesquisa de Jacob Lemieux e seus colegas sobre o surto da Biogen, a cepa C2416T e o caminho da covid-19 por Boston pode ser encontrada no artigo de autoria deles, "Phylogenetic Analysis of SARS-CoV-2 in Boston Highlights the Impact of Superspreading Events" (*Science*, v. 371, n. 6.529, 10 dez. 2020): www.science.org/doi/10.1126/science.abe3261.

Mais detalhes sobre minha viagem a Denver com Donald Stedman estão na minha matéria para a *The New Yorker*, "Million-Dollar Murray" (5 fev. 2006): www.newyorker.com/magazine/2006/02/13/million-dollar-murray.

"Carros produzidos desde 1983 com boa manutenção produzem 1 grama de monóxido de carbono a cada 1,5 quilômetro", disse Stedman a Andrew Bowser da United Press International em 1997, enquanto "carros mais velhos emitem de 10 a 20 gramas a cada 1,5 quilômetro". E os "grandes poluidores"? Eles "emitem cerca de 100 gramas a cada 1,5 quilômetro". Veja www.upi.com/Archives/1996/03/27/Donald--H-Stedman-can-monitor-how-much-exhaust-is/4961827902800.

O quadro das emissões de automóveis por decil de motoristas em Los Angeles foi adaptado de "Real-World Vehicle Emissions Measurement", apresentação feita por Donald Stedman e Gary A. Bishop na ARPA-E Powertrain Innovations in Connected and Autonomous Vehicles Workshop: https://arpa-e.energy.gov/sites/default/files/06_Bishop.pdf.

A respeito da pesquisa italiana sobre como a troca por veículos elétricos reduziria a emissão de poluentes, veja Matteo Böhm, Mirco Nanni e Luca Pappalardo, "Gross Polluters and Vehicle Emissions Reduction", *Nature Sustainability*, v. 5 (9 jun. 2022), pp. 699-707. www.nature.com/articles/s41893-022-00903-x.

A qualidade do ar de Denver era tão ruim nos anos 1970 e 1980 que a cidade se tornou infame pela "nuvem marrom". A situação estava controlada nos anos 2000, mas tem piorado desde o meio da década de 2010 (os incêndios florestais na região não ajudaram). Em 2022, a Agência de Proteção Ambiental baixou o status da região de Denver para "grave" infrator da qualidade do ar. Veja "Air Quality Is Getting Worse in Denver" por Alayna Alvarez, Alex Fitzpatrick e Kavya Beheraj (*Axios*, 5 maio 2023): www.axios.com/local/denver/2023/05/05/denver-air-quality-ozone-pollution.

Sobre a pesquisa de William Ristenpart com foco na transmissão de covid-19 pelo ar, veja "The Coronavirus Pandemic and Aerosols: Does Covid-19 Transmit via Expiratory Particles?", um relatório que ele escreveu em parceria com Sima Asadi, Nicole Bouvier e Anthony S. Wexler para *Aerosol Science and Technology*, v. 54, n. 6 (abr. 2020), pp. 635-8: www.ncbi.nlm.nih.gov/pmc/articles/PMC7157964.

Algumas publicações da OMS sobre a covid-19 não ser transmitida por ar podem ser encontradas em x.com/WHO/status/1243972193169616898?lang=en, www.facebook.com/WHO/posts/fact-covid-19-is-not-airborne-the-coronavirus-is--mainly-transmitted-through-drop/3019704278074935 e www.instagram.com/p/B-UieTUD42A/?igshid=177u2acyfs7oy.

Sobre o estudo do rápido aumento da produção de aerossóis da variante alfa, veja "Infectious Severe Acute Respiratory Syndrome Coronavirus 2 (SARS-CoV-2) in Exhaled Aerosols and Efficacy of Masks During Early Mild Infection", publicado em *Clinical Infectious Diseases*, v. 75, n. 1 (jul. 2022), pp. e241-8. www.ncbi.nlm.nih.gov/pmc/articles/PMC8522431/#:~:text=The%20alpha%20variant%20was%20associated,swabs%2C%20and%20other%20potential%20confounders.

A OMS acabou admitindo que a covid-19 é transmitida por ar, conforme documentado em sua página de FAQ, "Coronavirus Disease (COVID-19): How Is It Transmitted?", atualizada pela última vez em 23 de dezembro de 2021: www.who.int/news-room/questions-and-answers/item/coronavirus-disease-covid-19-how-is-it-transmitted.

O estudo dos anos 1970 sobre a garotinha altamente contagiosa em Rochester foi conduzido por E. C. Riley, G. Murphy e R. L. Riley, intitulado "Airborne Spread of Measles in a Suburban Elementary School" e publicado no *American Journal of Epidemiology*, v. 107, n. 5. Uma discussão retrospectiva interessante está na incrível revisão de Amir Teicher de pesquisas sobre superdisseminadores, "Super-spreaders: a Historical Review" (*The Lancet*, jun. 2023), em que me baseei para a história sobre o termo: www.thelancet.com/journals/laninf/article/PIIS1473-3099(23)00183-4/fulltext.

O estudo sobre emissão de aerossóis e volume vocal do laboratório de Ristenpart se chama "Aerosol Emission and Superemission During Human Speech Increase with Voice Loudness" e foi publicado em *Scientific Reports*, v. 9, artigo 2.348 (fev. 2019). Foi coescrito por Sima Asadi, Anthony S. Wexler, Christopher D. Cappa, Santiago Barreda e Nicole M. Bouvier. Veja www.ncbi.nlm.nih.gov/pmc/articles/PMC6382806.

Sobre a pesquisa de David Edwards relativa aos fatores que causam alta emissão de aerossóis, veja "Exhaled Aerosol Increases with Covid-19 Infection, Age, and Obesity" em *Biological Sciences*, v. 118, n. 8 (fev. 2021). A Figura 1 e sua análise são especialmente relevantes: www.pnas.org/doi/10.1073/pnas.2021830118.

O estudo britânico sobre a covid-19 gerou várias publicações e muita cobertura da mídia. O primeiro contato que tive com ele foi em "Safety, Tolerability and Viral Kinetics During SARS-CoV-2 Human Challenge in Young Adults" (*Nature Medicine*, v. 28, mar. 2022, pp. 1031-41) e "Viral Emissions into the Air and Environment After SARS-CoV-2 Human Challenge: and a Phase 1, Open Label, First-in-Human Study" (*The Lancet Microbe*, v. 4, n. 8, ago. 2023, pp. E579-90). Veja www.nature.com/articles/s41591-022-01780-9#data-availability e www.thelancet.com/journals/lanmic/article/PIIS2666-5247(23)00101-5/fulltext.

Para mais informações sobre por que faz sentido beber água, veja "Inadequate Hydration, BMI, and Obesity Among US Adults: NHANES 2009-2012", em *Annals of Family Medicine*, v. 14, n. 4 (jul. 2016), pp. 320-4. www.ncbi.nlm.nih.gov/pmc/articles/PMC4940461/#b24-0140320.

A citação de *As regras do contágio: por que as coisas se disseminam – e por que param de se propagar*, de Adam Kucharski (Basic Books, 2020 [Ed. bras.: Rio de Janeiro: Record,

2020]) pode ser encontrada na página 70 da versão em inglês. Inclusive, no livro Kucharski critica minha descrição sobre o papel dos superdisseminadores na epidemia de HIV e infecções sexualmente transmissíveis. Acho que ele pode ter razão. Mas Kucharski escreveu seu livro antes da covid-19, e acho que a lição da pandemia é que superdisseminadores têm um papel enorme na disseminação de vírus respiratórios.

PARTE TRÊS: A HISTÓRIA LATENTE

CAPÍTULO SETE: O clube dos sobreviventes de Los Angeles

A biografia e as citações de Fred Diament vêm de duas histórias orais distintas – uma conduzida em 1983 para o Arquivo de Documentação do Holocausto da Universidade da Califórnia em Los Angeles e outra pelo Simon Wiesenthal Center na mesma cidade. Ambas podem ser encontradas no arquivo virtual do United States Holocaust Memorial Museum: collections.ushmm.org/search/catalog/irn503585 e collections.ushmm.org/search/catalog/irn513291.

A vida de Diament é resumida no obituário escrito por Elaine Woo para o *The Los Angeles Times*, "Fred Diament, 81; Survivor of Holocaust Taught Many About It" (28 nov. 2004), que também menciona o primeiro encontro dele com Sig Halbreich em Sachsenhausen: www.latimes.com/archives/la-xpm-2004-nov-28-me-diament28-story.html.

Você pode ler mais sobre Sig Halbreich na história oral conduzida em 1992 para o United States Holocaust Memorial Museum, assim como em seu obituário no *The Los Angeles Times*, "Siegfried Halbreich Dies at 98; Holocaust Survivor Lectured on His Experience"(Elaine Woo, 21 set. 2008). Para a história oral de Halbreich, veja https://collections.ushmm.org/search/catalog/irn505567; para seu obituário, veja www.latimes.com/local/obituaries/la-me-halbreich21-2008sep21-story.html?utm_source=pocket_reader.

As citações e informações sobre Masha Loen foram obtidas da sua história oral para o United States Holocaust Memorial Museum e do obituário escrito por Rachel Lithgow no *Jewish Journal*, "Masha Loen, the Last Living Founder of the Los Angeles Museum of the Holocaust, Dies" (8 set. 2016). Para a história oral, veja https://collections.ushmm.org/search/catalog/irn504632; para ler o obituário de Loen, acesse https://jewishjournal.com/los_angeles/189643.

A história do que eu chamei de clube dos sobreviventes de Los Angeles foi amplamente tirada da minha conversa com Rachel Lithgow, diretora-executiva da American Jewish Historical Society e ex-diretora do Holocaust Museum LA.

A tradução da música de Hirsh Glick, "Zog nit keyn mol", foi tirada da Wikipédia: https://en.wikipedia.org/wiki/Zog_nit_keyn_mol (em inglês).

Não é simples fazer uma lista de museus e memoriais do Holocausto. Nós usamos os seguintes critérios: primeiro, precisava ser um museu físico. Depois, devia ter foco exclusivo no Holocausto. Não incluímos museus que também são museus judaicos, mesmo que tenham uma ala sobre o Holocausto. Eles não poderiam fazer parte de universidades ou faculdades nem de uma organização maior sem relações com o Holocausto.

The Holocaust in American Life (Houghton Mifflin, 1991), de Peter Novick, é citado várias vezes ao longo do capítulo. A observação de Novick sobre o "ritmo estranho" da história e da memória do Holocausto vem da primeira página do livro. Sua citação sobre os ensaios pessoais no *New Leader* estão nas páginas 105 e 106. Novick cita o presidente do AJC nas páginas 121-3. A observação feita pelo jornalista alemão está na página 213.

Caso você abra no índice da sexta edição de *Contemporary Europe: A History*, de H. Stuart Hughes, publicada em 1965 (o livro foi impresso pela primeira vez em 1961 pela Prentice-Hall Inc.), encontrará essas passagens listadas na entrada "Jews" (judeus), assim como as menções a Arnold Schoenberg.

Usei o volume 2 da edição americana de 1962 de *História dos Estados Unidos da América* de Samuel E. Morison e Henry S. Commager (Melhoramentos). O trecho que inclui o nome de Anne Frank escrito errado está na página 839 do original em inglês (*The Growth of the American Republic*).

Gerd Korman analisou livros de história do pós-guerra em busca de menções ao Holocausto para seu artigo publicado em 1970, "Silence in America Textbooks". Ele está disponível na ILR School's Digital Commons da Universidade Cornell: https://core.ac.uk/download/pdf/5122084.pdf.

As citações e a biografia de Renée Firestone foram obtidas de clipes de sua história oral, que está disponível no site da Shoah Foundation na Universidade do Sul da Califórnia: https://sfi.usc.edu/playlist/renee-firestones-playlist.

As citações de Lidia Budgor foram obtidas de sua história oral conduzida para a Shoah Foundation na Universidade do Sul da Califórnia; infelizmente, não estão disponíveis para o público.

O gráfico que mostra o aumento do uso do termo *Holocausto* com letra maiúscula, em comparação com *holocausto* com letra minúscula, é de uma matéria escrita por Steve Freiss para o *The New Republic*, "When 'Holocaust' Became 'The Holocaust': An Etymological Mystery", 17 maio 2015): newrepublic.com/article/121807/when--holocaust-became-holocaust. O gráfico de Freiss se baseou na busca da palavra em bancos de dados de publicações jornalísticas impressas disponíveis para o público.

A história sobre Paul Klein e Irwin Segelstein se inspirarem para produzir *Holocausto* após passarem por livros sobre a Segunda Guerra Mundial na vitrine de uma livraria veio de uma matéria escrita por Kay Gardella para o *New York Daily News* (30 abr. 1978). Disponível em: www.newspapers.com/image/483140056/?match=1&terms=irwin%20segelstein%2C%20paul%20klein%20holocaust.

Fiquei sabendo sobre Segelstein em matérias como as do *The New York Times*, "TV: Silverman Starts by Hiring Irwin Segelstein" (10 jun. 1978) e a do *The Boston Globe*, "An Executive Who Survived" (19 jun. 1978): www.nytimes.com/1978/06/10/archives/tv-silverman-starts-by-hiring-irwin-segelstein-mourning-becomes.html e www.newspapers.com/image/436701993/?match=1&terms=paul%20klein%2C%20irwin%20segelstein%20holocaust.

Também li sobre Klein em textos como a coluna escrita pelo crítico de televisão Tom Shales para o *The Washington Post*, "Trial Movie Made Quickly", publicada no *Nevada State Journal* (6 maio 1981): www.newspapers.com/image/1012369783/?match=1&terms=irwin%20segelstein%20paul%20klein%20mercedes. A já citada matéria do *The Boston Globe* "An Executive Who Survived" relata os comentários de Klein sobre "idiotas".

Você pode ler sobre a "programação menos ofensiva" no obituário de Klein escrito por Seth Schiesel, "Paul L. Klein, 69, a Developer of Pay-Per-View TV Channels" (*The New York Times*, 13 jul. 1998). O crítico de televisão Tom Shales também escreveu uma matéria sobre o assunto intitulada "A Programmer's Maxims" (*The Washington Post*, 6 dez. 1977): www.nytimes.com/1998/07/13/business/paul-l-klein--69-a-developer-of-pay-per-view-tv-channels.html e www.washingtonpost.com/archive/lifestyle/1977/12/07/a-programmers-maxims/fecbd2f7-7ca6-4d57-870f--416a3b6e8b8a.

A Wikipédia dedica uma página inteira aos comentários da "televisão *jiggly*" de Klein: https://en.wikipedia.org/wiki/Jiggle_television (em inglês).

A história sobre o discurso de Segelstein para Lorne Michaels após este ameaçar pedir demissão está na página 513 de *The War for Late Night: When Leno Went Early and Television Went Crazy*, de Bill Carter (Viking, Penguin Random House, 2011).

Citei apenas uma parte do sermão de Segelstein. O início também é ótimo: "Vou te explicar o que vai acontecer se você for embora", começou Segelstein. "O programa vai piorar. Mas não vai ser de repente, e sim aos poucos. E a audiência vai demorar um pouco para perceber. Uns dois, talvez três anos. E, quando ficar péssimo, e a audiência parar de assistir, aí vamos cancelá-lo. E o programa vai acabar, mas nós vamos continuar aqui, porque nós somos o canal, e nós somos eternos."

Infelizmente, Irwin Segelstein já faleceu há muito tempo. Eu adoraria entrevistá-lo.

A história sobre Klein buscando Segelstein para o trabalho está na página 196 da biografia de Fred Silverman escrita por Sally Bedell, *Up the Tube: Prime-Time TV and the Silverman Years* (Viking, Penguin Random House, 1981).

Os comentários de Meryl Streep sobre a gravação de *Holocausto* estão na página 182 de sua biografia escrita por Michael Schulman, *Her Again* (HarperCollins, 2017).

Os detalhes sobre os custos e a duração da produção de *Holocausto* são da matéria de Frank Rich para a revista *Time*, "Television: Reliving the Nazi Nightmare" (17 abr. 1978): time.com/archive/6849831/television-reliving-the-nazi-nightmare.

As citações do diretor de *Holocausto*, Marvin Chomsky, vieram de sua história oral para o Directors Guild of America: www.dga.org/Craft/VisualHistory/Interviews/Marvin-Chomsky.aspx?Filter=Full%20Interview.

A cena de *Holocausto* descrita é a última do segundo episódio da série. Está disponível no YouTube, começando mais ou menos em 1h25min: www.youtube.com/watch?v=7sBBtTXa4U8&t=1s.

Os comentários de Elie Wiesel sobre *Holocausto* foram feitos para uma matéria do *The New York Times* intitulada "The Trivializing of the Holocaust" (16 abr. 1978): www.nytimes.com/1978/04/16/archives/tv-view-trivializing-the-holocaust-semi-fact-and-semifiction-tv-view.html.

Os dados sobre a audiência do episódio final de *The Big Bang Theory* e de outras séries são da introdução de *The Rise and Fall of Mass Communication*, de William L. Benoit e Andrew C. Billings, páginas 1 e 2. Há uma cópia disponível na internet: api.pageplace.de/preview/DT0400.9781433164231_A45242566/preview-9781433164231_A45242566.pdf.

A pesquisa de Larry Gross sobre como a televisão equaliza opiniões políticas, incluindo o quadro chamado "A televisão e comportamentos sobre negros, por autodesignação", veio de sua publicação "Charting the Mainstream: Television's Contributions to Political Orientations", coescrita com George Gerbner, Michael Morgan e Nancy Signorielli. *Journal of Mass Communication*, v. 32, n. 2 (jun. 1982), pp. 100-27. web.asc.upenn.edu/gerbner/Asset.aspx?assetID=376.

Informações sobre o campo de concentração Bisingen e a história do dilema sobre a placa no cemitério estão no site do Museum Bisingen: https://museum-bisingen.de/en/history/commemoratory-history.

A historiadora judia citada quando falo sobre a emenda Jackson-Vanik é Hadas Binyamini, na matéria "Henry 'Scoop' Jackson and the Jewish Cold Warriors" (24 maio 2022), publicada em sua história *Jewish Currents*: jewishcurrents.org/henry-scoop-jackson-and-the-jewish-cold-warriors.

Citações e informações sobre Zev Weiss foram tiradas do vídeo de tributo após sua morte e do obituário no site da Holocaust Educational Foundation of Northwestern: hef.northwestern.edu/about/news/in-memoriam-theodore-z.-weiss1.html e www.youtube.com/watch?v=jDbRTL9QRzA.

A audiência de *Holocausto* foi encontrada em "NBC-TV Says 'Holocaust' Drew 120 Million" (*The New York Times*, 21 abr. 1978): www.nytimes.com/1978/04/21/archives/nbctv-says-holocaust-drew-120-million.html.

Os detalhes sobre a recepção e o impacto de *Holocausto* na Alemanha Ocidental são de "'Holocaust' on West German Television: The (In)Ability to Mourn?", de Werner Sollors, publicado em *The Massachusetts Review*, v. 20, n. 2 (verão 1979), pp. 377-86: www.jstor.org/stable/25088965.

Herbert Schlosser, da NBC, contou como sugeriu um novo nome para *Holocausto* em sua história oral para a Television Academy Foundation (parte 7): interviews.televisionacademy.com/interviews/herbert-s-schlosser?clip=96441#interview-clips.

CAPÍTULO OITO: Casos de família

Você pode ler "The Inevitability of Future Revolutionary Surprises", de Timur Kuran, originalmente publicado em *American Journal of Sociology*, v. 100, n. 6 (maio 1995), pp. 1528-51, completo em *JSTOR*: www.jstor.org/stable/2782680.

O ensaio de Václav Havel publicado em 1978, "The Power of the Powerless", pode ser lido integralmente na internet graças ao International Center on Nonviolent Conflict. Foi traduzido para o inglês por John Keane e intitulado *The Power of the Powerless:*

Citizens Against the State in Central Eastern Europe (Routledge, 1985): www.nonviolent-conflict.org/wp-content/uploads/1979/01/the-power-of-the-powerless.pdf.

Em seu ensaio de 1987, "Meeting Gorbachev", Havel deu uma bronca em seus compatriotas por darem as boas-vindas ao então presidente soviético. Veja a página 266 de *Without Force or Lies: Voices from the Revolution of Central Europe in 1989-90*, de William M. Brinton e Alan Rinzler (Mercury House, 1990).

A edição original de 1969 de *Tudo que você queria saber sobre sexo (mas tinha medo de perguntar)*, de David Reuben, foi publicada em inglês pela McKay Company Inc. As citações são do Capítulo 8, "Homossexualidade masculina". Uma versão em inglês está disponível no Internet Archive: https://archive.org/details/in.ernet.dli.2015.38746/page/n141/mode/1up.

Os elogios a Reuben vieram de duas matérias, uma do *Chicago Tribune* ("Everything You Always Wanted to Know About Dr. David Reuben*", 23 fev. 1999) e outra do *The Los Angeles Times* ("Singular Sensations: Richard Bach, Marabel Morgan and David R. Reuben Each Wrote One Bestseller. Then, Despite Subsequent Efforts, Each Slipped from the Limelight", S. J. Diamond, 1 fev. 1993): www.chicagotribune.com/1999/02/23/everything-you-always-wanted-to-know-about--dr-david-reuben e www.latimes.com/archives/la-xpm-1993-02-01-vw-992-story.html?utm_source=pocket_shared.

O discurso de fevereiro de 2004 no qual o presidente Bush defendeu uma emenda que proibiria o casamento entre pessoas do mesmo sexo pode ser encontrado no portal da CNN: www.cnn.com/2004/ALLPOLITICS/02/24/elec04.prez.bush.transcript.

A Wikipédia tem um bom resumo sobre a emenda, que nunca foi aprovada: https://en.wikipedia.org/wiki/Federal_Marriage_Amendment (em inglês).

A fala "rápido demais, cedo demais" de Dianne Feinstein pode ser encontrada na matéria de Dean E. Murphy para o *The New York Times*, "Some Democrats Blame One of Their Own" (5 nov. 2004): www.nytimes.com/2004/11/05/politics/campaign/some-democrats-blame-one-of-their-own.html.

A análise de Bonnie Dow sobre a representação de mulheres e do feminismo em programas de televisão como *Mary Tyler Moore*, *Phyllis*, *Maude*, *Rhoda* e outros está em seu livro, *Prime-Time Feminism: Television, Media Culture, and the Women's Movement Since 1970* (University of Pennsylvania Press, 1996). Suas regras para personagens homossexuais na televisão podem ser encontradas em seu trabalho de

2010, "*Ellen*, Television, and the Politics of Gay and Lesbian Visibility" (*Critical Studies in Media Communication*, v. 18, n. 2, pp. 123-40): ereserve.library.utah.edu/Annual/COMM/7460/Shugart/ellen.pdf.

A contagem de mortes de personagens gays feita por Vito Russo veio de seu livro ricamente ilustrado, *The Celluloid Closet* (Harper & Row, 1981); a seção "Necrology" está nas páginas 347-9. Uma versão gratuita está disponível na internet: backend.ecstaticstatic.com/wp-content/uploads/2021/05/The-Celluloid-Closet.pdf.

Jimmy Burrows falou sobre seu plano de deixar o público americano na dúvida sobre se Will e Grace ficariam juntos em uma entrevista para a Television Academy Foundation. A citação começa mais ou menos em 27min30s: https://interviews.televisionacademy.com/interviews/james-burrows?clip=82224#interview-clips.

Rick Santorum deu crédito a *Will & Grace* por ajudar a causa do casamento homoafetivo em um discurso na Midwest Republican Leadership Conference em 2013: www.youtube.com/watch?v=yGT4ZMv_OMc.

O livro de Sasha Issenberg sobre o movimento pelo casamento entre pessoas do mesmo sexo é *The Engagement: America's Quarter-Century Struggle Over Same-Sex Marriage* (Pantheon, 2021).

PARTE QUATRO: CONCLUSÃO

CAPÍTULO NOVE: Histórias latentes, superdisseminadores e proporções de grupo

A história de Martin Booth sobre a papoula do ópio se chama *Opium: A History* (St. Martin's Griffin, 1999). Sua citação sobre o conteúdo da flor está na página 3. O livro também é a melhor fonte para a história dos vários compostos extraídos da papoula ao longo dos anos.

O Drug Enforcement Administration Museum tem um bom resumo da história e da química das papoulas do ópio: museum.dea.gov/exhibits/online-exhibits/cannabis--coca-and-poppy-natures-addictive-plants/opium-poppy.

Você pode ler "The Contemporary American Drug Overdose Epidemic in International Perspective", de Jessica Y. Ho, em *Population and Development Review*, v. 45, n. 1 (mar. 2019), pp. 1-268. O gráfico das overdoses de drogas por país está na página 13.

Sobre a pesquisa de Lyna Z. Schieber a respeito da quantidade de receitas de opioides por estado, veja "Trends and Patterns of Geographic Variation in Opioid Prescribing Practices by State, United States, 2006-2017", em *JAMA Network*, v. 2, n. 3 (mar. 2019), p. e190665. Os valores das doses prescritas per capita estão na "eTable 1" no documento "Supplemental Content". Veja pubmed.ncbi.nlm.nih.gov/30874783.

Até onde sei, ninguém nunca escreveu uma biografia abrangente sobre Paul E. Madden. Meu relato sobre ele reuniu informações de matérias de jornal e de minha conversa com o historiador David Courtwright. As citações de Madden sobre os perigos da maconha e outros narcóticos vieram de um panfleto que ele publicou em 1940 chamado "Marihuana: Our Newest Narcotic Menace", que pode ser acessado no site Reefer Madness Museum, que documenta propagandas contra o uso de maconha. O site dedica uma página inteira a Madden, incluindo uma gravação de sua aparição no programa de rádio *Calling All Cars*, de 1939. Veja www.reefermadnessmuseum.org/otr/Madden.htm.

Você pode ver Madden exibindo sacos de cocaína confiscada (e ler sobre a vez em que prendeu traficantes japoneses) no periódico *Press Democrat*, de Santa Rosa, Califórnia. O artigo é intitulado "U.S. Agents Seize $300,000 in Smuggled Narcotics as Jap Vessel Raided at S.F." (21 jul. 1940). Veja www.newspapers.com/image/276629364/?match=1&terms=paul%20e.%20madden%2C%20cocaine%2C%20associated%20press.

A história sobre Madden cuidando da plantação de sementes de papoula veio do periódico *Fresno Bee* ("Narcotic Men Nip Start of Opium Growing in State", 27 ago. 1941): www.newspapers.com/image/701482802/?match=1&terms=paul%20e.%20madden%2C%20japan.

Sobre as vendas ilegais de xarope de tosse com morfina, veja *The Los Angeles Times*, "Narcotics Head Steps In" (17 jun. 1941): www.newspapers.com/image/380700019/?match=1&terms=paul%20madden%20horse%20pharmacies.

A lei das receitas em três vias – isto é, a Proposta Legislativa da Califórnia nº 2606, que fez uma emenda no Código de Saúde e Segurança do estado para incluir o trecho-chave na seção 11166.06 – pode ser encontrada no registro oficial da sessão legislativa de 1939, *Assembly Bills, Original and Amended, Volume 15*.

Há diversas matérias de jornal arquivadas sobre o julgamento de Nathan Housman (e sobre o caso do assassinato de Jessie Scott Hughes por Frank Egan, no qual Housman teve participação). Citei duas delas, ambas publicadas no *The San Francisco Examiner*, "Medical Examiners Also Take Hand in Probe of Doctor" (1 set. 1939) e "Defense Censured at Housman's Trial" (16 jan. 1940). Veja www.newspapers.com/

image/959916290/?match=1&terms=nathan%20housman%2C%20paul%20madden e www.newspapers.com/image/457420381/?match=1&terms=I%20asked%20 Doctor%20Housman%20several%20times%20for%20the%20records%2C%20 and%20each%20time%20Doctor%20Housman%20said%20he%20had%20none.

A carta de Madden sobre as receitas com três vias foi publicada na edição de abril de 1939 do jornal do Conselho de Medicina da Califórnia (v. 50, n. 4, p. 313). Ela pode ser encontrada no site da National Library of Medicine. A página é intitulada: "Subject: Proposed Legislation on Narcotic Enforcement". Veja www.ncbi.nlm.nih.gov/pmc/issues/137313.

Para uma história dos primeiros estados a acompanhar a Califórnia, usei um relatório de março de 2018 chamado "History of Prescription Drug Monitoring Programs", do Prescription Drug Monitoring Program Center da Universidade Brandeis. Veja www.ojp.gov/ncjrs/virtual-library/abstracts/history-prescription-drug-monitoring-programs.

Minha história sobre Russell Portenoy foi tirada de sua fascinante história oral, que pode ser baixada do site da Associação Internacional para o Estudo da Dor, em "History of Pain Transcripts". Cito as páginas 7, 19 e 29. Veja www.iasp-pain.org/50th-anniversary/history-of-pain-transcripts.

A citação de Portenoy sobre o tratamento da dor ser "um pouco de ciência, muita intuição e muita arte" está na página 22 de *Pain Killer: An Empire of Deceit and the Origin of America's Opioid Epidemic*, de Barry Meier (Random House, 2018). A citação do "presente da natureza" veio da matéria da *The New Yorker* escrita por Patrick Radden Keefe, "The Family That Built an Empire of Pain" (23 out. 2017). Portenoy falou sobre os supostos "poucos efeitos colaterais" dos opioides em uma matéria escrita por Elisabeth Rosenthal para o *The New York Times*, "Patients in Pain Find Relief, Not Addiction, in Narcotics" (28 mar. 1993). Veja www.newyorker.com/magazine/2017/10/30/the-family-that-built-an-empire-of-pain e www.nytimes.com/1993/03/28/us/patients-in-pain-find-relief-not-addiction-in-narcotics.html.

O NIDA publicou uma monografia a respeito do encontro em Maryland de 1991 sobre os programas de receitas em três vias intitulada "Impact of Prescription Drug Diversion Control Systems on Medical Practice and Patient Care". Ela inclui contribuições de Portenoy e Gerald Deas: archives.nida.nih.gov/sites/default/files/monograph131.pdf.

Sobre o número de estados com a lei de obrigatoriedade de três vias ter caído para cinco, veja "Origins of the Opioid Crisis and Its Enduring Impacts", de Abby Alpert, William N. Evans, Ethan M. J. Lieber e David Powell em *The Quarterly Journal of Economics*, v. 137, n. 2 (maio 2022), pp. 1139-79. Veja www.ncbi.nlm.nih.gov/pmc/articles/PMC9272388/#FN14.

Boa parte da minha história sobre a Purdue Pharma veio de *Pain Killer*, de Barry Meier, incluindo o relato sobre a nova fórmula e o Groups Plus. A citação sobre a "passagem para a Lua" está na página 41.

A explicação sobre o "botão de controle" veio de "The Hazards of Unwinding the Opioid Epidemic: Implications for Child Abuse and Neglect", de Mary F. Evans, Matthew C. Harris e Lawrence M. Kessler em *American Economic Policy Journal: Economic Policy*, v. 14, n. 4 (nov. 2022), pp. 192-231. www.aeaweb.org/articles?id=10.1257/pol.20200301#:~:text=Our%20results%20suggest%20counties%20with,to%20must%2Daccess%20PDMP%20implementation.

O estudo com grupo focal solicitado pela Purdue Pharma e conduzido pela Groups Plus em 1995 se tornou público em um julgamento civil, *McCaulley contra Purdue Pharma*. Ele pode ser encontrado no Scribd: www.scribd.com/document/440306799/Purdue-focus-group-documents?secret_password=0jVgiWk-1VXSR2dnIVqb4#.

A distribuição gráfica dos médicos que mais receitam opioides está em "Opioid Prescriptions by Orthopaedic Surgeons in a Medicare Population: Recent Trends, Potential Complications, and Characteristics of High Prescribers" no *Journal of the American Academy of Orthopaedic Surgeons* (Venkat Boddapati et al., ago. 2020): www.researchgate.net/publication/343651712_Opioid_Prescriptions_by_Orthopaedic_Surgeons_in_a_Medicare_Population_Recent_Trends_Potential_Complications_and_Characteristics_of_High_Prescribers.

A análise dos índices de criminalidade em estados com e sem a lei das três vias pode ser encontrada no artigo de Yongbo Sim, "The Effect of Opioids on Crime: Evidence from the Introduction of OxyContin", *International Review of Law and Economics*, v. 7 (jun. 2023): www.sciencedirect.com/science/article/abs/pii/S0144818823000145.

Engy Ziedan e Robert Kaestner falaram sobre o impacto dos opioides na saúde infantil em seu trabalho para o National Bureau of Economic Research, "Effect of Prescription Opioids and Prescription Opioid Control Policies on Infant Health": www.nber.org/papers/w26749.

Sobre a negligência infantil, veja "Longitudinal Changes in the County-Level Relationship Between Opioid Prescriptions and Child Maltreatment Reports, United States, 2009-2018", de Hyunil Kim, Eun-Jee Song e Liliane Windsor no *American Journal of Orthopsychiatry*, v. 93, n. 5 (maio 2023), pp. 375-88. www.ncbi.nlm.nih.gov/pmc/articles/PMC10527856.

A matéria de Martin Elling publicada no *McKinsey Quarterly* em 2002 se chama "Making More of Pharma's Sales Force: Pharmaceutical Companies Have Lost Their Focus on Doctors. The Key to Higher Sales Is Regaining It". Você pode ler um trecho no banco de dados Gale Academic One-File: https://go.gale.com/ps/i.do?id=GALE%7CA90192565&sid=googleScholar&v=2.1&it=r&linkaccess=abs&issn=00475394&p=AONE&sw=w&userGroupName=anon%7E-988676df&aty=open-web-entry.

A receita de vendas da Purdue Pharma de 2008 a 2014 veio de uma audiência diante da Câmara Legislativa dos Estados Unidos sobre Negligência e Reforma em 17 de dezembro de 2020: www.govinfo.gov/content/pkg/CHRG-116hhrg43010/html/CHRG-116hhrg43010.htm.

Para informações sobre a linha do tempo do trabalho da McKinsey para a Purdue Pharma, incluindo o valor total cobrado pela consultoria, veja a audiência de 17 de abril de 2002 na Câmara Legislativa dos Estados Unidos sobre Negligência e Reforma intitulada "McKinsey & Company's Conduct and Conflicts at the Heart of the Opioid Epidemic": www.congress.gov/117/meeting/house/114669/documents/HHRG-117-GO00-Transcript-20220427.pdf.

Os e-mails de Jeanette Park, funcionária da McKinsey que acompanhou o representante de vendas do OxyContin em uma visita a médicos e farmácias em Worcester, Massachusetts, estão no Arquivo de Documentos da Indústria de Opioides mantido pela Universidade da Califórnia em San Francisco e pela Universidade Johns Hopkins: www.industrydocuments.ucsf.edu/opioids/docs/#id=htvn0255.

O e-mail de Richard Sackler que dizia que as descobertas da McKinsey eram "impressionantes" aparece na página 12 da transcrição do julgamento iniciado pela cidade de Nova York e mais 21 condados do estado contra a McKinsey: www.nyc.gov/assets/law/downloads/pdf/McKinsey%20Complaint.pdf.

O quadro com a média de receitas de OxyContin prescritas por médicos divididos em decis veio do plano de marketing anual da Purdue de 2013, que foi incluído no acordo judicial da empresa anunciado em 21 de outubro de 2020 e pode ser baixado do comunicado de imprensa do Departamento de Justiça. O quadro está na página

9 do Anexo A: www.justice.gov/opa/pr/justice-department-announces-global-resolution-criminal-and-civil-investigations-opioid.

A citação sobre "Mais de 50% das ligações (…) em decis baixos (0-4)" está na página 45 de uma apresentação de setembro de 2013 feita pela McKinsey para a Purdue encontrada no Arquivo de Documentos da Indústria de Opioides: www.industrydocuments.ucsf.edu/opioids/docs/#id=tfhf0257.

A citação sobre o sistema de pontos usado pela Purdue para premiar representantes que faziam a maior quantidade de telefonemas para médicos Núcleo e SuperNúcleo pode ser encontrada no processo de 2018 do estado da Virgínia contra a Purdue Pharma: www.oag.state.va.us/consumer-protection/files/Lawsuits/Purdue-Complaint-Unredacted-2018-08-13.pdf.

Você pode encontrar o gráfico das ligações de venda da Purdue por ano no Tennessee na página 17 do processo de 2018 do Tennessee contra a Purdue. A discussão sobre o médico SuperNúcleo Michael Rhodes está na mesma etapa, começando na página 139: www.tn.gov/content/dam/tn/attorneygeneral/documents/foi/purdue/purduecomplaint-5-15-2018.pdf.

O relato do médico de Connecticut que receitou mais OxyContin do que qualquer outro médico americano está na página 36 do Anexo A do acordo judicial da Purdue com o Departamento de Justiça. O relato da "vendedora de balas" está na página 28: www.justice.gov/opa/pr/justice-department-announces-global-resolution-criminal-and-civil-investigations-opioid.

Sobre o cálculo de Mathew Kiang que conclui que 1% dos médicos prescreveram 49% das receitas, veja "Opioid Prescribing Patterns Among Medical Providers in the United States, 2003-17: Retrospective, Observational Study", em *BMJ*, 368 (29 jan. 2020): www.bmj.com/content/368/bmj.l6968.

Esses detalhes também são discutidos em uma matéria do *The New York Times* escrita por Walt Bogdanovich e Michael Forsythe intitulada "McKinsey Proposed Paying Pharmacy Companies Rebates for OxyContin Overdoses" (27 nov. 2020).

O quadro dos índices de mortes pelo uso de opioides nos Estados Unidos por tipo entre 1999 e 2020 foi adaptado dos dados fornecidos pelo Centro Nacional de Estatísticas de Saúde. Pode ser encontrado em NCHS Data Brief n. 428, "Drug Overdose Deaths in the United States, 1999-2020", de Holly Hedegaard, Ari-Coaldi M. Miniño, Merianne Rose Spencer e Margaret Warner (dez. 2021). Eles correspondem à Figura 4, e o banco de dados pode ser encontrado na seção

"NOTES" diretamente abaixo do quadro: www.cdc.gov/nchs/data/databriefs/db428.pdf.

Sobre a pesquisa de David Powell a respeito do impacto da reformulação do OxyContin – e sobre o índice de overdose contrafactual caso o medicamento não tivesse sido reformulado –, veja a Figura 6 de seu trabalho com Rosalie Pacula, "The Evolving Consequences of OxyContin Reformulation on Drug Overdoses" em *American Journal of Health Economics*, v. 7, n. 1 (inverno 2021), pp. 41-67. www.ncbi.nlm.nih.gov/pmc/articles/PMC8460090.

Um quadro sobre as mortes por overdose nos Estados Unidos (por ano, de 1999 a 2022) pode ser encontrado no site do Instituto Nacional sobre Abuso de Drogas intitulado "Drug Overdose Death Rates": nida.nih.gov/research-topics/trends-statistics/overdose-death-rates.

CONHEÇA OS LIVROS DE MALCOLM GLADWELL

O ponto da virada

Fora de série – *Outliers*

Davi e Golias

Blink

Falando com estranhos

A máfia dos bombardeiros

O outro lado do ponto da virada

Para saber mais sobre os títulos e autores da Editora Sextante,
visite o nosso site e siga as nossas redes sociais.
Além de informações sobre os próximos lançamentos,
você terá acesso a conteúdos exclusivos
e poderá participar de promoções e sorteios.

sextante.com.br